U0360279

海上名园

张园与海派文化

主编

时筠仑

郑丽君

李莉

上海交通大學出版社
SHANGHAI JIAO TONG UNIVERSITY PRESS

《海上名园——张园与海派文化》
编委会

出版说明

在新的起点上继续推动文化繁荣、建设文化强国、建设中华民族现代文明，是我们在新时代新的文化使命[1]。在践行新思想上当好模范，在高质量发展上成为典范，在彰显软实力上引领风范，在人民城市建设上打造示范，是上海静安区宣传思想文化工作的新定位和新目标[2]。

张园，拥有上海现存规模最大、保存最完整、建筑形式及艺术特征最丰富的石库门建筑群，张园的历史和当下，都体现着上海“海纳百川，追求卓越，开明睿智，大气谦和”的城市文化，是海派文化传承和发展的重要载体。张园保护更新项目是上海首个保护性征收的城市

1　2023 年 6 月 2 日，中共中央总书记、国家主席、中央军委主席习近平在北京出席文化传承发展座谈会并发表的重要讲话。

2　2023 年 11 月 16 日，静安区举行宣传思想文化工作会议，深入学习贯彻习近平文化思想，立足静安“四范”定位和目标，推进全区宣传思想文化工作再上新台阶。

更新项目，也是静安区深入践行“人民城市建设”重要理念，以人民为中心推进高质量发展，弘扬城市精神品格、增强区域文化软实力的示范性项目。

海派文化和红色文化、江南文化是上海独特的优势。对于海派文化的传承发展而言，城市空间载体的重塑、文化发展机制的创新以及文化服务体系的升级显得尤为重要。张园的城市更新秉持“保护为先、文化为魂、以人为本”[1]的理念，在城市更新建设中同步落实文化建设，将海派文化的传承和发展作为张园的重要使命。2022年底张园西区焕新后，张园地区管委会便着手为张园谋划文化发展规划，以全球海派文化交流中心为总目标，提出建立“张园文化合伙人”机制，持续丰富张园文化内容，建立文化专家智库和文化开发者联盟，邀请文化学者、研究机构以及张园老居民持续讲述张园老故事和新故事，出版张园与海派文化系列丛书，创作既有国际风范、又有海派神韵，既可触摸历史、又能拥抱未来的海派文化作品。

2023 年初启动了张园文化丛书的编纂工作，《海上名园——张园与海派文化》为此系列丛书的第一本，以梳理张园文脉和海派文化精神为切入点，从不同时空复活时代的细节和情绪，从不同视角为张园延伸文化的脉络和精神。期以此书为张园的文化建构和空间叙事开启新的篇章，并努力面向更广泛的读者。张园文化丛书

1　2019 年 11 月 27 日，时任上海市委书记李强第二次视察张园做出重要指示。

将始终围绕“张园与海派文化”这个主题，更广泛地汇集全球各界朋友的思想与作品。

编纂丛书的目的不仅是为了挖掘和探讨张园和海派文化的价值，更希望能够成为一个全球化的海派文化交流平台，为海内外搭建起多元化交流的桥梁。我们热切地期待更多海内外的专家、学者、文化机构能与张园产生更强的共情和共鸣，双向奔赴共同推动海派文化的传承和发展。

中共上海市静安区委宣传部

2023 年 12 月

序一

金秋时节，一杯绿茶，一叠《海上名园》书稿，我在暖意和清凉交替的微微秋风中，从上午读到了深夜。之所以让我如此爱不释手，既有我对《海上名园》所述的这片城区——张园的多维度熟悉，也有让我接触到了新知识的多重收获，还有在这片热土上不畏艰难、辛勤工作的主力军团掌门人，本书主编时筠仑先生的文化格局和情怀。作为好友，时先生邀请我作序，我备感荣幸。

记忆中，当年我们对张园的称呼更多的是叫“张家花园”。那是20世纪80年代初，我刚从部队回到家乡上海，随即迷上了摄影，有了专业的相机。只是连轴转的拍摄、冲胶卷、印放，总觉得时间不够用。同时退伍回来的战友小倪就住在威海路590弄，即张园的41号，他对摄影也很喜欢，而我俩兴趣相投，业余时间也常常在一起拍摄，研究照片，不久，我俩索性把一楼他家的卫生间四面蒙上光亮，做成了一个冲印、放大黑白照片的“暗房”。那段时间，我一有空就去张园的“非正规”暗房，常常加班突击到深夜，因为过于投入，有时听到窗外属于张园烟火气的零零星星吆喝声响起，才知道天已大亮。

就这样，我在张园进进出出半年有余，做出了一批批创作照片，有的还获得了上海和全国的摄影奖。张园，就此成了我影视事业起步的地方之一。直到现在，近四十年过去了，我俩还会常常回忆起那段张园自建暗房、印放照片的难忘时光。

自五年前，也就是 2018 年 9 月 30 日，张园这个上海最大的城市中心城区改建项目正式启动后，我又因各种因缘，被多次邀请参与了大规模改建的考察、阶段性论证评估、中外专业团队招募、重大节点庆祝活动推进等工作，包括 2022 年 11 月 27 日上午，张园西区正式竣工、开业。由此，我对张园的熟知度、亲近度进一步加深了。

在参与和论证已经动迁完毕的张园时，有朋友曾问我，眼前的张园像什么？我说眼前的它像一幅画，浓缩了上海百年风云，充满视觉情感；张园又像一首歌，定调了上海城市更新发展的旋律，富有听觉舒张。只是我觉得在这幅画中，还有许多时代变迁中的“人”和“事”没有进入“画框”中；在这首歌里，还有一些重要的咏叹、和声没有融入。张园，更多的是被各种传说、街谈巷议所笼罩，有的还被误解、误读。而眼前这本呕心沥血 20 余万字的《海上名园》，很大程度上校正、补齐了人们对张园虽有所知，但并不完整、遗珠多多的记忆拼图，权威地匡正了张园的正史。

细细读来，《海上名园》中，有红色文化、海派文化、江南文化的烙印轨迹；有详细列举的无数个出现在张园的上海、甚至中国的“第一”，更有早期“城市文化空间”概念的推出和城市管理、运营智慧理念被整理、被命名、被推行。譬如：提出张园“亦中亦西、游园猎奇、赏玩相宜、置身胜景、盼寄情感、开眼世界、光影流年”等创园原则，既有独特的思考和新颖做法，也有严谨的先贤思想引用，并作了现代立场的深刻分析、价值评判及运维的借鉴。

这里，还是过往上海影视拍摄难得的实景地。遥远的不说，就说当代那些响当当的作品吧，从谢晋导演的《女篮五号》到黄蜀芹导演的《围城》；从陈逸飞的《人约黄昏后》到潘虹主演的三部曲《股疯》《走过冬天的女人》《最后的贵族》，都曾在张园进行拍摄取景。近年徐峥导演的《我和我的祖国》之《夺冠》，更是浓墨重彩于此，令人亲切感佩，印象深刻。而之前我在张园拍摄纪录片时，还不期而遇了王家卫导演带着摄制组在拍摄《繁花》……

值得一提的是，《海上名园》一书中系统地、科学地提出了在张园这一兼有英式花园旷达与江南园林、江南传统民居相结合的大型历史建筑群改建全过程中，实施文化“三保一增”，即文化保护、文化“保鲜”、文化保值、增值的行动纲领，发布了很具现代化高科技手

段 + 精细绣花般功夫的“施工图”，不漏死角地全场强化执行，可谓动足脑筋，不遗余力。譬如：大规模平移数栋历史建筑，待开挖地下空间，完成所有布局后再大规模平移历史建筑到原位，把“根”留住；用顶升、托换、暗挖方式，全力保留地标性老建筑修旧如旧的原样风貌等等。其理念之新、决心之大，令人赞叹；同比施工难度的加大，也实属罕见。而这一切，大大丰富了本书的信息量、知识点、含金量，除了及时补齐、饱满了读者们的认知空间之外，一个令人怦然心动、精准改造、焕然一新的上海市中心最大历史风貌区的品相、品质已在书中显露端倪。

此刻，在品阅《海上名园》新书时，让我对主编时筠仑先生再次刮目相看。他是整个张园项目的总指挥，肩上的担子十分重。前几年满头乌发早已一片花白，操心事实在让人喘不过气来。但他又是一个文化情怀满满的儒将，深知文化储备、文化深耕、文化弘扬对张园今天和未来发展的至关重要。因此，面对那些可以想象、包括史无前例的三年“疫情”肆虐、阻挠等重重困难，时筠仑先生率领庞大的团队一边竭力推进规划、动迁、改建、招商、运营工作，一边同时布局，一刻不放松张园文化寻根探源、深耕细作、厚泽未来的“软实力”工程。这本史料丰富、涉面广泛、章回厚实，细节和时间点详尽的新书就是论证之一，也直接体现了时先生提出的张园开发“保护为先，文化为魂，以人为本”的核心理念。

掩卷而思，我依然沉浸其间。回望书名，我的眼睛再次一亮，此书名为《海上名园》，若倒过来读的话，便是《园名：上海》：深层次一想，本项目的终极目标就是做顶格的上海之最，本书莫非就是如此对标、如此追求真正代表上海——其气场、调性、构成都对，张园史不就是上海史？张园今天的发展不就是新一轮上海高质量发展的缩影吗？

此为序！

滕俊杰

上海市文联副主席

上海电视艺术家协会主席

国家一级导演

2023 年 10 月

序二

我出生成长在张园的街区，可算原住民。张园南边的威海路，曾经住满我青少年时代的同学们，当时都按家庭住址被分配就近入学，张园西边的茂名北路向南不远处是我的小学和中学 。记忆中张园被叫作“张家花园”，四通八达， 留下太多难以忘怀的足迹。如今时过境迁。

我是 1993 年“海归”工作的，三十年来基本围绕张园附近区域办公和活动，亲历上海的千变万化，见证了张园从尘埃弥漫的拆迁改造，到细致精心的呵护历程。改革开放后的城市更新，有对著名楼宇的保护，也有对旧宅、老建筑的重建与新装，而“张园”项目则展现了这项工作的重大成果：不仅呵护灵魂的修旧，注入功能的改造，而且重视营运的投入、承前启后的探索。应静安置业的特邀，我有幸从 2020 年起加入张园项目的专家顾问团，被推动项目过程中的许多细节所感动。地处市中心的这一大项目，仍是“现在进行时” ——不光有待完工开业，今后还要保持“将来进行时”——持续与时俱进，充满活力，绽放时代风采，这也是上海精神的体现。

张园北边的吴江路，源于约130年前苏州河支流的填造；让人想起郭兰英“一条大河波浪宽”的美妙歌声，心中永远是“我家就在岸上住”。靠近茂名北路的张园西区的改建工程，攻坚克难，先于2022年11月启动“开街”。请允许我浮想联翩——沿街的九个小阳台上，过客抬头，仿佛可见17岁的周璇演唱《天涯歌女》、23岁的聂耳吹响《义勇军进行曲》、37岁的孙道临发报《永不消逝的电波》、38岁的王丹凤变身《女理发师》、19岁的俞丽拿诠释《梁祝》、16岁的陈冲亮相《青春》、31岁的毛阿敏仰望《历史的天空》、46岁的马伊琍笑谈《爱情神话》、41岁的胡歌手举《繁花》……

海纳百川的“魔都”，历尽沧桑的张园，岁月沉香，未来可期。

吴　越

路威酩轩集团大中华区总裁

2023年10月

序三

我在念中学的时候喜欢上读关于叙述老上海的书，掌故、小说、散文，尽量搜集尽量读，意外的给予我今天写作很大的帮助。记得跟学校图书馆借过海上漱石生的《海上繁华梦》，厚厚的四本一套，起初随手翻翻，后来越读越入迷，竟爱不释手，上课时背着老师在桌底下偷偷地看，晚上定要在床上读完一章才肯睡觉。书里的文字无疑满足了我这样一颗对于老上海好奇的心，因为老上海的万种风情尽在这本书里，各条马路，静安寺路、大马路，各个茶楼戏馆，天仙、丹桂，包括时人穿着，地方风情，无不绘声绘影。也通过这本书，我知道游乐园除了徐园、愚园，还有一个张园。

房中娘姨说："马车在宝善街南面停着，马夫来问，今日可到张园？"少霞说："不到张园，到哪里去？"湘吟要邀众人同到张园游玩，众人见与他虽是初交，很要朋友，况且各人闲着无事，这日又是礼拜，张园必定热闹，故此都愿前去。湘吟大喜，让人出了一品香，登车同到张家花园。少牧等在安垲第泡茶…… 这类描写不少，使我有了以后要去张园看一看的想法，以至于对海上漱石生生了兴趣。海上漱石生是孙玉声，清末有名的小说家与报人，常常行走在梨园、流连在欢场，是个上海通，所谓“自来贤达士，往往在风尘”，所以写得出《海上繁华梦》，为此许多年后，我特意请友人玉成，让我收藏下一件孙玉声的毛笔书信。

写老上海的书中，我后来偏爱郑逸梅的著作。逸梅先生是文史掌故大家，我几乎买齐他的书，读遍他的书，意外的在他的好几本书里读到了张园，如《梅庵谈荟》《艺苑琐闻》《艺海一勺》……每篇都写得生动，安垲第的四大金刚陆兰芬、金小宝、张书玉、林黛玉，又有小四金刚，为每人作小传，文字简练却风韵十足。

有一年上海电视台播放霍元甲的电视剧，由于霍元甲曾与西人在张园比过武，记者遂邀请逸梅先生谈谈张园旧日的景象。他向记者回忆了一番，并在荧屏里向观众展示了一张张园过去的风景照。逸梅先生最后说：“张园旧址，早已改建市廛，无从目睹了。” 在老先生的话里，我感受到一丝淡淡的哀伤，怀念张园，或许怀念的更是过去的那一段岁月，无奈流光易逝，总是红了樱桃绿了芭蕉。

前两年，在友人丽君的介绍下我去参观了张园，满眼的陈旧破败，斑驳的墙壁、狭小的屋子、简陋的设施，在西区经过一段时间的改建完成后，再去参观时已然焕发出别样的神采，像百年前一样，成为大家喜爱的休闲之地。我想逸梅先生有知，定当欣慰，而我也与张园结下一段缘分，在 2022 年张园重新开放之际，为张园写下“福如里”三个字，刻在了福如里的弄堂口。

今天讲述张园的《海上名园——张园与海派文化》即将出版了，看得出编写者在书里细腻的心思，史料翔实、结构清晰、脉络分明，向大家展示了一个汇聚海派人文气质的张园。这本书的总策划方硕风文旅集团是张园的文化战略合作伙伴，源自他们始终与张园有着共同的海派文化精神，所以他们十分清楚，这本书代表的不仅仅是张园，也是老上海的风韵、老上海的风景，更是海派君子的道德追求，使读者在书中徜徉的不经意间，为海派精神怦然心动。

前几天午后，我随着摩肩的人群在福如里行走，抬眼望见“福如里”三个字，恍惚想起了海上漱石生小说里的话：“不到张园，到哪里去？”

唐吉慧

作家、篆刻家

上海市人大代表、上海市人大教科文卫委委员

2023 年 12 月

目录

绪　论　城市文化元空间

C O N T E N T S

张园西区新景，摄于 2022 年

绪 论

城市文化元空间

张园西区新景，摄于 2023 年

何谓城市文化元空间

城市文化元空间（Meta Cultural Space，简称 MCS）是影响城市文化演化，可以清晰提炼城市代表性文化内涵，能够沉浸式体验城市文化的原型空间。它以城市历史景观为基础，是城市文化的涵育地或生长地，层叠积淀在其间的历史信息与城市的形成发展脉络有着高度对应性，是城市集体记忆的具体化。更进一步的是，它作为当下的城市地标，在城市功能跃升与城市精神皈依中形成完美统一，是城市集体认同的凝聚点。

借由城市文化元空间，人与城市之间持续完成着文化整合。而文化整合，究其根本在于主动的认同。当下国内的超大城市都具有移民城市的特点，对千千万万新市民而言，从理性上看，大城市意味着更多就业机会、更先进的基础设施和服务、更宽阔的上升发展通道，却同样带来更加激烈的竞争、更高的生活成本。理性判断往往难以催生“主动的认同”。但如果他们了解城市历史、感知城市精神，与城市共享了某些重大的集体记忆，比如北京奥运会、上海世博会，更容易与这个城市产生深层情感链接并感受到自己与这座城市的关联，以及对这个城市应负有的责任。城市文化元空间可能是重大集体记忆的见证物，承载着许多精彩的人物与故事，被赋予或堆叠了数量巨大又意味深远的空间意象，它们仍旧活在人们身边，不断召唤着人们前来体验和感受，成为人与城市之间和谐关系、认同关系的关键性媒介；不断传递这个城市的发展目标是尊重人的体验感和获得感，从而持续完成文化整合。

对城市文化元空间的命名，体现了从文化保护到文化保育，再到文化复兴的理念变化。以北京为例，形成于600年前的“文化元空间”——故宫，“是一部中国通史，不只是皇宫。从它的建筑布局、空间组合，从匾额楹联里，都能体现出中华五千年的社会发展史、文明史、文化史”[1]。再如上海张园，作为晚清民初沪上最大的公共活动场所、观光旅游游乐中心，是近代中西交流的重要区域，是上海华人能够自由发表意见的公共场所，对于上海移民社会的整合和上海人意识的产生发挥了重要的作用。[2]随着时代变迁，张园从经营性私园状态过渡到里弄社区，社区内所居住过的工商业主、职员、社会活动家、文化学者等都在各自领域取得过重要成就，共同推动着上海的现代化进程。张园作为海派文化元空间，见证、参与、推动、凝结了上海精神和海派文化在近代一百多年以来生长、成熟、升华的过程。

当代张园通过城市更新打造文商旅融合综合体，探索海派“美学经济”创新模式，更意在面向世界全景展示海派精神气韵。以“城市文化元空间”理念所带动的对历史景观的保护性利用，要结合建筑保护、功能更新，更要通过教育、旅游和展览项目为城市带来巨大的经济和社会效益，再进一步构建真实展示历史、渲染文化魅力、愉悦市民身心、强化对外交流的“城市文化会客厅”。

1　郑欣淼．故宫与故宫学[M]．北京：紫禁城出版社，2009.

2　熊月之．张园晚清上海一个公共空间研究[J]．档案与史学，1996（06）：31-42.

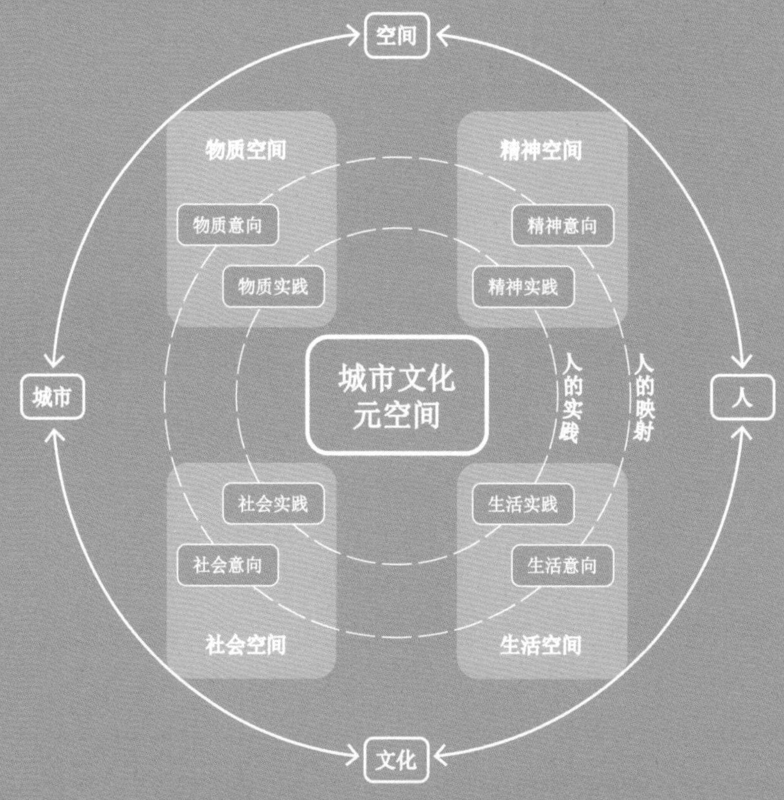

城市文化元空间研究框架

城市文化元空间的理论渊源

随着全球历史、生态、文化环境的变迁，越来越多的人口移居于城市之中。对那些有着悠久历史和丰富文化遗产的城市来说，这种人口的高流动性对城市在文化环境、建筑景观、生活方式等方面都带来了巨大影响。人们开始认识到“城市遗产对于我们的城市而言可谓至关重要。物质和非物质遗产是社会凝聚力的源泉，是多样性的要素，是创造性、创新性和城市更新的推动力”[1]。联合国教科文组织大会于 2011 年 11 月通过《关于城市历史景观的建议书》，2015 年 7 月，世界遗产委员会又将“城市历史景观”作为一种文化遗产的保护方法纳入《实施世界遗产公约操作指南》，以在全世界范围内促进城市历史遗产的保护。

城市历史景观（Historical Urban Landscape，简称 HUL）“是文化和自然价值及属性在历史上层层积淀而产生的城市区域，其超越了‘历史中心’或‘整体’的概念，包括更广泛的城市背景

1 联合国教科文组织．历史名城焕发新生：城市历史景观保护方法详述 [M]. 巴黎：2013. UNESCO.New Life for Historic Cities:The Historic Urban Landscape Approach Explained[M].Paris:2013.

及其地理环境”[1]。其中“城市背景”的内涵也更加丰富，不仅包括城市历史景观的地形地貌、水文和自然特征；历史上的或者当代的建成环境；地上地下的基础设施、空地和花园、土地使用模式乃至空间布局；感受和视觉联系，以及城市结构中所有其他的要素；更包括了城市中社会和文化方面价值观、经济进程，以及与多样性、独特性有关的非物质遗产方面。

“城市历史景观”作为一种保护方法的核心内涵，通过城市有机更新，为其注入新的人群，赋予新的功能，重新实现宜居与乐业。通过“城市历史景观”向“城市文化元空间”的非凡转化，来挖掘、建构、展示和应用其核心价值。这种转化既是具体落地实施层面的转化，更重要的是认知理念层面的转化。

---

1 UNESCO. Recommendation on the Historic Urban Landscape[R]. Paris: UNESCO, 2011.

学者葛剑雄认为，“城市功能的生命力很大程度体现在城市的文脉上。所谓城市文脉就是指一座城市的文化及文化传统。文脉不仅是城市的基本设施、名胜古迹，文物遗址的积累，更是一代代城市人的文化和智慧的结晶，足以保持城市的记忆，提供调节人地关系和适应变化发展的经验”[1]。讨论城市文化，我们总以“文脉”切入，“文脉”与历史相关，它体现了我们大多以时间的维度搭建起认知体系，进而对城市文化作捕捉和理解。例如上海镇从松江府华亭县划分出来设立上海县，发生在1292年，这一年被视作上海城市历史的开端。再如关于北京城历史，人们常常总结为北京城有3000年建城史、800年建都史。然而，正像美国学者爱德华·索亚所说的，人类生活的空间性是与社会性、历史性相平行的维度，却是一个“隐没的维度”。现代汉语中的所谓“空间”，主要指物质存在的一种客观形式，由长度、宽度、高度表现出来。当思想家们以“空间”概念作为思想生产的核心着眼点，则为理解人类活动、历史与社会发展等带来了全新可能。

当我们进入中国传统思想进行考察会发现，自中国思想体系得以形成之始，抽象的空间观就是其中的关键性组成部分，它甚至在很

1　葛剑雄．城市文脉能延续吗 [J]. 同舟共进，2010（02）:5-6.

大程度作为一种“元叙事”决定了中国思想文化的结构和中国社会的秩序。《尸子》中写道：“四方上下曰宇，往古来今曰宙。”[1]这里的“宇”体现了中国原始初民对于生命世界的观察和体验所形成的空间认知。恒久有序的天穹、苍茫的大地，是中国思想中空间观念得以形成的根基。在《管子》中，“上通于天之上，下泉于地之下，外出于四海之外，合纳天地以为一裹”[2]，把天地万物容纳于一袋之中，已经透射出某种关于“空间”的整体性理解。

从文化地理学的角度来看，中国东临大海，西方、南方是绵延山脉，北部是茫茫荒漠，以此形成的封闭又巨大的空间状态赋予了中国自然地理结构的独特性，并且对中国传统思想的形成起到决定性的作用。在社会制度层面，从西周确立的家天下制度，依据宗亲血缘关系来制定土地空间和权力空间的设计格局，将社会空间（社会公共性结构）与生活空间（宗族、家庭的内部结构）打通。在社会生产层面，城市布局、建筑设计都是空间秩序的一种具象呈现。如北京中轴线的城市建设规则体现了尚中贵和、左右对称的空间思维，传统民居常见的

1　[战国]商鞅，商君书·尸子[M]. 上海：上海古籍出版社，1989.

2　[唐]房玄龄注，[明]刘绩补注，刘晓艺校点，管子[M].上海：上海古籍出版社，2015.

围合庭院模式也是一种空间生产的体现。

有观点认为，“通过空间这样一种建构社会的方式，传统中国形成了一个从物质空间到理念空间，从政治空间到文化空间，从私人空间到社会空间高度一体化的空间秩序，这一秩序从天体运行中获得了天然的合法性和恒久性，孕育了久远而稳定的统治制度，创造了灿烂而特异于其他文明的文化”[1]。中国传统思想中的空间观念体现了强烈的整体主义思维，以看似无形、抽象的精神空间来指导、隐喻有形的实体空间的形成。因此，有学者认为“中国的空间观以无形喻示有形，西方的空间观强调有形驾驭无形”[2]。以上观点，看似在定义西方与中国在空间思想方面的差别，然则说明我们更重视二者的共通性，即“空间观”是东方与西方思想共同具有的重要维度。

从西方思想脉络来看，思想的“空间的转向”是在晚期资本主义时期才得以完

1 那瑛．“天上人间”的同构——中国传统文化中的空间观念与社会秩序的建构[J].学术交流，2007(07)：116-121.

2 李晓东，杨茫善．中国空间[M].北京：中国建筑工业出版社，2007：2.

成。康德认为空间是“先验的直观形式”[1]，或在某种程度上限制了后世思想者从空间维度展开思想生产。而从现代向后现代过渡时期的重要思想家列斐伏尔作为马克思主义的继承者和发展者，他最有贡献性的思想正是基于“空间与人的实践之间构成的紧密关系”来展开的。马克思主义强调“物质生产”，空间只是物质生产的器皿和媒介。而列斐伏尔进一步提出了“空间的生产”，他认为空间既是具体的物质实体，是人类劳动的物质化、外在化，例如建筑工人所建设起来的城市街道、高楼大厦；又是抽象的社会关系、生产关系的凝聚，例如城市街道建设过程中需要通过不同机构参与进行规划设计，包工头对建筑工人的雇佣和组织等。因此，空间具有了“具体的抽象性”，它既是人和社会实践活动的具体的成果和产物，又是人和社会实践活动的驱动和预设。总而言之，空间是整体性的社会产物，人的实践完成了空间，而实践过程与相关的一切结果也都附着在了空间上，成了空间的一部分。

1　江怡. 康德的空间概念与维特根斯坦的理解 [J]. 北京师范大学学报（社会科学版）,2011（03）:90–95.

通过对东西方“空间”思想的简要梳理，我们可以发现，人的实践究其根本是对自然地理环境的认知、顺应和改造，从而产生了空间，产生了城市。空间是人地互动的媒介，也是人地互动的结果。以空间理论指导健康理性的城市发展和城市转型，是建立和谐的人地关系，实现马克思主义意义上“传统与现代的互补和谐”[1]的重要路径。

因此城市文化元空间之“空间”绝不仅仅是一座建筑、一个街区或者一片城市区域，它是管子思想中的“空间”，是列斐伏尔意义上的“空间”，是持续完成着城市文化生产的“空间”，是让城市发展始终对于人的发展有积极效用的“空间”，即所谓城市发展高质量阶段的“高价值空间”。但目前既有城市发展思路中对空间的单一的、割裂的、低维度的理解，在很大程度上导致了当下开发过度、空间过剩、活力不足、内容缺乏的尴尬境地，值得我们反思。

1 陈卫平．儒家礼乐文明与近代海派文明的互补－略论建构上海和谐社会的文明形态 [C]．上海：世博会与都市发展国际学术研讨会论文集，2010.

张园西区里弄风情，摄于 2023 年

时代使命：文化传承发展

进入新时代，文化在振奋民族精神、维系国家认同、促进经济社会发展和人的全面发展等方面作用充分凸显。

2023 年 6 月 2 日，习近平总书记在北京出席文化传承发展座谈会上开宗明义："文化关乎国本、国运。这段时间，我一直在思考推进中国特色社会主义文化建设、建设中华民族现代文明这个重大命题。"座谈会上，有学者说，"文化不是凝固的雕塑，而是流动的活水，可水往哪个方向流，却是与现实的实践需要和社会制度密不可分的。"有学者说，"科技一往无前，文化则要'瞻前顾后'。'未来已来'这个词很流行，但不要忘了'过去未去'。"有学者说，"中华民族之所以能够成为伟大的民族，始终屹立于世界民族之林，一个重要原因就在于中华文化提供了强大的精神支撑和丰厚的文化滋养。"[1]

---

1 《人民日报》（2023 年 06 月 05 日 第 1 版）记者：杜尚泽，原标题《微镜头·习近平总书记考察"一馆一院"并出席文化传承发展座谈会 "中国特色的关键就在于'两个结合'"》《微镜头·习近平总书记考察"一馆一院"并出席文化传承发展座谈会 "推动中华文明重焕荣光"》。

在文化传承发展座谈会上，习近平总书记鲜明地提出“两个结合”理论，即“把马克思主义基本原理同中国具体实际、同中华优秀传统文化相结合是必由之路”的重大论断，让我们能够在更广阔的文化空间中，充分运用中华优秀传统文化的宝贵资源，探索面向未来的理论和制度创新。总书记讲到：“对历史最好的继承，就是创造新的历史；对人类文明最大的礼敬，就是创造人类文明新形态。”

在城市有机更新中，对于城市文化元空间，不仅仅在于“保护”，更在于传承、发展、生长、迈向新的平衡，提供新的价值。在城市化“内涵式发展”阶段，城市文化元空间的先天优势逐渐凸显。2022 年我国城镇化率已达到 64.7%[1]，随着我国已经进入城市化发展中后期，城市发展规划的观念必须由“外延式扩张”向“内涵式发展”转变。“加快推进城市更新”被写入“十四五”发展规划，已经升级为国家战略，城市文化元空间的区位优势和人文内涵优势使其成为稀缺、不可再生、高价值资源。

随着“符号经济”在城市中逐渐兴起，消费取代生产成为都市生活的显著特征，特别是对“符号”的文化消费[2]。消费者购买一件衣服不是为了蔽体，甚至也不仅仅是为了美观，而是作为自己某种精神信仰的对外展演——展示自己归属于哪一个社群或阶层，或认同哪一种价值观。符号资源禀赋丰富的城市文化元空间以其多样的审美符号、叙事资源和精神象征对“符号经济”起到

1　中华人民共和国国家发展和改革委员会网站：《“十四五”新型城镇化实施方案》系列专家解读之四 | 推进新型城市建设，让城市更加宜居宜业。

2　李河 . 从根系式生存到漂泊式生存——中国城市化进程的生存论解读 [J]. 求是学刊 ,2018,45(02):17-26.

巨大的支撑作用。

城市文化元空间成为寄托“乡愁”情绪、协调人地关系的重要所在。在中国的城市化进程中，不论是农民离开土地，还是城市内人口流动加剧、传统社区消失，人们逐渐进入一种“漂泊式生存”[1]状态，并伴随着精神危机的产生。城市文化元空间作为在地居民的精神“原风景”，就如同石库门里弄之于上海人，胡同四合院之于北京人，西关骑楼之于广州人，为城市的漂泊灵魂带来精神疗愈。

因此，当城市有机更新成为城市发展下一个阶段的重要命题，必须通过城市历史景观到城市文化元空间的价值重构才能找到答案。

1　李河 . 从根系式生存到漂泊式生存——中国城市化进程的生存论解读 [J]. 求是学刊 ,2018,45(02):17-26.

城市文化元空间的四个维度

空间是人地互动的媒介和结果，城市文化元空间是人与城市和谐互动的整体性统一。人与城市产生关联的四个面向也构成了城市文化元空间的四个维度，分别是物质空间、精神空间、社会空间和生活空间。

第一，物质空间主要对应着空间的物理的实体性层面，包括实体的自然物或人造物，例如不可移动文物、物质文化遗产、历史街道或街区肌理、建筑，以及雕塑、绘画、装饰等带有物质属性、物理形质的艺术品。城市文化元空间的物质层面大多能够代表物质实践的高级水平，或者具有开创性意义。比如早期张园（味莼园）的安垲第大楼（Arcadia Hall）堪称当时上海的"摩天大楼"，它竣工于1893年10月初，分上下两层，可容纳上千人集会。作为当时上海的最高建筑，吸引了社会各界前来"打卡""登高东望，申城景色尽收眼底"[1]，安垲第为沪人带来一种观看城市的全新视角。

1　熊月之.晚清上海私园开放与公共空间的拓展[J].学术月刊，1998（08）：73—81.

第二，精神空间主要对应着空间的精神理念层面，是人对于它的想象、理解、寄托情感、期待表达的具象呈现。一座建筑的设计图、一片城市街区的规划图，或是人们在想到、谈及这个空间所随之产生的情绪、潜在的意义都是空间精神性的组成部分。物质空间可以是精神空间的实际载体，但精神空间也可以思想、理念、艺术活动等非物理形态为承载。城市文化元空间往往与这座城市重要的发展阶段共享了重要的历史事件或人物，因此它的精神性维度必然与城市特有的时代主旋律同频共振，才具有了特别的意义。故而它能够唤起人们心中特别的情绪和想象，进而成为城市精神的丰碑，召唤着人们对城市精神的理解和追随。

第三，社会空间对应一个时期中宏大叙事、主流价值体系所赋予空间的意义，主要是掌握权力之人的公共的、外向的实践成果在空间中的显现。任何一个城市空间都是拥有权力的人和拥有专业能力的人所决定和主导的，如地方长官、规划设计师、建筑师，他们往往决定了一座城市、一个地区或者一幢建筑的建设格局、建筑形态、主题印象。他们围绕这一空间展开以满足公共需求为目的的实践，通过实践来塑造空间的社会性维度。城市文化元空间必然带有非常清晰的社会公共属性，换言之，即公众认知度高、社会影响力强、符号性意义宏大。像俄罗斯红场、美国白宫这类国家首都的政治性地标，可谓元空间社会面向的最高呈现，是政治主权的空间表达。

第四、生活空间对应微观叙事、边缘或民间的价值体系所赋予空间的意义，主要是普通人日常的、私人的、对内的实践成果在空间中的显现。在空间中，人与自我、与家庭的互动关系作为原子化的社会单元，其内部的行动实践和价值体系建设得以聚合形成元空间的生活性维度。而当生活性实践积累到一定程度，也会逐渐爆发出影响社会发展的能量。比如1853年后小刀会起义、太平天国运动等社会动荡促使大量移民涌入上海租界。人口激增、地价暴涨，催生了石库门里弄这种兼顾传统生活习惯和高人口容纳度需求的中西合璧居住形式和建筑形式。聚居在里弄中的移民将各自家乡的异质民俗带到这个集中的居住空间里，他们既要根据当下的生活空间特点来适应和自我改造，又要与邻居们的生活方式发生碰撞和交往。在这一过程中，以阁楼、亭子间、老虎灶、买汰烧、孵茶馆等为典型特点的石库门居民日常生活民俗逐渐形成。也在很大程度上参与了近现代上海城市民俗与“上海人”文化身份和城市精神气质形成。

值得注意的是，物质空间、精神空间、社会空间、生活空间等四维空间有着密切的关联和相互涵化的互动关系。没有不以精神空间作为内涵和意义的物质空间，而精神空间往往通过物质化来实现并在物质化的过程中受到检验，体现为物质空间。社会空间会影响和带动生活空间的具体活动，而生活空间的具体活动所积累的文化能量也往往会渗透进入社会空间。而社会、生活空间这二者又都是由物质空间和精神空间综合构成的。因此当经由这四个维度对元空间进行分析考量时，应避免机械割裂，要时刻注重其整体性和复杂性。

城市文化元空间的两大要素

一、空间实践

马克思认为，实践是“人创造历史的活动”，在空间研究的范畴内，我们可以说，实践是“人创造空间的活动”。正如列斐伏尔的基本论点——空间是社会的产物，空间不仅仅是一个“容器”或“平台”，而是一个社会关系的重组及社会秩序实践性建构的过程。列斐伏尔意义的空间，是人通过实践完成的空间，而实践过程及其结果也全部附着于空间之上。因此，我们认为，空间实践是文化元空间的第一层构成要素。

英国思想家安东尼·吉登斯将实践定义为，具有能知和能动的行动者在一定时空之中利用规则和资源不断地改造外部世界的行动过程。这里“具有能知和能动”就是“整体性”，“整体性”是人超越性努力的体现，人不完全受制于外在世界的自然规律，而是通过创造性的行为去掌握和利用规律，通过认识世界从而改造世界。而超越性的努力和行为本身即创造性的实践。

中国哲学中“天地人三才”思想也有着相似的内涵。结合中国的空间观来理解，“天生之，地养之，人成之”[1]，不论是抽象的空间，或是房屋、街区、城市等具象空间都是“整体性”的人所完成的创造性实践的总和。

可以说，人所从事的物质性实践，都对应着空间的物质维度，包括对自然地理环境的改造，改造过程中所借助的物质工具，以及改造最终形成的物质成果等。但凡有型的物质空间，一幢房屋、一条街道、一堵城墙，都是人通过双手劳动一砖一瓦砌成。

人所从事的精神性实践，例如艺术活动、思想生产、发明创造等行为，对应着空间的精神维度。例如王安忆《长恨歌》这部文学作品塑造了居住在石库门里弄的上海女性形象，作家通过文字将心中想象的人物和情节具象化表达出来传递给读者，增加了石库门空间的意义厚度，使得石库门空间超越了单纯客观存在的物质性实体，携带了人的主观性感受、情绪和认知。再如第三批国家级非物质文化遗产名录将石库门建筑营造技艺列入其中，石库门建筑本身是物质性的，但是人们在建设中所积累的经验，发明创造的技艺则是人所从事实践的精神性体现，是由物质性的实践升华而来。

人所从事的社会性实践，对应着空间的社会维度。例如城市规划师按照市政府颁布的未来城市发展总规，对新城区发展的规划进行设计都具有社会性实践的属性。社会性实践以为大多数人带来公共性效应为目的，大部分是掌握和利用规律的人的思想展示、传播、并被广泛认同和接受的体现。当然，普通劳动者的日常劳动也可能属于社会性实践，并产生公共价值。

1　[汉]董仲舒，春秋繁露（卷六）[M]. 北京：北京图书馆出版社，2003.

人所从事的生活性实践，对应着空间的生活维度。生活性实践是民众在日复一日的日常生活中所完成的实践，这种实践或是本能的驱动，或是投入了热情和思考的创造性劳动。例如一个家庭空间整洁与否、温馨与否大多体现了主人对于生活的态度。这样的生活实践本身就有了特有的空间烙印，携带了一代人专属的记忆和情绪。

综上所述，我们认为，城市文化元空间是“整体性的人”所完成的“创造性的实践”的总和。由此，空间实践也成为理解、研究和提炼元空间文化意义的重要切入点。

二、空间意象

城市文化元空间具有在城市与城市中的人完成文化整合的功能，究其根本需要通过建立共通的文化意义来实现。如果说文化意义指的是过去、现在、未来的关于人的美学、科学、历史、社会、生活和精神价值，那么城市的文化意义就蕴含于城市空间的结构、环境、功能、记录、关联或者相关的地点、相关的物品。文化意义和它的蕴涵物彼此融合，共同组成了空间意象。由此，我们认为，空间意象便成为城市文化元空间的第二层构成要素。

“意象”是源自刘勰《文心雕龙》的美学概念，文学作品的创作者在作品中为客观物象赋予主观情感和思想，而形成“意象”。同时，“意象”在读者心中再现，又与读者的心绪、思想产生了融合，体现了主客体进一步的交融。例如月亮是一个客观存在的物象，当它出现在诗歌中，不同的诗人为它投射了不同的情感，形成不同的意象。“俱怀逸兴壮思飞，欲上青天揽明月”，显然“明月”所携带的情绪是光明、积极向上的。而“我寄愁心与明月，随君直到夜郎西”中的“明月”带有浓郁的离别愁绪[1]。

近些年，“意象”概念开始被引入城市规划领域，正体现出对“人”的高扬，关注人的情绪、人的思想、人的价值实现成为城市发展越来越受到重视的价值点。城市空间不再仅仅作为物质性的客观性的物象被割裂地看待，而是与人的体验、投射有着深度的融合，事实上列斐伏尔空间生产的思想也包含这层含义。在以人为本的理念指导下，人地关系和谐，人与城市可持续是城市发展高质量阶段的必然要求，“空间意象”的实施也成为建构元空间的重要路径。

美国规划学者凯文·林奇著于1960年的《城市意象》（*The Image of the City*），以image这个英语世界与中文“意象”有着高度对应性的概念切入，并指出一个适宜人居住的、独特的城市应该是“可意象性”的城市，即城市要个性生动、结构鲜明、高度实用，并且其宜居程度能够被清晰而强烈地感知到。他进一步强调道路、边界、区域、节点和地标这五种元素对于人们感知城市意象有着重大影响，因此应该在这些元素上强化意象表达。在建筑学领域，也有类似意象性的概念——“场所精神”，虽然表述不同，但概念的核心内涵也体现出对建筑的主客体融合性的强调。“场所精神”的概念由挪威城市建筑学家诺伯舒兹（Norberg-Schulz）在1979年提出，他认为“场所”是人与建筑环境反复作用和互动后，在人的心理留下特定的概念和感受。“场所”有着切实存在的物质空间属性，但是形态、颜色、层次等物质空间的特征又影响着人们的活动，同时人们的活动也赋予了场所以

1　熊礼汇评注，李白诗选[M].北京：人民文学出版社，2021.

独特的意义。而“场所精神”是对一个地方的认同感和归属感，能唤起人们对地方的记忆。[1]

综上所述，空间意象具有高度辨识性，且承载着共通性意义内涵（包括认知和情感）。由此，空间意象同样是理解、研究和提炼元空间文化意义的重要切入点。

从整体而言，城市文化元空间穿越了历史长河，承载和凝聚了无数位仁人志士的创造性实践。这些实践或对历史进程、社会发展产生重大影响，或通过日积月累的日常实践以精神财产的形式“藏之名山，传之其人”，从而沉淀了数量大且意蕴深远的空间意象，并使得元空间具有了持续传承、脉络清晰和高感知度的文化意义。元空间的文化意义再进一步参与或是主导着整个城市的精神气质或价值观谱系，从而持续不断地推动城市与人之间的文化整合，让人更加理解和认同城市，也让城市更加能够唤起人心中的感动和善意。

1 蒋姣龙，周晓娟，范佳慧等．上海大都市乡村意象设计研究——构建乡村空间意象五要素技术框架[J]．上海城市规划，2022（05）：80-87.

对“城市文化元空间”概念的命名及研究框架的总结，目的在于对城市文化传承与发展实践和研究方法加以理论化提升。既对社会主义新时期中国文化在城市空间中的传承机制加以总结、阐释和建构，更希望对城市更新实践和历史空间商业化运营工作加以建言和引导。它的提出，是对社会主义新时代“以人为本”的城市高质量发展理念的呼应，也是尝试面向世界提出兼顾遗产保护、功能宜居与经济可持续发展的城市更新的中国方法、中国话语。

在本书接下来的内容中，将围绕上海张园这一鲜活个案，徐徐展开张园作为海派文化元空间典型案例的形成脉络与当代价值；并尝试借由城市文化元空间这一方法论，完成上海张园文化意义的凝练与阐释。

张园西区新景，摄于 2023 年

張園
ZHANG
YUAN

第一章

上海张园：一座穿越百年的城市文化元空间

.A.D.
1927

震興里

城市文化元空间研究框架的提出在于建立一套总结城市文化传承发展规律、挖掘利用城市历史景观核心价值的方法论，这套方法论也具备广泛应用于工作实践的巨大潜力。而上海张园城市更新项目在历史街区文化价值的挖掘和保护，以及将文化价值深度灌注于街区更新建设和常态化运营方面已经完成了落地实施，而且仍在持续地向前探索。在城市文化元空间的理论背景下重新观察张园文脉与当下的更新工作，不难发现，它是一个极具分析与总结价值的鲜活个案。

上海张园，作为海派文化元空间，是上海城市精神、海派文化重要的涵育地和生长地，是二者的突出成果、经典意象，更是二者得以传播的载体和媒介，如今依旧持续地参与并推动着海派文化创新、迭代和发展。

其一，通过对海派文化脉络的分析，我们发现，虽然海派文化有着复杂的变迁历程和内在构成，但“动态创新”是其核心内涵。中华文化本就具有创新的文化基因，而作为中华文化重要组成部分的海派文化，可谓其创新文化基因的显性表达。面对着新兴、异质文化的不断冲击，海派文化以接受、吸纳、融汇的姿态，将其熔铸到自身的主体性文化中，实现主动的自我迭代和持续的动态创新。

其二，从历史发展脉络看，张园的发展与上海城市发展有着高度对应性，对近代上海移民社会的文化整合发挥了重要的作用，是这座城市集体记忆和精神认同的凝聚点。而当下焕新开放的张园又是上海进入城市化高质量发展阶段的印证，以“城市文化会客厅”的姿态面向全球展示“中国式现代化”成果，实现海派文化对外传播。

其三，从元空间文化意义看，“动态创新”的文化内核在张园的空间意象中有着具体的呈现，张园正是海派君子们持续百余年的创新性实践所形成的整体性空间。不论是物质性创新、精神性创新，又或是社会性创新、生活性创新，都呈现为海派文化元空间——张园丰富的空间意象，也是今日张园得以成为城市文化会客厅、美学消费集聚地的基础。

其四，从精神谱系看，海派文化在张园人的身上具体地折射出了“海派君子之德”及其四重内涵：和而不同，融合创新；义利兼修，福德圆善；人文之美，温文尔雅；生生不息、锐意进取。从味莼园的管理经营者、时常出入园子的社会各界杰出人士，到石库门社区的早期开发者、住户，再到“七十二家房客”时期社会主义建设的劳动者，再到当下共同推动张园城市更新项目落地的政府机关、企事业单位、规划设计机构、落地执行公司及工作者，“海派君子之德”是他们共同的精神肖像：以持守中华传统人格美学为前提，接纳和应对不同时代条件下的挑战和需求，积极吸收各类文明成果、思想观点并将其熔铸于自身的主体性中，进一步充实丰盈的人格和内心的力量。

在本章的内容中，我们尝试厘清这样一条思想链条：海派文化“动态创新”这一核心内涵通过文化元空间——张园的空间生产得以具体呈现和活态生长；当它又进一步通过张园人所折射出的“海派君子之德”，是对张园空间的文化意义及精神谱系的集中凝练。

在本书的第二章到第五章中，本书将沿着“海派君子之德”在张园空间实践不同阶段的不同呈现这条线索，逐一展开这座海派文化元空间历经百余年的创新实践成果与活态生长样貌。

张园整体更新改造前航拍图

动态创新：海派文化的核心内涵阐释

走进张园，我们首先能够感知的是它物质空间的一面。作为上海现存规模最大、保存最完整、建筑风格最丰富的石库门建筑群之一，它坐落于上海市静安区威海路 590 弄，地处南京西路历史文化风貌区：东至石门一路，南为威海路、西为茂名北路、北至吴江路。按照控详规划调整方案，张园区域用地面积约 4.6 万平方米，地上建筑面积为 6.2 万平方米，地下空间总建筑面积为 8.2 万平方米。其中包括上海市优秀历史建筑 13 处，24 处区文保点及 5 处规划保留建筑。然而，当“张园”之名在人们口中传颂、唤起情感共鸣，不只基于它的物质空间，更在于它历经百年历史沉淀、所凝结的精神空间、社会空间和生活空间。

张园，究竟是一段“海上第一名园”的传奇往事，还是一抹石库门里弄的乡愁记忆，又或者是周末与好友同去打卡的海派时尚新地标？不妨让我们同去追寻、体验。

从晚清“海派”一词兴起，到海派文化成为上海城市三大文化定位之一，何为“海派文化”一直是上海社会各界持续关注、反复讨论的议题。作为时空经纬交织中诞生的词汇，在历史的变迁发展中，它不仅是独特的地缘、史缘背景下上海城市精神的集中凝练，更是当下上海市社会主义国际文化大都市建设的题中应有之义和关键内涵支撑。

因而当我们尝试在海派文化的思想谱系中为张园定位，进一步探讨张园内涵与海派文化的内在勾连是什么；我们试图借由张园这一文化元空间，探寻海派文化折射出了怎样璀璨的光芒？这就不得不从“何以海派”开始讲起。

一、何以海派

众所周知，海派一词最初产生，并非为一种文化命名，而是对绘画、戏曲、文学等艺术门类特定的风格、种类的称呼，后又逐渐延展开去。晚清上海文人徐珂编辑的《清稗类钞》是较早提及海派的笔记文献，书中“戏剧类·海派条”记载了京剧伶人称外省之剧为“海派”，指出在艺术形式上“海派京剧”不守规矩。在书画领域，大致相同内涵的称谓形成更早。早

当代张园建筑群

期的史笔著录多用“海上”的称谓，记述外省籍书画家汇集上海的画坛景象[1]。这一现象大概在19世纪五六十年代太平天国运动席卷江南之时开始产生，到20世纪初上海书画家群体逐渐成形并开始被冠以“海派”之名。这一时期的“海派书画”特征大致以“能出新意”“善于会通”著称，同时也具有迎合新型市民阶层口味的商业化、世俗化成分。

1930年代，“海派”从绘画、戏剧领域传导至文学、媒体界，在文学界以“京派”“海派”笔战的方式又一次引发讨论热潮。“两派”之争最先由沈从文1933年10月的《文学者的态度》一文发起，在文中他对京、海两地作家以“玩票白相”态度对待文学的态度提出批评。同年12月作家苏汶在《文人在上海》一文中驳斥沈从文对于上海文人的批判有失偏颇，在此前后周作人等也对上海作家有所批判。沈、周二人认为上海地区一些文学者沾染了商业习气，由此文学界“京海之争”拉开帷幕。此后，上海作家曹聚仁、徐懋庸等也纷纷撰文加入论战，“海派”“京派”一时成

1　陈晔.传承与发展：海派文化一个世纪的嬗变[J].嘉兴学院学报,2015,27(05):65-76.

为当年文学界最热门的话题。鲁迅在1934年先后撰写的《“京派”与“海派”》和《南人与北人》两篇文章最为著名，指出“要而言之，不过‘京派’是官的帮闲，‘海派’则是商的帮忙而已”。其实，沈从文本意并非挑起北京上海两地文化争端，但是事态的走向却从南北作家的来往笔战逐步转向不同城市文化类型的差异分野。这场著名论争，也为“海派”一词定型为城市文化类型的代名词起到推波助澜的作用。

有学者认为，近代文坛上“京派”与“海派”之争，是海派文化形成的标志。[1]之后，海派的称谓从艺术领域逐渐延展至生活方式、言谈举止、社会风尚的层面，成为文化生活各个方面的一个专用名词，虽无确切定义，却在当时人们心中取得了海派文化具有“兼收并蓄、海纳百川”之意的共识。而且随着20世纪二三十年代上海城市快速发展成为中国的经济和文化中心，海派文化也向江南地区乃至全中国快速传播。1920年11月3日《晶报》上刊登《北平社会的上海化》的一文，就鲜明地表现出海派文化向全国的辐射和影响，连传统文化极其深厚的北京也受到海派文化的带动和影响。逐渐的，“海派”作为上海城市精

张园 77 号建筑更新改造前照片

神气质的代名词，在作家的文学创作中被书写实践，在学者的学术研究中作为城市品格产生文化批评，甚至在民众口碑中成为广泛传扬的城市集体人格。

但是也有观点称，“海派”是一个逐渐被建构出来的概念。[1]它不同的历史阶段，特别是随着上海城市身份自我认同的发展，以及全中国语境下文化相对主义的变化而呈现出不同的样貌。当然，其复杂的变化过程并非本文重点，我们的重点在于捕捉不确定中的那一点确定性，也即试图总结百余年来海派文化一以贯之的核心内涵与“元叙事”。

当我们回到最初的“海派”作为一种艺术风格，可以发现，当时上海京剧不拘一格，从文明戏、外国歌剧、苏州民歌小调等各种可以吸收的艺术资源取材，使作品更加生动活泼、浅白通俗。上海京剧不再是为了取悦皇族而是获得观众喜爱并争取票房，便不再受到“四功五法”的限制，而以破格、创新的方式追求更强的娱乐性、更曲折丰富的情节、趣味来吸引世俗观众。在绘画、文学等领域也表现为相似的趋势，整体呈现出标新立异、光怪陆离、贴近世俗的特征。

而在官方话语中，1985 年 11 月，中共上海市委宣传部思想研究室、解放日报社和文汇报社有关部门、《社会科学》编辑部联合发起召开了“海派”文化特征学术讨论会，在那次讨论会上，归纳出“海派”创新、开放、多样、崇实、善变等五大特征。[2] 2021 年 12 月《解放日报》曾邀请过沪上学者进行过一场大讨论，各个访谈嘉宾的讨论结果以《“海派”：吐故纳新，再造传统，

1 陈晔 . 传承与发展：海派文化一个世纪的嬗变 [J]. 嘉兴学院学报 ,2015,27（05）:65-76.

2 魏承思 .“海派”文化特征学术讨论会综述 [J]. 社会科学 ,1986（01）:24-25.

成为传统》发表在 2021 年 12 月 10 日《解放日报》。大量学者专家围绕海派文化撰文归纳、论述、解读，见仁见智、众说纷纭，虽表述莫衷一是，但“创新”却始终是学者聚焦的关键词。就如同近代流传的那首儿歌：“人人都学上海样，学来学去学不像，等到学了三分像，上海已经变了样。”我们认为，创新，而且是持续的动态创新是海派文化的“元叙事”。“动态创新”作为一种底层动力，塑造了海派文化异质杂糅、变动不居的文化特质，赋予了海派文化极强的流动性和开放性，而海派文化的这些特质又进而反哺和强化了“动态创新”的文化发展逻辑。

二、作为海派文化核心内涵的“动态创新”

从思想脉络来看，中华传统文化本就包含着创新的文化基因，而作为中华传统文化重要组成部分的海派文化，可谓创新文化基因的显性表达。西周末年的思想家史伯提出“和实生物、同则不继”的观点，认为不同的实物融合在一起才能产生新的实物，所以“故先王以土与金、木、水、火杂以成百物”，开启了“和同思想”的脉络。之后晏婴与齐景公之间的一场“和同之辩”，进一步对史伯的观点做出注解："若以水济水，谁能食之？若琴瑟之一专，谁能听之？同之不可也如是"。晏婴虽意在劝导君王应接受来自臣子的不同意见才能做出科学决策，但也包含了多种不同甚至对立的因素相融合才能产生新的统一和新的事物这一辩证思想。当"和同思想"发展至孔子时期，"君子和而不同，小人同而不和"是最为人们所熟知的观点，虽然表面上看来这一观点只局限在了君子的自我修养，或人与人之间的道德仁爱关系，但其深层包含了矛盾冲突趋向和谐统一，从而推动事物、社会、历史的创新发展这一哲学性思考。

为何"和同思想"的文化基因在海派文化中得到了凸显？这离不开近代上海五方杂处、华洋杂居之下异质文化不断碰撞、激荡的独特社会土壤。"近代上海，由于特殊的时代因素，特殊的政治格局和人口结构，形成异质文化共存融合的独特局面。从国际范围来看，寓居上海的外国人口，最多时达到 15 万，来自东西方 40 多个国家，不同的政治制度，不同的意识形态，不同的伦理道德，不同的建筑样式，不同的民俗风情，在这里有共处共存，有冲突，有融合。从国内范围来看，上海人口 85% 来自全国各地，来自江浙粤赣闽皖等 18 省市，中国不同区域的文化也被带到这里，在这里共存共处，相互交流、融合。近代中国先后存在过 23 个租界，而只有上海形成了这一独特的局面。”[1] 学者熊月之提供的这组数据充分说明了近代上海社会结构的独特性，正是这种独特性使和而不同、动态创新成为海派文化内核成为可能。也让“上善若水”这另一中华文化基因同样在上海码头林立、河网密集的地缘背景下有着更加具象的表现，为海派动态创新注入深层动力。

“上善若水”是老子重要思想之一，也是中华智慧的独特表述。水是自然事物的基本构成，于思想角度而言，水具有“随物赋形”“润物无声”“以柔克刚”等特性，体现了万物运行之道，水之道本身具有哲学属性：水是不停流动的，极具生命力的，历经千难万险不达目的不罢休，最终百川归海；是灵活的、开放的，能够与异质事物共存、包容甚至充分融合而成新的事物。江南地区是中国河网密度最高的地区，位处其中的上海又恰恰坐落在长江和太平洋的汇集点。由此上海深得水的气质、水的属性，“海纳百川”也自然成了其城市精神的表述之一。

综上所述，海派文化以动态创新为内核恰恰源自对中华传统文化创新性基因的持守。在面对新兴异质的文化资源时，它并没有随波逐流，任其发展，而是接受、融汇、吸纳，并进一步熔铸到自身的主体性文化中，实现了主动的自我迭代和动态创新。就

1　熊月之 . 重视对异质文化共存现象的研究 [J]. 探索与争鸣 ,2003（04）:14—16.

如同《上海史走向现代之路》中一段经典的表述："虽然上海是按照近代西方城镇摹本建立起来的，但是并没有像其他殖民城市那样失去自我。古老的中华文明和西方现代文化的相撞以实用主义达到了平衡。在撞击中，现代性逐渐融入了上海的肌体。上海人以从西方人那里学来的经验来对抗西方的挑战，即以现代性来迎击西方。"[1]

从上海城市发展历程来看，动态创新亦是其发展主旋律。从地理环境来看，海洋区位与江南传统奠定了其地域文化原型，也推动了上海在历史演进与发展中的三次飞跃。

上海以"沪渎"显名于史册，其"沪渎"之名来自吴淞江汇集百川、一注入海。"沪"原本有"捕鱼用的水中围栏"之意，后由于吴淞江改道使扬帆而来的船只从南岸近海支流"上海浦"入口，到南宋末年船务往来、上海浦活跃、形成聚落、发展市镇，"上海镇"正式建立。这也意味着在不断演进壮大的航运船业经济中，"沪"从一个海纳百川的地理实体，发展为具有行政建置的市镇，"上海"开始彰显其名，完成了第一次量变到质变的地位飞跃。而后从元代置县、黄道婆"衣被天下"，再到

1　白吉尔．王菊，赵念国，译．上海史：走向现代之路 [M]．上海：上海社会科学院出版社，2005.

明清时期松江府的繁荣，在大约六百多年的时间里，上海在中国古代社会晚期靠棉纺织业这一支柱产业，逐步发展为“东南壮县”，又完成了第二次量变到质变的提升。自 1843 年上海开埠以来，从最初不得不承受西方文化侵入，到主动接纳并为己所用，上海从几十万人口的小县城，发展成为几百万人口的大都市，完成了从传统到现代的第三次发展。其中这“大上海、小市民”的人文环境为“海派文化”兼容并包、雅俗共赏提供了必要条件。1949 年中华人民共和国成立，上海发扬红色基因传统，努力发展工业“上海造”，改革开放以来浦东大发展及城市化加速，直到当今建设社会主义国际大都市的进程正在路上，这座城市又面临着新的极速飞跃。

回顾历史，在一次次的地理变迁、时代变换和形势变易中，上海形成了海纳百川的“纳”的行为与实践内涵，彰显出开放多元、勃勃生机的时代使命。正因为“动态创新”的城市及其文化发展逻辑，才使得这座古老而又年轻、传统而又现代的城市，在新旧之际、中西之间融合创新，迭代更新，不断自洽。

思想链条：海派文化、城市文化元空间与张园核心价值

作为上海城市精神集中凝练的“海派文化”，毕竟是一个较为宏大的、抽象的地域文化概念。若要上海人、国人，乃至海外人士建立对于海派文化的接触、感知、理解，甚至认同，往往需要具体的载体作为认知的阶梯。而本书所尝试讨论的文化元空间，其核心功能正在于此，就好像香榭丽舍大街之于法国巴黎；哥伦比亚特区之于美国华盛顿；红场之于俄罗斯莫斯科等。我们认为上海张园作为海派文化元空间，不仅是上海城市精神、海派文化重要的涵育地和生长地，也是海派文化的突出成果、经典意象，还是其得以传播的重要载体和媒介。而且，时至今日，张园仍旧在地持续参与和推动海派文化的创新、迭代和发展。

其一，经过对张园历史的系统研究，不难发现，张园与上海城市的发展脉络有着高度对应性，可以说它是这座城市集体记忆的具象载体。如果说上海是中国社会通过快速工业化、城市化、国际化进程迈入现代社会的桥头堡，那么张园自诞生时就是这一快速现代化进程的产物，并且进一步又成为现代化意象展示的空

间和舞台。

学者熊月之在《近代上海公园与社会生活》一文中提到，在世界范围内，城市公园是城市化、工业化步伐加快，人口密度大、生活节奏加快等现代社会的必然产物，发挥着休闲胜地、社交场所和公共广场的功能。因此从全国范围内来看，上海较早地出现了城市公园这类空间。然而在 1928 年以前，上海租界兴建的四大公园均禁止华人入内，为了打破这种歧视与屈辱，儒商张叔和修建张氏味莼园（简称“张园”）面向华人开放。味莼园虽为经营性私园（产权私属），却因其开放性、娱乐性、创新性具备了城市公园的所有功能，而且还是最早对电影（电光影戏）、自行车、电灯电气、万国工业产品博览会等现代化产物做全面展示和交流的平台。然而随着人口增多、密度加大必然导致城市地价上涨，由于近代上海城市化地产增值的底层逻辑，加之更多娱乐场所的出现等原因，味莼园渐趋衰落。停办后它的地皮被分拆出售，原址开发、修建成大片石库门里弄社区，一代名园遂成历史。而这片里弄社区则延续“张园”之名继续存在于上海人身边。当下，进入社会主义新时期，超大城市上海进入内涵式发展阶段，作为一级旧里的张园社区需要通过城市更新进行改造和再开发以完成其价值的重构。不仅仅是出于城市土地和空间的溢价需要，更是为了达成“以人民为中心”“科学发展观”理念指导下改善居民生活、扩展公共空间、凝聚城市精神共识等目标。可见，张园的演进历程与上海城市发展进程紧密关联。

其二，张园对于近代上海移民社会的文化整合发挥了重要作用，可谓上海城市集体认同的凝聚点。

上海于元代设县，明代设城，当时这座城市人口规模不大、历史也并不悠久，直到1843年开埠后大量人口涌入，由于优越的地理位置和复杂的历史背景，上海开始了迈向世界级大都会的历程。“五方杂处”的人口特点必然导致上海人文化认同形成的后起性，居住在上海的各地移民需要经历很长时间才能认同自己作为上海人的身份。可以说，在“上海人”意识形成的过程中，张园发挥过重要推动作用。味莼园作为清末民初华人重要集会举办的公共广场，当时大量的意见领袖（章太炎、吴稚晖、蔡元培等）虽同为移民却在此处共同讨论和解决上海本地的问题。在公共舆论的报道中他们是以“上海绅商”的身份被报道和传播，突出了他们的上海人身份。同时，也有学者认为石库门里弄是“上海人”意识凝聚的重要场所。味莼园之后，张园里弄社区中聚居了各地移民，由于这里房价不菲，这些移民多为受教育水平较高、社会地位较高的文化人士、专业职员、工商业主等。他们携带着的原生的异质民俗在石库门里弄长期聚居生活，在衣食住行、言谈举止、交往行为等方面长期互动交流。异质民俗最终发生化合反应、凝聚为具有较强上海特色的城市民俗，并呈现出典型的“上只角”特征。

其三，当下，焕新开放的张园是上海作为社会主义超大城市进入城市化高质量发展阶段的典型印证，是面向全球的“中国式现代化”成果的展示窗口。

今日张园在保留了石库门里弄这一极具海派特色的城市历史景观的同时，又实现了街区功能的焕新跃升，成为文化消费和美学经济的聚集地和新时代“城市文化会客厅”。张园街区的焕新开放为“梅泰恒”消费集聚区增添了海派文化附加价值，又在静安这一上海文化精华区落地了一处时尚消费场景，为城区经济发展注入新的活力。2023 年春节黄金周张园西区日均人流量超 1.5 万人次，1 月 26 日达到峰值 2.95 万人次。各类国际消费品牌体验零售店不断更新的展览也与街区海派美学的整体风格实现着碰撞对话、和谐融入。街区中，既能看到上海本地老人颇有仪式感地换上珍藏的旗袍在安垲第装置艺术作品前合影；又见更多来沪旅游的年轻人在石库门背景中拍照，在社交媒体上以张园地标打卡。当下的张园在城市功能跃升和城市精神皈依中形成高度统一，持续以海派元空间的姿态完成着人与城市的文化整合，更在完成着海派文化对内、对外的传播交流。

城市有机更新是全球城市历史景观保护的重要手段。只有通过综合治理和有效运营，才能让城市遗产通过旅游、商业用途，以及土地和房地产增值等途径重新成为促进城市经济发展的力量，而产生的更多利润也才能重新投入到遗产保护、修复和翻新工作中，形成良性闭环。每一个城市更新案例都面临着个性化的挑战，地处南京西路风貌保护区核心位置的张园，是上海现存规模最大、保护最完整、建筑风格最丰富的石库门建筑群之一，而张园更新项目也是上海首个保护性征收改造的城市更新项目。张园的整体性开发工作，不仅开发体量巨大，而且极少可借鉴经验，在战略规划、资源调动、长周期运营管理等多个方面所面临的挑战都是前所未有的。它的落地完成，可以说是由文化渊源、智慧理念、社会制度、时代需求等多重因素所支撑的。换句话说，城市更新的张园模式正在以中国理念、中国方法为全球共同面对的挑战给出自己的解决方案。

正在更新建设的张园，摄于 2022 年

张园西区新景，摄于 2023 年

城市文化元空间：张园的四维空间意象

通过前文的讨论，我们得以理解张园作为海派文化元空间，是如何持续参与海派文化的空间生产，如何成为海派文化的空间表达的。借由列斐伏尔“空间的生产”理论视角，细细观察张园“空间与人的实践之间构成的紧密关系”，可以看到，张园是海派君子们持续百余年的创新性实践所形成的整体性空间，而海派文化已经熔铸在了张园的四维空间（物质空间、精神空间、社会空间、生活空间）中，并以四维空间意象（物质意象、精神意象、社会意象、生活意象）提供了体感、理解海派文化的具体媒介。

正如绪论中所论述的元空间四个维度之间密切关联、相互涵化的互动关系，张园的物质性、精神性、社会性、生活性空间所呈现的立体而紧密的互动关系，既映射了文化元空间承载海派文化的复杂结构，也为海派文化的空间生产提供了动能机制。

如果依照物质空间的具体构成形式，张园发展历程可被粗略地分为经营性私家园林——张氏味莼园和石库门里弄建筑群两个阶段。而石库门里弄建筑群的张园又可按照功能属性分为两个阶段，分别是生活空间属性更强的封闭性里弄社区、社会空间属性

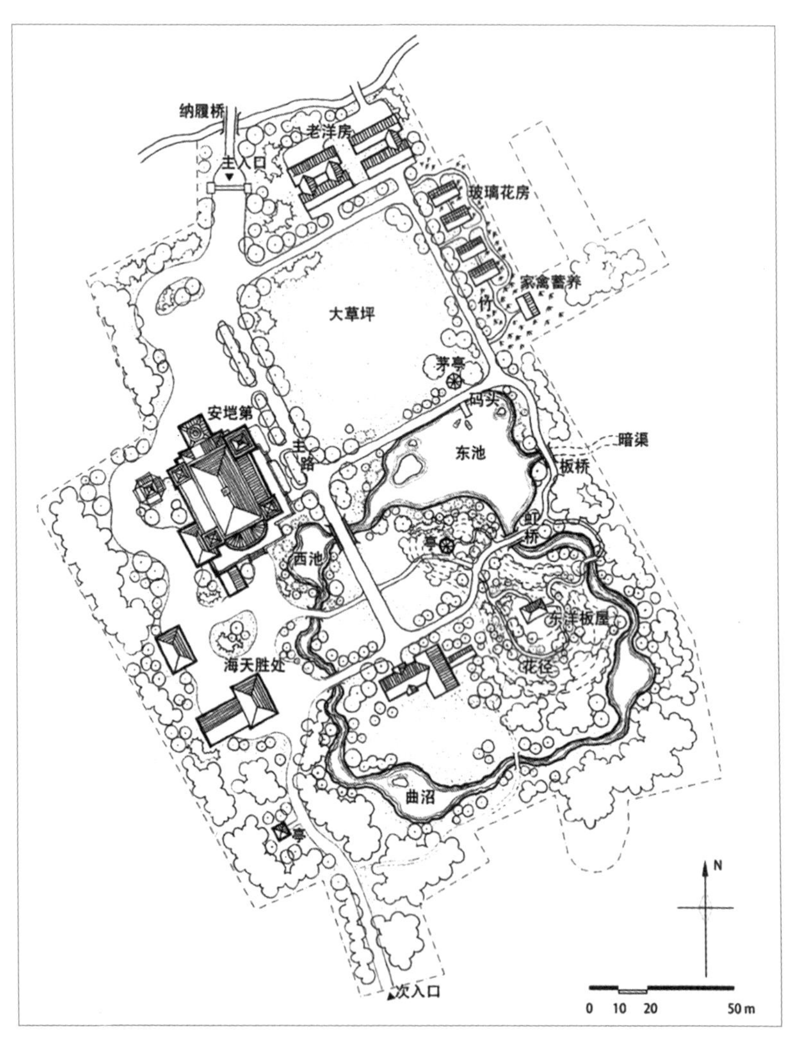

1907 年张园布局复原图（周向频、麦璐茵：《近代上海张园园林空间复原研究》《中国园林》2018 年第 7 期）

更强的开放性张园商业街区。可以说，在张园发展的历程中，一以贯之的不仅是张园这一名号，更是精神空间中所凝聚的海派文化、海派韵味、海派君子之德。关于海派君子之德的话题，此处略不赘述，留待后面章节逐一展开讨论。让我们转回视角，细细品味张园的四维空间意象是如何具体呈现海派韵味的。

一、张园的物质空间

张园的物质空间对应着物理空间及其相关的所有实体性物象，既包括张园的基础物理空间——里弄街巷、石库门建筑，以及物理空间所有内外部的存在物，也包括当下人们围绕张园仍在不断进行着的物质创造，而创造成果又进一步构成张园的物质空间。由此可见，张园的物质空间一直处于活态生长中。

张园之名号起于早期阶段——作为经营性私园的张氏味莼园，虽然现在的我们已无法亲身感受，却可以在存留的各类文本、影像、图画中一探究竟，捕捉它物质性创新的质感和气韵。

晚清人针对张园与另一处重要的经营性私园——徐园的创新区别给出这样的评论：张园仿照西式，楼台金碧，池沼潇徊，细草如茵，落花成阵，冬则地护活火，夏则广榭凉掇，轩外锦天绣地，轩内火树银花。徐园则全用中华雅制，虚檐纳月，曲栏迎凉，绿沼苹香，红窗茶熟。[1] 园林史学者周向频则认为，张园在园林景观设计方面“既保持了中国传统园林叠山理水、莳花栽竹、曲径通幽的特色，又具备西式公园草坪开阔、楼房高广、疏朗有致的特点”，“不同于精致但又显局促的传统江南宅园，也不同于那些

1　熊月之 . 晚清上海私园开放与公共空间的拓展 [J]. 学术月刊 ,1998（08）:73—81.

简洁开敞又显乏味的西式庭园，它既追求中国园林的审美与情趣，又借鉴公园为大众服务的空间特点，创造出私园与公园相结合、中国文化与西方文化共存的新式园林”。[1] 正是味莼园园林景观的创新设计，才使其得以从当时众多园子中脱颖而出。

除了园林景观，张园还能够提供无比丰富的生活方式和休闲娱乐方面的消费享受，透过 1909 年《上海指南》中对张园中各项活动收费标准的介绍，我们仍能体会到这些物质性创新所带来的新奇感：

> 入门不取游资；登望楼，概不取资。
>
> 泡茶每碗二角。茶座果品，每碟一角。洋酒，起码二角。点心酒菜，汤面每碗一角半，炒面每盘三角，绍酒每斤一角，鱼翅每碗八角，牌南每份三角，狮子头每盘五角，卤鸭每盆三角。
>
> 安垲第书场，每人六角。海天胜处滩簧，每人约二三角。弹子房租大木弹一盘给二角，租小象牙弹一盘给二角五分。铁线架，欲打者给一角。抛球场，租地一方，每月十五元。外国戏有时有之，座价上等三角、中等二角、下等一角。
>
> 照相，光华楼主人在园开设，其价四寸六角，六寸一元，八寸二元，十二寸四元。
>
> 花圃，有玻璃花房，出售外国花，如石兰红、美人粉等，价数角至一元数角不等。又有益田花园，售日本花，如寒牡丹、樱花、青帘枫、红帘枫等，价目一元至数元不等。

1 周向频，麦璐茵 . 近代上海张园园林空间复原研究 [J]. 中国园林 ,2018,34（07）:129-133.

清末外国马戏团在张园里搭的过山车（上海历史博物馆藏）

味莼园游园（《Social Shanghai》1907 年上半年合订本中的张园插图）

张园里的“海天胜处”，一幢 19 世纪的老建筑，常被用作放映电影的场所，位置在安垲第的南面（上海历史博物馆藏）

> 假座演说，包租安垲第，一日价四五十元，茶房另给十二元，夜加电灯费十二元，礼拜日酌加租价。如事关公益，亦可酌减。
>
> 假座燕客，每次给煤水及伺候人等各费共十四元。厨房代办酒席，每桌自五元至十余元不等。[1]

更为重要的，张园还是最早集中展示西方现代化物质成果的平台："上海以洋气闻名全国，张园是展示洋气的地方。许多没有推广的洋东西，均先在张园出现[2]。"上海引进电灯不久，用户不多，丰泰洋行为了招揽用户，于1886年10月6日晚，在张园内点亮电灯数十盏，其景观"遍布于林木间及轩下室内，高高下下，错落有致，园中各处，纤毫毕露，游园人咸以为奇观"[2]。最早的户外照相也在张园内经营出现，游人可以随意选择张园内的景致，甚至身着古装拍照留念。此外，时下流行的"西洋玩意儿"最先出现在张园内的例子数不胜数：1890年西人做热气球载人表演；1885年之后园内一年至少举办一次的燃放焰火项目，有著名的潮州焰火、东莞焰火、高易焰火、安徽焰火及东洋焰火；1902年中国的第一个脚踏车赛跑场建成，设备俱佳，有淋浴，日夜开放；1903年园内添设了如今日玩乐项目"激流勇进"一般，具有冒险性质的游艺车等。在后文笔者选取了最具代表性的电光影戏、户外摄影、自行车等西方现代艺术、工业产品在张园中的展示作为例证，并加以更深入的论述。

1　上海指南（卷八）[M]. 上海：商务印书馆，1909:1.

2　熊月之 . 张园晚清上海一个公共空间研究 [J]. 档案与史学 ,1996（6）:31-42.

物质性创新成果展示的集大成者当属张园内举办的三次博览会。博览会一般指近代西方随着工业化发展所出现的工业产品集中展示展销会，举办于 1851 年的英国水晶宫博览会被认为是第一个国际性的商品博览会。[1] 随着西风东渐，博览会来到中国，张园内共举办了三次有较大影响的博览会活动，分别为：1907 年举办的“万国赛珍斗宝大会”、1909 年举办的“南洋劝业会上海出品协赞会”，以及 1912 年举办的“张园游艺赛珍会”。其中两次“赛珍会”主要以慈善赈灾、展销义卖为目的，邀请多个国家的寓沪官员、商人及家属参加，设立摊位，高悬国旗，展示销售本国的特色物品。中方的文人、绅商们还搭建了“艺术长廊”，展示销售瓷器、漆器、书法、画扇、刺绣等中国特色艺术品。其中最值得一提的是举办于 1909 年的“南洋劝业会上海出品协赞会”。在英国水晶宫博览会上，上海商人徐容村的“容记丝绸”斩获大奖之后，清政府以“振兴实业、开通民智”为目的，计划于 1910 年 6 月在南京举办首次官方国际性博览会，即南洋劝业会，并要求各省给予协助。上海作为当时最大的国内外产品集散交流地，于 1909 年 11 月在张园内安垲第大楼提前举办预演会，即“南洋劝业会上海出品协赞会”。活动现场包括展示销售、论坛、娱乐项目等丰富的内容，而展销产品囊括了天然产品、制造品、教育品及美术品四大类共四万多件产品，琳琅满目，盛况空前，堪比现代世界博览会。

当张园发展至里弄社区阶段时，最为典型的物质性创新自然要从石库门建筑说起。依照史实考证，1920 年代末期，味莼园衰落，原址土地由王克敏购得，之后土地被分拆为 28 块大小不同

1　王曼隽，张伟．风华张园 [M]. 上海：同济大学出版社，2013.

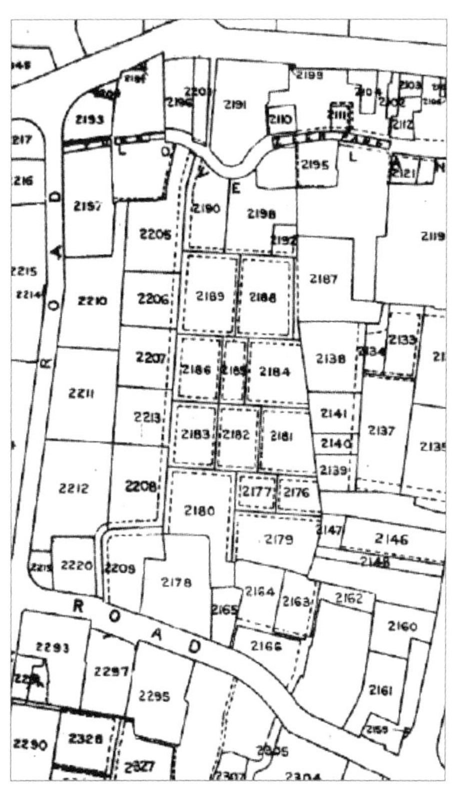

地籍编号	道契编号1	登记业主	面积（亩）	单价（银两）	总价（银两）
2137	10746	Brandt,W.&Rodgers, Ltd	3.535	27000	95445
2139	11914	Brandt & Rodgers,Ltd	0.977	27000	26379
2140	11915	Brandt & Rodgers,Ltd	0.614	27000	16578
2176	10357	Wright,G.H.& Holborow,A.C.	0.958	27000	25866
2177	10777	Wright,G.H.& Holborow,A.C.	0.986	27000	26622
2179	10358	Wright,G.H.& Holborow,A.C.	2.751	27000	74277
2180	10356	Brandt,W.&Rodgers, Ltd	3.82	27000	103140
2181	10355	Credit Foncier d Extreme Orient	2.212	27000	59724
2182	10354	Brandt,W.&Rodgers, Ltd	1.858	27000	50166
2183	10353	Brandt & Rodgers,Ltd	2.053	27000	55431
2184	10352	Brandt,W.&Rodgers, Ltd	2.501	27000	67527
2185	10351	Brandt,W.&Rodgers, Ltd	1.095	27000	29565
2186	10350	Brandt,W.&Rodgers, Ltd	2.053	27000	55431
2187	10349	Brandt,W.&Rodgers, Ltd	3.637	27000	98199
2188	10348	Brandt,W.&Rodgers, Ltd	2.94	27000	79380
2189	10347	Brandt,W.&Rodgers, Ltd	3.151	27000	85077
2190	•2049	Brandt,W.&Rodgers, Ltd	2.371	28000	66388
2192	10876	Brandt,W.&Rodgers, Ltd	0.535	27000	14445
2198	12029	Brandt & Rodgers,Ltd	2.848	27000	76896
2205	9623 2	Brandt,W.&Rodgers, Ltd	3.569	28000	99932
2206	13822	Brandt & Rodgers,Ltd	2.204	27000	59508
2207	9626	Macleod, R.M.&Gregson,R.E.S.	2.398	27000	64746
2208	9627	Wright,G.H.& Holborow,A.C.	3.298	27000	89046
2209	9628 3	Brandt,W.&Rodgers, Ltd	2.635	33000	86955
2210	9629	Brandt,W.&Rodgers, Ltd	4.05	32000	129600
2211	9630	Macleod, R.M.&Gregson,R.E.S.	3.961	32000	126752
2212	9631	Macleod, R.M.&Gregson,R.E.S.	4.906	32000	156992
2213	9982	Brandt,W.&Rodgers, Ltd	2.223	27000	60021
			70.139		1980088

1933 年地籍图与张园地图叠合关系图，可清楚看到日后张园土地被分割的状态

《上海西区土地估价一览表》上海工部局编制

的单个地块先后出售，用于建造不同形态的里弄住宅。这种再开发模式导致张园里弄社区不是整体性规划、设计、建设，而是多样化、个性化小地块开发而成，开发的住宅产品异常丰富，“多样的户型平面和多种风格特色的建筑组团”[1]来满足城市不同客群对于住宅的需求，这也是今日张园被称为“石库门博物馆”的重要原因。在土地、空间极其有限的前提下，要求设计师、建筑师发挥更强的创造力以在建筑功能、建筑美学、建筑工艺等方面追求更大的可能性，像邬达克、格雷厄姆·布朗和温格罗夫建筑师事务所（Graham Brown & Wingrove Architects）等当时的著名建筑师、建筑师事务所都在张园呈现了自己优秀的作品。建筑类型包括石库门里弄住宅、新式里弄住宅、里弄公馆及花园住宅等，古典主义、折衷主义、装饰主义等多元美学风格随处可见。

石库门建筑可谓海派文化的物理性图解，它是中国传统建筑的立帖式结构及江南合院式楼居与欧洲联排住宅（townhouse）的创新组合。19 世纪中叶，小刀会起义、太平天国运动席卷江南，大量江浙民众，特别是地主、富豪们携带家财细软涌进租界，人口激增导致地价暴涨。人们只能将原本合院平面的三进、四进、五进替换为立面的二楼、三楼，以提高土地利用率保证生活空间，还能以高墙深宅保障财产安全。考察张园中的石库门建筑，中西合璧的海派特色随处可见。例如吴氏大宅采用统一

1　冯立 . 张园：以层叠的历史厚度 成为上海近代城市发展的活态样本 [N]. 文汇报，2022-01-18（12）.

当代张园建筑群，席子摄于 2013 年

当代张园建筑群，席子摄于 2012 年

邬达克设计的斜桥弄巨厦（后为公惠医院）
内部中庭，席子摄于 2012 年

的折衷主义立面，西宅内部装潢则采用中国古典元素，东宅室内却与外部的西式风格保持一致。在后文笔者将对石库门建筑特色做进一步分析。

当下，以城市更新模式对张园里弄社区进行腾退、修缮再利用，焕新重开使之成为是海派美学经济的聚集地。从百余年前“展示洋气”的味莼园到当下海派美学商业街区的张园，似乎实现了时空反转。人类文明在逐步走入后工业化、后现代、智能化时代，这里再度成为呈现前沿文明形态下最美好的物质成果和生活方式的聚集地。这些有着全球性高识别度的商品和品牌，却和中国本土化的、传统美学的文化氛围深度融合，凝结了跨文化的关于美好生活的想象和追求。在这里可以体验到一种超越了购买、消费行为之外的后现代式的斑斓色彩和个性姿态，也为我们的物质性体验注入了更丰富新奇的精神性体验。

二、张园的精神空间

张园的精神空间是指在张园发展过程中所形成和沉淀下来的方法、理念、情感、价值观、意义等。张园的精神空间或者具体呈现为各种艺术作品、文学文本、媒体报道、历史典故、家教门风、政策机制；或者作为一种气韵、风格而存在，发挥着价值观引领、塑造共情、精神象征、乡愁寄托的作用。总之，当人们想到、提及张园时内心总会涌起一种独特的情绪和况味。

作为元空间的张园，是百余年来无数位仁人志士创新实践的整体性呈现，这里无处不见他们的思索、行动、表达、智慧、情感所留下的痕迹。晚清民初时期味莼园一时风头无两，成为沪人乃至国人来沪必打卡的地标所在，是儒商张叔和治园智慧的结晶。张叔和不仅具备灵活的身段和开放的胸襟，将味莼园打造为不拘阶层、群体区隔，三教九流、五行八作云集往来的公共场所。他还采用了极为前沿的创新经营手段，给味莼园注入创意经济、文化产业的属性，时至今日仍具启发意义。他先是与畅销报纸《游戏报》合作，为味莼园“导流”，而后打造“网红打卡地”安垲第大楼，登楼俯瞰城市风光，引世人竞相前往。这里不仅提供听曲、看戏、看电影、艺术展览等文化内容，以及保龄球、跳舞、骑自行车等体育项目，还包括茶馆、西餐馆、中餐馆、游乐设施、会场租用等消费项目。百余年前的味莼园早已实现了文商旅体消费的深度融合。

而今日的张园运营者和建设者面对全新的时代特征与社会环境，展现出了同样的，甚至尤有过之的勇气、决心和智慧。作为上海首个保护性征收改造的城市更新项目，而且是地处文化保护

张园一幢一档资料册

区内的大规模整体性开发案例，在国内乃至国际范围内都属罕见。对张园的更新既要保持历史遗存真实性、风貌完整性、社会生活延续性，又要实现活力激发、功能焕新、效益提升、人群注入的功能，目标复合、手段有限且现成经验极少。张园更新在如履薄冰中稳步前行，背后是由上海市政府、静安区政府、上海静安置业集团、城市更新公司及参与项目的各类规划设计机构和建设单位，参与运营、推广、经营的各家企业公司，乃至每一位普通的工作人员所共同组成了一个信任联盟。他们以发挥张园作为文化元空间、传承发扬海派文化的功能为目标，探索在地文化赋能超大城市内涵式发展的崭新道路，实现了在历史建筑保护与修缮、公共政策支撑、商业运营模式方面有诸多前沿探索，并为后人积累了宝贵的成果经验。例如针对张园内所有历史建筑做“一幢一档”的全覆盖建档工作，形成“张园历史建筑资料库”；基于张园历史建筑征收、看护管理等整体性工作进行总结汇总而成的《历史风貌区保护性征收基地保护管理指南》；针对张园街区历史建筑与环境要素空间完成的数字化建设“GIS 地理信息系统与 BIM 建筑信息模型”——这一切又何尝不是张园精神空间的宝贵构成。

在张园建设、管理的智力成果之外，那些大量与张园有关的文学艺术作品也不容忽视。它们作为张园空间的精神意象，为人们感知、认同张园所呈现的海派文化提供了更多的通道。

张园与诸多文人、知识分子有着深厚缘分。不仅“味莼园”一名来自文学家袁祖志的创意，园外柴扉题曰“烟波小筑”，门外古树上榜额“味莼园”题写的书法作品亦出自他手。[1]而且当时沪上文人们常常在园中社交游历，味莼园也自然成为他们笔下的描写对象。在大量媒体文章、通俗小说、竹枝词等文本中，成为文学意象的味莼园折射出近代上海市民社会的五光十色。通过《申报》19世纪九十年代的几篇游记——《游味莼园记》《味莼园观烟火记》《味莼园赏雨记》《味莼园观西人赛花会记》《味莼园续记》《味莼园观放气球记》，今日的我们仍得以追溯味莼园的空间布局、园林胜景、游园盛况。而在曾朴的《孽海花》、李伯元的《海天鸿雪记》、孙玉声的《海上繁华梦》、朱瘦菊的《歇浦潮》、张春帆《九尾龟》、陆士谔的《荒唐世界》等长篇小说中，味莼园作为标志性的城市空间为叙事提供了独特的背景。如《孽海花》第十八回中清廷出洋使臣薛淑云拟邀请洋人在味莼园举办盛会，从而对味莼园景

1　薛理勇．上海洋场 [M]．上海：上海辞书出版社，2011:251.

色做详细描述。清末著名谴责小说作家欧阳钜元的戏曲作品《新上海传奇 · 观赛》有曲词：

（合白）你们来看，这里已是张园了。（合白）你们来看，这里已是张园了。[步蟾宫] 一霎时，忽迷南北向，行行绿树衬红墙。原来是张园一座在中央，堆积了许多车辆。（合白）我们一同进去。[前腔] 安皑第中人气涨，士农喧杂夹工商。耳听得跑堂收口响丁当，只说是各宜体谅。[1]

此外，《孙宝瑄日记》《郑孝胥日记》等近代名人笔记多有记录作者在味莼园的赏景会友的事情。而《点石斋画报》《图画日报》等晚清画报中更是将味莼园作为观看中心，构建起视觉奇观。不只味莼园，张园里弄街区、石库门建筑也出现在大量现当代的文学、影视作品中，由于这些空间意象更具像化地展示了海派文化，因此可以增加作品的海派韵味，更可以承载作者、读者、观众关于海派大都市的无限想象。

---

1 叶中强 . 游走于城市空间：晚清民初上海文人的公共交往 [J]. 史林 ,2006（04）.

张园西区鸟瞰，摄于 2023 年

三、张园的社会空间

张园的社会空间主要体现在张园之于上海历史发展和城市建设所包含的重要意义。它见证、承载和参与了大量事关上海社会公共价值的各类实践，而实践成果又进一步融入张园空间，成为其社会空间的重要构成。且时至今日，这种社会性实践仍未停止，使张园一直保持着社会空间的活态性。

熊月之作为最早对张园进行史学研究的学者，他将张园的历史影响集中概括为“自 1885 年开放以后的二十多年中，张园一直是上海最大公共活动场所”[1]。作为经营性私园，张园从文人建造私家园林、自娱怡情的传统中跳脱出来，面向公众开放，为其发挥空间社会性价值埋下了种子。正如上文所谈到，张园不仅以文商旅体消费综合体的形式吸引了沪人乃至国人竞相前往休闲娱乐，为不同社会阶层群体交往融合起到了推动作用；而且集中展示了最具前沿性和奇观效果的西洋物件，开启了近代国人对工业化、全球化的最初认知。现代社会的形成当以开启民智为先，开启民智当以让最广大

1 熊月之.张园晚清上海一个公共空间研究 [J]. 档案与史学，1996（6）:31-42.

民众亲身体验到现代化成果和生活方式为先。从这一角度而言，张园切实地参与了近代上海市民现代性观念的塑造。

同时，张园还为公共行为的发生，以及公共舆论场的形成提供了开阔的平台。由于其地处公共租界，在行政管理、思想言论控制方面相对宽松，此外，园内安垲第大楼分上下两层，可以容纳千人开会，不仅是当时上海最高建筑，也是最大会场，为公共活动举办提供了合适的硬件设施。当 19 世纪末、20 世纪初救亡图存、民主革命逐渐成为社会主流，围绕边疆危机、学界风潮、庆祝大典、地方自治、禁烟运动等议题的大型集会开始在上海出现，并且很多集会活动都在张园进行。张园内举办的第一次百人以上的大型集会即史称的“裙钗大会”，1897 年 12 月 6 日中外妇女 122 人在安垲第内讨论设立上海女学问题，盛宣怀夫人、梁启超夫人、沈敦和夫人等到会。1901 年 3 月 15 日汪康年等二百余人在张园集会，反对清政府与沙俄签订卖国条约。1901 年 3 月 24 日吴趼人等近千人集会拒俄。有史料称孙中山、黄兴等革命者也曾在张园举行政见演说会。熊月之根据史料统计，从 1897 年 12 月到 1913 年 4

张园内的集会——社会团体在张园安垲第集会时的合影，时间不详
（上海历史博物馆藏）

月期间，张园举行了39次较大集会。[1]从发起人到参与人，不分男女老幼、士农工商，有学界、商界、政府官员、民间人士甚至外国人，也不分思想、政治立场和主张，充分体现海纳百川，有容乃大的海派文化精神。

园主张叔和推出特别商业条款也为公共集会的发生创造了条件。他包租安垲第用以商业宣传明码实价，“如事关公益，亦可酌减”，甚至在中外妇女大会举办时出于公益目的免去会场费用。在此处举办集会无须管理部门审批，园主也不过问集会的政治立场，甚至还会在重要场合亲自站台，例如张叔和在1912年4月24日举办的秋瑾追悼会上做演讲；在中华实业联合会为孙中山举办的欢迎大会上致欢迎词。不论张叔和主观诉求为经济利益最大化，或是社会影响力最大化，在客观上促成了味莼园从单纯的休闲娱乐空间逐渐扩充至广场集会空间、公共舆论空间、思想传播空间，为近代上海新市民阶层公共意识的塑造，以及现代政治观念的传播起到了很大助推作用。

味莼园衰落后，作为石库门里弄形态存在

1　熊月之.近代上海公园与社会生活[J].社会科学,2013(05):129-139.

的张园虽然以居住社区功能为主，封闭性强于公共性。但从史料中可以发现，张园住户们以知识精英、政商要人、专业职员为主，这些住户们在各自领域以出色的成就推动着上海的发展，更以他们的品德气节发挥着精神引领的作用。这里曾居住着国货运动推动者、企业家王性尧，他曾任民国时期国货公司全国联合办事处主任，在全国筹建 11 家国货公司，1949 年之后被推选为上海市工商业联合会筹备会常务委员，任中国国货联营公司总经理，并历任上海政协委员、全国人大代表等，一生推动振兴国货、实业救国的事业；还有太平轮沉没之后，两代人信守承诺完成赔偿的周庆云一家；还有在张园租房开办了“树群义务夜中学”的复旦大学学生程迪和，他在抗战“孤岛时期”为很多失业青年送去了开启革命思想的启蒙教育，为早期上海中共地下党组织形成发挥了作用；还有从业余排球队员（华严里排球队）逐渐成长为体育专家的钱家祥，为国家排球事业发挥了奠基性作用。后文笔者会对这些张园名人轶事做更详细的介绍。

当张园从居住社区更新为开放街区，其社会公共性价值被再度激活。一方面，开放的张园正敞开怀抱迎接全球访客前来感受海派美学的魅力，游人可以自由进入街区感受街巷肌理、触摸石库门建筑，观赏品牌门店中各类展览，在即将落成的演艺中心、文化展示中心中欣赏更多艺术形式，使之发挥出“城市文化会客厅”的功能。另一方面，全球范围内城市历史遗产都在面临着城市化、市场开发、大众旅游等挑战的考验，亟待创新性的保护利用模式来完成历史遗产的价值重构，帮助历史名城重新焕发活力。而张园城市更新项目为这一全球性的命题提供了某种可资借鉴的路径探索。在社会主义新时期超大城市发展新阶段中，将城市文化传承与文化整合置于历史空间活化利用的首要目标，进而以长期主义的商业运营为可持续发展提供保障，这可谓城市高质量发展领域中“中国式现代化”的落地实践。

四、张园的生活空间

张园的生活空间主要对应着张园人日常生活中的微观叙事和私人实践，如日常细节、衣食住行、亲友往来、民间风物、行为习惯、家教门风等。见张园日常生活之精微，识海派文化之浩瀚。在近百年时间，从“一家一户”的高档石库门院落到“七十二家房客”士农工商杂居社区，张园石库门里弄社区为几代人繁衍生息提供了安全的栖息之所，也见证了他们对美好生活的向往和追求。

自张家花园地块被拆分为28个地块分别进行住宅开发、建设，第一批开发商多为叱咤上海的商界精英。例如受弟弟王文华委托买地建造华严里的王伯群，曾任南京国民政府时期交通部长，也是大夏大学的创始人兼校长；开发建造基安坊的吴培初为美商花旗银行买办；体量最大的花园洋房的开发建造者则是花旗银行买办王俊臣。第一批住户也多是殷实家庭，以政商要人、专业人士（律师、会计师、医生、创业者）、知识精英为主，形成一幢一户的适宜、优越的居住状态。

随着抗战爆发，上海沦陷，张园所在的租界成为“孤岛”，也是大量华界居民、上海周边居民涌入避难的片区，人均居住空间被大大压缩。而张园的居住空间也被重新分割以应对居住需求。即便如此，张园仍旧租金不菲，能够住进张园的难民大多也是社会地位较高、家资较为丰厚的人群。例如抗战初期，花园洋房被五昌公司整幢租下再分租给进入租界避难的难民。“据负责经租事务的倪兆麟之子倪幹民先生回忆：住在底楼的有来自金山的中医俞天石；来自武汉的医生王逸训；来自宁波的银楼老板余继善、余继孚兄弟。楼上的房客有某绸厂的老板蒋秋渔；做蔗糖生意的姜雅臣；松江富户杨守忠；上海威林登中学的校长钱翼民等人”[1]。这些居民的子女后代在回忆讲述中经常提及祖父母或父母是用“大黄鱼、小黄鱼”（金条）才盘下了张园的房子。他们大多接受过好的教育，拥有专业技能和职员身份，并常常是夫妻双职工。作为“新上海人”，他们肩上往往承担着融入新环境、开拓新事业，让自己的大家庭在这片热土站稳脚跟的重担。曾经居住张园的老人回忆道：“我的祖父是宁波人，也是拿着一把伞、拎着一个皮箱混上海滩的”，而在同一个屋檐下，他们更愿为家人、子女留下温情的陪伴、温暖的回忆和让他们一生受用的家教门风、品格传承。“现在回忆起来，我们在张园的童年真的无忧无虑”。“在整个张园来说，我们家算是比较大的。所以放学后，我会经常叫小朋友来家里玩。房子大，捉迷藏看也看不见，大家穿来穿去，特别开心”。[2]

中华人民共和国成立之后，随着社会秩序的重构与社会资源的重新分配，张园社区的居住空间又被进一步压缩，一幢石库门住进七八户人家的现象非常普遍，“最高峰时，这里居民达近万人。一扇石库门，就是一片自成一统的小天地，是七十二家房客的柴

1　刘雪芹．张园石库门社区的前世今生 [J]. 都会遗踪，2016（04）：1-16.

2　上海市静安区文史馆、上海石库门文化研究中心．张园记忆 [M]. 上海：上海文化出版社，2017：134.

米油盐、市井烟火，也是海上人家的砖瓦相连、温情巷陌”[1]。面对极其有限的居住资源，老百姓通过搭建、置换、借用、共享等方式创造性地利用空间，尽可能在保证自己相对舒适的居住状态，还与邻里、他人保持和谐关系。“螺蛳壳里做道场”，在蜗居中仍能够对生活做精细化管理，井井有条干净整洁。“亲兄弟明算账”，把公共空间、公共资源划分明确，形成契约、共同遵守、互不侵犯。这其间，透露出海派风格的处世哲学和生活智慧。

近百年的张园社区经历了从高门大户、封闭私密的高档社区到承载普通劳动者日常酸甜苦辣、喜怒哀乐的士农工商杂居“熟人社区”的完整转化过程，更多时候呈现为居住、小商业、小工业、文化娱乐多功能混合的生活空间样态。孩子们可以到里弄小学读书，成年人可以到里弄工厂工作谋生，裁缝店、理发店、日常用品店、公共浴室等各类配套商业，甚至果蔬摊位、早餐摊、牛奶站、福利彩票售卖处等零售店都应居民的生活需要而异常繁荣。休闲娱乐可以到同孚大戏院看戏，又或是坐在弄堂口下棋、聊天，在健身器械上锻炼身体。在看似琐碎、杂乱、庸常的生活行为中，秩序、规律、人文关怀、美学形态逐渐酝酿生发出来。在邻里守望中，命运共同体的社区认同也成为张园精神的一部分，进而融入上海城市精神、海派文化的活态生长之中。

> 孩子们长大了，生日当天我们家里都要吃面，大肉面，还有油爆虾。生日面都送给邻居们分享，每家一碗两碗的。……平时我们生活节俭，但两个孩子10周岁生日，都到南京西路上的凯司令食品店买奶油蛋糕，点上小蜡烛为他

1　黄晓慧．又见张园 再现繁华 [N]. 人民日报，2023-04-22（006）.

更新改造前的张园居民生活样态，席子摄于 2018 年

们庆生，这在当年是很奢侈的消费了。祖母的生日也在家里过，我哥哥买来蛋糕，我做生日面。在她 80 岁生日的时候，我们全家到南京西路上的万象照相馆拍了一张全家福。[1]

当时上海流行文明结婚，先订婚，后行婚礼。婚礼不办酒席，用茶点招待来宾。我们也是如此。订婚时请亲戚朋友到八仙桥青年会吃茶点，几个月后再康乐酒家举行婚礼，仍以西式的茶点咖啡和蛋糕葡萄酒招待宾客。……我们的婚礼简单而温馨，新娘的化妆是在酒店里进行的。亲戚帮我盘头化妆，穿婚纱。婚礼仪式上有证婚人、主婚人和小傧相。我外甥把我扶上婚礼台，主婚人是爱人学校的校长。[2]

任时代风云跌宕起伏，百姓日常即为大道。从上述居住者的回忆中，我们不难看到虽然时代变迁、历史交替，大家还是要在一方天地里经营着殷实、幸福、美满、安宁的日子。那些生活里的点滴，细微却最为重要：饮食上尽量讲求营养卫生，服装服饰上尽可能精致体面，结婚庆典、人生仪礼、生日做寿不能少时兴的仪式感，更要团圆和美的温暖感受。

1　上海市静安区文史馆、上海石库门文化研究中心 . 张园记忆 [M]. 上海 : 上海文化出版社 ,2017.37

2　上海市静安区文史馆、上海石库门文化研究中心 . 张园记忆 [M]. 上海 : 上海文化出版社 ,2017.34

海派君子之德：张园精神的意象展演

通过前文的梳理，我们可以看到，张园的四维空间聚合了数量巨大且意义深远的空间意象，是与张园有关的无数位仁人志士创新实践的成果。这些实践或沉淀为物质形态，或以精神信念形式传播，或对历史进程、社会发展产生过重大影响，或看似平凡却日积月累为日常生活之道，或在当下仍旧鲜活地生长着、活跃着。而拨开表层意象，我们得以洞察其深层存在一个稳定的价值观谱系，它是海派文化在张园所折射出的具体意义内涵，它是张园精神的凝练，它更是张园作为城市文化元空间得以唤起上海人情感共鸣与精神共识的核心价值，我们将其称为“海派君子之德”。

如果说中华文化有若干核心关键词，那一定少不了“君子”。正如《周易》有云“君子进德修业”，如果说“君子”是数千年来中国人不断提升认知、修行进阶的目标，那么“君子之德”就是更高认知水平的评价指标和修行进阶的自我规范。而在上海城市精神和海派文化映照下所形成的“海派君子之德”，是为传统“君子之德”增添了一个现代性的注脚。“海派君子之德”是近代以来中国所经历的，从农耕文明进入工业文明再进入数字文明、智能文明的巨变中，主动接纳和吸收异质文化、新兴文化下，对传统君子之德的革新、迭代。

张园，是百余年来无数位海派君子创新实践所构成的整体性空间。所谓“事上磨炼”，海派君子之德是在实践中获得培育的德行。以张叔和、李伯元、章太炎、秋瑾、薛锦琴、王伯群、王性尧等为代表的新中国成立前的张园志士，到居住张园投身社会主义建设的劳动者们，再到当下张园街区的管理运营者们，张园的海派君子无一不是在这片空间的实践中历练着自己的德行，提升着自己的认知。所谓“君子不器”，海派君子之德是活态生长、迭代进化中的德行，也是海派文化“动态创新”之内涵在人格进阶上的折射。它以持守中华传统文化基因为前提，接纳和应对客观条件发展变化下的挑战和需求，灵动变通、承诺行动，将不同的观点熔铸于自身的主体性中，进一步充实丰盈人格和内心的力量。在张园海派君子们的创新实践中，创新的勇气与创新的能力缺一不可。踏入一片未知的领域，要担当与承受决策的孤独和潜在的风险。张叔和开创了经营性私园的管理模式，他既体验到了张园鼎盛时期的风光，也伴随着园子的衰落而落寞离世。住进张园里弄，以张园为家的“新上海人”们，每个人都经历过一段闯荡上海滩、获得一席立足之地、福荫后代子孙的个人奋斗史，这其中或惊心动魄或酸甜苦辣。在城市更新的张园项目中，在历史资源的保护与活化利用之间存在诸多左右互搏、相互掣肘的挑战，项目运营管理者做出任何一个判断、决策和执行，都需要回归初心的智慧、勇于担当的勇气和细致入微的成事手段来支撑。

海派君子之德深深蕴藉于张园这一文化元空间之中，海派君

张园建筑细部

子之德在张园空间与海派文化、上海城市精神之间有着中介性的文化意义。张园的百余年发展历程，特别是无数与之相关的海派君子的创新实践，可凝练为海派君子之德的四重内涵，分别是：和而不同，融合创新；义利兼修，福德圆善；人文之美，温文尔雅；生生不息、锐意进取。

一、和而不同，融合创新

海派君子以持续创新为使命，秉持着“和而不同”的哲学理念，在传统与现代、东方与西方等文明碰撞、异质杂糅中求得平衡与融合，进而实现进化与迭代。

“和同”思想、“上善若水”思想作为中华文化重要的思想脉络，蕴含着创新性文化基因。海派文化正是这一创新性文化基因的显性表达，而海派君子之德则是其在人格修养与落地实践中更加具象的呈现。当“创新驱动发展”随着西方近一百年以来的创新理论研究而逐渐成为全球主流话语，我们在中国传统哲学中也找到了有着高度共通性的思想表述，正是在中西文明互鉴中，近代以来的海派君子才能在落地实践中不断磨炼着自己的创新勇气和创新能力。

从西周思想家史伯“和实生物，同则不继”到孔子“君子和而不同，小人同而不和”，小到个人修养的路径，大至社会发展的规律，多种不同甚至是相互对立的因素之间产生新的链接并发生化合反应，从而形成新的统一、新的事物，从而不断推动社会发展、文化演进。西方学者熊彼特的创新理论中将创新视为建立一种新的生产函数，例如新的组合方式、新的互动关系、新的变量引入等，与和同思想有着深层的共通性。“上善若水”思想中对于“随物赋形”“润物无声”“以柔克刚”的水之特性作为万物运行之道的参照，也可谓“反脆弱性”思想的中国表达。这些文化基因的共同作用得以形成海派君子之德的第一重内涵——“和而不同、融合创新”。

正因为“君子不器”，张园的海派君子从不为自己加诸一个固定性的标签，拒绝机械僵化的自我定义，以开拓和创造的行动超越对本质的规定。由此才以身段之柔软、胸怀之开放、视野之开阔、思维之灵活，践行“和而不同”理念，在跨领域的信息和要素之间促成新的组合从而激发创新。张叔和有为官的格局和使命，有为商的手段和资源，更有为士人的审美和价值认同，才能将味莼园打造为“展示洋气的地方”，才能让它成为不拒绝任何新奇的物品、事物、现象，不拒绝任何的人群、言论、立场的自由空间，才能打破区隔，自由碰撞，让近代上海城市化、现代化甚至全球化的观念在这里得以孕育。秋瑾、徐自华、薛锦琴等女君子们也从未受到女性身份之限制，她们接受现代教育、穿着男装、结金兰之约、公开演说，甚至为民族大义的革命事业献出生命，活出了崭新的生命样态。而当下焕新开放的张园街区再度向世人展示了“组合”的可能性：海派历史建筑可以汇聚和展示来自全球的商业景观；封闭的生活空间可以开放为时尚消费场景；拥挤破败的老城区可以通过城市更新，被注入新的功能、新的景观、新的人群、新的技术手段等各类新要素，再度受到追捧、重新焕发活力。可以说，正是海派君子“和而不同”的价值观坚守，得以支撑张园这 140 余年的不断迭代升级，使其始终立于海派文化潮头。

二、义利兼修，福德圆善

海派为传统“君子之德”加注的另一个现代性注脚，集中体现了在“义利观”的迭代进化上。自古以来，孔子有言：君子喻于义，小人喻于利；孟子有“人之四端”论，认为“仁义礼智”是人性中四类善的因子，修行君子就应从这四端出发去拓展和放大。从文本上看，儒家先贤们不仅将义与利对立起来，而且为逐利行为之不耻定了调子。不论这是否为他们本意，但在儒家思想发展、变化的过程中的确在较大程度上决定了士人、知识分子群体的“重义轻利”的集体无意识——羞于或不善于谈利、求利、获利。正如南怀瑾在《原本大学微言》中谈道：

> “长国家而务财用者，必自小人矣。彼为善之。小人之使为国家，菑（灾）害并至，虽有善者，亦无如之何矣”，却被秦汉以后历来读儒书出身的学者们，硬要用来学做“圣贤”金科玉律的教规，对于“钱”“财”二字，视为毒害，甚至平时多谈这两个字，就会变成“俗物”。可是，不随俗流，特立独行的学问修养，毕竟不

易做到。因此，一般的读书学“儒”的知识分子，大多有了“既要清高又怕穷”的矛盾心理状态。一旦考取功名，跻身政要以后，既不懂经济、财政，更不懂为国家社会人民之间，如何理财致富，而达到富国强兵的妙用……中国有二三千年丰富记录的历史资料，所谓“二十五史”或“二十六史”，好像都是一部人事经历的资料档案，但对于财经、经济、生产、消费等社会的财经变化态势的记载简直少得可怜。

相比于“重义轻利”，海派君子却以“义利兼修”作为自己所持守的德行。义利兼修不仅指不义之利不取、不求，更是指通晓财务、法务、业务，拥有管理思维和业务落地的综合能力，才能将义与利统一起来，并通过长久的个人道德品质的修行而获得可持续发展的利益回报。

而“义利兼修”又是达到“福德圆善”这一人生至高境界的重要通道。自《周易》开始，福与德就是关于人生价值的重要表述，对于价值效用的判断直接决定了一个人的品行和道德。例如面对幸福（利）和道德（义）冲突选择时，他的抉择背后其实是价值观的坚守。自古以来，幸福与道德都是人应求取的最基本价值，通过“义利兼修”来实现“福德圆善”，即道德与幸福两者的平衡配称。像日常表达中的“德不配位”，通常暗示了一个人的德行配不上他所获得的幸福（通常指占有的物质财富，或者所拥有的地位），那么这些超出他德行所匹配的幸福就会在未来带来伤害或者不幸。所以福与德的平衡匹配才是“至善” 。由此，海派君子所持守的“义利兼修、福德圆善”，意味着兼具智慧、品德与技能、手段，才能将义与利、福与德高度统一起来，相互加持，以达至善。

民国初年，上海便有“全国慈善事业之枢纽”[1]之称。作为全国经济中心和工商业主要经营区域，寓沪商人本着“得诸社会，还诸社会”的原则，在创业成功后积极参与上海公益慈善活动，以实际行动彰显着“义利兼修、福德圆善”的海派君子之德。他们中的不少人与张园有着千丝万缕的联系，而张园也见证过慈善活动的高光时刻。

前文提到，举办于 1907 年 5 月的“万国赛珍斗宝大会”是张园历史上首次博览会性质的活动，它同时又是一次形式新颖、热闹非凡、备受瞩目的慈善助赈活动。大会的主办机构为华洋义赈会，是由寓沪的中外人士为赈济水患灾民而成立。时任华洋义赈会中方副会长的正是张叔和的密友盛宣怀，而盛宣怀的夫人则出任女董。

值得一提的是华洋义赈会另一位中方组织者——沈仲礼（名敦和，1866—1920 年），他是该组织中唯一一个同时担任两个职务的成员，两个职务分别为“华文书记员”和办事员。他的夫人沈章兰也出任了本次赛珍会中“中国珍品助赈陈列所”的经理人。

1　中华慈善团联合会通告 [N]. 申报 ,1919-3-21.

沈仲礼曾经游学海外，善办洋务，既闻名于官场，又致力于工商实业，在官、洋、绅、商各界游刃有余而被推举为上海绅商代表，在洋务、军事、外交、教育、商业和慈善领域都有贡献。特别是在慈善事业方面，他取得了很大的社会影响力。1904 年，他就联络各界成立了"上海万国红十字会"，被认为是中国红十字会诞生的标志。并在 1908 年以红十字会资金创设上海时疫医院并任院长，专治流行性瘟疫，成绩显著。1911 年前后为应对鼠疫的发生，他出任上海道中国巡警卫生处总办，参与检疫、防疫工作，并且不断向民众、华洋两界宣传相关信息，安抚民心。

然而做公益慈善也常常面临着诸多挑战，由于种种原因，华洋义赈会及沈仲礼个人都曾遭到过社会质疑和《申报》《申报·自由谈》等媒体的严重批评和讽刺影射[1]，极大影响了民众对其的信任感。面对这样的舆论环境，沈仲礼通过公开慈善财务、发布报告书、举办报告会、卸任华洋义赈会等一系列行为显示了自己的担当，以及对法治、信用精神的坚守。华洋义赈会有着较周密的财务制度，对总会、各分会吸纳和使用善款等账目材料做了明细造册，并且定期编制《华洋义赈会年度赈务报告书》，以中英文的方式向民众发布。在 1911 年 9 月 19 日举办的报告大会上发布数据，1910 年 12 月义赈会成立到 1911 年 9 月，总共募集善款合英元 1526012 元，用于赈灾、赈粮等使用善款共计 1448485 元，账目清晰、数据确凿，对社会疑议做了有力的回应，也显示了沈仲礼的专业精神和专业能力。

公益慈善事业具有社会公共属性，也是张园社会空间的重要

1　杜新艳 . 从张园助赈会看《自由谈》谐文和新闻的互文与对话 [J]. 学术月刊 ,2015,47（09）:118-126.

意象，延续至今。2022 年 12 月 2 日，开放不久的张园街区迎来一场公益慈善主题的论坛会议——新时代“共益 · 共话 · 共发展”第四届上海交通大学公益慈善论坛暨首期静安公益组织发展圆桌会议。值得注意的是，这场讨论活动的主办方之一上海静安幸福益站志愿服务中心是一家运行了十年的国家 5A 级社会组织，其创始人兼理事长也是“新上海人”，她在谈及成立公益组织的初衷时，提及要将个人价值的实现与公共价值的创造统一起来，才能够为以“新上海人”的身份真正融入这个城市，产生和它之间的认同感、链接感。她从自己的个人体验和实践中总结到了应对这个问题的路径：城市文化的滋养才能培育情感上的认同。所以她开始的第一个公益项目就是针对年轻的新上海人的“幸福加油站”，通过举办邀请高校教授、专家学者进行授课等活动让来自多个行业的六百名青年学员对上海历史、文脉有了感性认识，让他们不止知道人民广场、外滩在哪里，知道几号线地铁可以到什么地方，还能够了解这个城市的底蕴、有哪些特别的故事塑造了它今天的样子，当他们对于海派文化由熟悉、理解进而感到亲近，才能够与这个城市之间产生情感链接，感受到自己与社区繁荣、城市发展的息息相关，继而投身到它的建设之中。

与一百年前的沈仲礼相比，即使社会环境不同、时代要求不同，但是所面临的挑战却极其相似：稳定的资金来源、专业的人才团队建设、科学的管理制度、高效的项目运行、良好的社会支持系统和成熟的公益生态等，而这一切都仍需要付出极大努力去创造、去实践。作为企业家、公益人，以商业收益反哺公益事业，平衡社会效益和经济效益以实现可持续性发展，相信“义利兼修、福德圆善”的海派君子之德是支撑她的力量、更是她不断在“事上磨炼”持续精进的目标。

三、人文之美，温文尔雅

1949 年以前，上海作为全国的文化艺术中心，在多个文学艺术门类形成了一种强调人道主义和现实主义的美学传统。相对于国家美学的宏大壮美、慷慨气魄、家国情怀，高扬国家民族视角的宏大叙事；人文美学高扬“人本主义”的价值观，更长于细腻秀美、务实熨帖、灵动多变、贴近世俗生活的审美追求，关注普通人个体性的生存状态、悲欢离合，擅长微观叙事。具有“人文之美、温文尔雅”气质品格的海派君子们更能了解和体会老百姓、城市平民的生活和需求，并散发出态度温和、举止斯文、文章（行事）温润的气息。

张氏味莼园因商业经营的目的向市民开放，却在客观上促成了公共场域的形成。三教九流、五行八作、精英阶层与普通市民得以遇见、交流，生活方式和审美追求开始在上层精英与底层百姓之间流动、碰撞、共享，有力地推动了海派文化中人文现代性的发生。

电影被称为人类文明史上的第八大艺术，平民化是它区别于其他艺术形式的重要特征之一。国人对电影（电光影戏）的感知从张氏味莼园开启，不仅晚清名士孙宝瑄的日记中有专文记录在张园观影的经历，而且当时的新闻媒体也多次撰文详细叙述电影放映盛况。后文第二章内容对此也有详细论述。不仅早期电影放映始于上海，而且上海还是 1949 年之前中国电影的创制、放映中心城市，在海派电影中，不论是《神女》《马路天使》还是《一江春水向东流》《乌鸦与麻雀》，城市平民、普通知识分子、劳苦大众构成了大部分影片的主人公，他们虽然在战火纷飞与生活困苦中挣扎，却仍旧闪耀出人性的光辉，迸发出追求美好生活的生命能量，呈现出强烈的人文之美的风格。

除了电影，与张园有关的文学创作和文学作者群体也兼具了人文主义倾向和文雅优美的风格，职业文人李伯元可谓这一方面的典型代表。“那时的小报界中，似以李伯元的《游戏报》销路较佳，因为他在上海交游颇广，而尤以他所写的那部《官场现形记》，附载报上。其时正当清末，人民正痛恨那些官场的贪污暴虐，这一种谴责小说，也正风行一时，李伯元笔下恣肆，颇能侦得许多官僚丑史……我当时也认识他，在张园时常晤见……园主张叔和与李伯元为同乡，所以我知《官场现形记》中的故事，有大半出自张叔和口中呢”。[1]近代著名作家、“鸳鸯蝴蝶派”的小说圣手包天笑在回忆录中这样说道。

张叔和同乡李伯元创办于1897年6月的《游戏报》被认为是上海小报始祖，是诞生于租界的有代表性的城市娱乐媒体，《游戏报》大部分版面的内容都在介绍租界的娱乐项目和游玩场所。在创刊之初，李伯元每周末下午便在张园送阅《游戏报》，周日园内读报成为当时盛行的一种市民雅趣。《游戏报》还通过邀请普通市民参与花榜评选活动等方式与读者加强互动，张园也为这些活动提供了主要的场所。一方面，李伯元的这些做法迎合了新市民阶层读者的通俗、娱乐趣味，有助于通俗小说、报刊的商业化运作，反映了文人的职业化趋势；另一方面他作为文人、知识分子，仍有其价值立场和公共姿态，例如他在作品中常常书写反对旧礼教桎梏人性，反对晚清官场黑暗腐败，抵制商业化氛围所

1　包天笑：钏影楼回忆录[M].香港：香港大华出版社，1971:445.

带来的道德堕落等内容。李伯元所代表的职业文人大多出身江南书香门第，有着开放的知识背景，受新学熏染，又能深入大众，擅长捕捉新市民阶层的娱乐消闲的需求和摩登时尚的动向，能以既文雅优美又通俗易懂、情节曲折的小说快速抓住读者。通过通俗读物的创作和快消品式的传播方式，突破了传统士人雅与俗的区隔，也向新市民阶层完成了价值观与道德感的输出。上海文人们走出了传统士大夫封闭的阶层圈子，开展社会性交往，融入与建设市民的公共话语空间，在上海城市现代性建设的诸多方面做出了贡献。

除了电影、文学，频繁出入味莼园的青楼女子着装服饰所引发的时尚效应，催生了时装设计的萌芽；最早引入园中的户外照相，将传统文人情趣中的诗画意境与“机械复制时代”的工业艺术相融合，折射出普通老百姓对于美好生活的憧憬；而相传月份牌代表画家郑曼陀就是在味莼园获得了第一笔商业订单，他将西方的水彩技法与传统人像绘画技法融合而成的擦笔水彩法，为月份牌美女形象带来更具潮流感更贴近日常生活的气息，立刻获得了商界的认可，从此开启了商业美术风潮，在艺术审美中体现了百姓日用即为道的价值取向。

王伯群校长与保志宁

人文之美、温文尔雅不仅呈现于各类艺术审美活动中，更呈现于张园人的人生追求、精神气质中。随手枚举，张园区域内华严里的开发者、同盟会会员、南京国民政府交通部部长、大夏大学校长王伯群（本名文选，1885—1944），就是这样一位温润如玉的海派君子。他一生中最大成就莫过于捐赠、筹建、管理大夏大学（今华东师范大学前身），他以民族复兴为兴办教育的目标，希望通过高等教育培养更多人才，带动和影响更多的年轻人。因此他提倡每个青年学生都应有刚强的体格、正确的国家观念和实在的学问，应亲爱互助、共谋安乐。同时，王伯群自幼接受过完整的儒家经典教育，在繁忙工作中仍常常诵读经典，并一生创作古体诗超过百首，为悼念孙中山写有诗文“宪宪我公，生民未有。从开历史，衡绝宇宙。 哀我国政，千年阴噎。风火为革，昌昌扬帜”。而关于他的最脍炙人口的故事则是与大夏大学女学生保志宁的一见钟情并结为百年之好。在保志宁的自述中，“王校长为人诚恳体贴，性情温和……是一位身怀大志，为国家、为乡里、为教育鞠躬尽瘁的人，并且是一位孝子。他的孝顺，非常人所可及。”[1] 在后文有王保婚姻这段佳话的详细记述。

四、生生不息，锐意进取

从甲骨文的“生”字可以看出，“生”在其造字之初指草生地上，意味着万物的创生。《周易·易传》所说的“生生之谓易”“天地之大德曰生”，主要指使天地间的万物获得旺盛的生命，在万物浑然一体中注入“生命的创生”力量是最大的美德。这一理念集中体现了东方文化特有的有机性和创新性。有机性体现着事物之间存在着普遍的联系，即万物一体。在参透了这一事物存在、发展的客观规律之后依规律而行，才能在行事、实践中获

1 保志宁，汤涛.保志宁：王伯群校长与我[J].档案春秋，2017（11）:29-32.

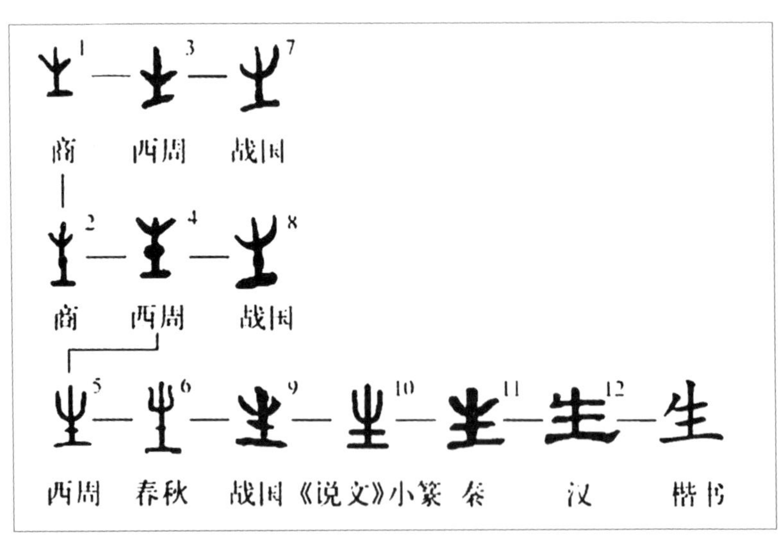

“生”字字形变化，其本义：草生地上（引自李学勤《字源》）

得平衡、和谐。创新性则体现了天地创造万物，又赋予万物以生生不息的生机和活力，即“苟日新，日日新，又日新”。在理解了这一规律后往往会获得一种自强不息的使命感、刚健笃实的充盈感，只管行事与创造，因为这本身便是依循大道的行为。才会获得“举世而誉之而不加劝，举世而非之而不加沮”的勇气，只是行所应行。正是“生生不息”的哲学思想化入了张园海派君子的价值观，才使他们拥有着充盈的内在力量，驱动着他们不断创新创造。而这也与常常提到的上海精神中的“与时俱进、敢为人先、追求卓越”有着内在的勾连。

张园缔造者张叔和的一生就是生生不息、锐意进取的一生。历史学者认为他在中国近代对于轮船招商局事业、台湾近代化建设及上海城市生活的现代化都扮演了重要的角色并做出过重要贡献。张叔和青年时期从无锡到上海做太古洋行买办，同时还经营工商实业，之后捐纳了广东候补道台的官衔，获得了官员的身份。一方面通过洋行工作获得了丰富的社会经验、阅历与资源，具有了从事实业的能力和较好的经营声誉；另一方面通过捐官完成了绅商化、儒商化的身份转化，他从而具备了获得政府招揽的前提，以投身更为波涛汹涌的政治与工商业的洪流之中。

轮船招商局是清末朝廷主动发起经济制度改革的重要成果和关键“抓手”，张叔和作为轮船招商局帮办，参与了轮船招商局早期投融资工作、海外市场拓展工作、海外融资工作与关键部门的运营管理工作等，颇受李鸿章、唐廷枢、盛宣怀等重要人物的器重，对局务做出了重大贡献，却也不免卷入其中的政治斗争及经济纠纷而被罢免了职位。离开招商局后，张叔和的经营才略又在协助台湾首位巡抚、“台湾近代化的先驱”刘铭传发展台湾近代工商业中得以施展，并作为其得力帮手，合作推进招揽华侨在台建厂、修建铁路、铺设首条横渡台湾海峡连接台湾与大陆的海底电线等重大项目落地实施。1887 年 1 月 14 日，张叔和乘坐从台湾至上海的“万年青”号船，在吴淞口抛锚停留，被英国来申公司“你泊而”号在雾中撞沉，70 余人遇难，张叔和攀上桅杆得以幸免。从时间上来看，此时他已经开始了张氏味莼园的经营。即使正值人生低谷间仍能开创“经营性私园”的商业模式。在他的操持下，张园不仅尽享“海上第一名园”的荣光，而且成为一颗近代海派文化的“智慧果”，为上海乃至全中国的现代性蜕变播下种子，在商业模式、审美风尚、生活方式、视觉图景、娱乐消费等多重领域中不断求索创造、生根发芽，结出累累硕果。

除了张叔和本人，更多张园的海派君子们在创新创造、成就事业的过程中常常历经坎坷、遭受非议，却仍能行所应行。沈仲礼积极投身抗疫、慈善事业，却遭受同行诘难，而且被媒体报刊发文极尽讽刺之能事，但他仍以严谨之精神、专业之能力直面所有非议。王伯群为大夏大学奔波劳顿，呕心沥血。全面抗战爆发后，王伯群赴南京与教育部商定，大夏大学与复旦大学合并，组成抗战时期国内第一所联合大学，分别迁至庐山、贵阳，以维持教学工作，后因日军不断进犯而多次迁校。最终王伯群因积劳成疾于 1944 年冬病逝于重庆陆军医院，终年 60 岁。这些张园海派君子的不畏艰险、创新前行的故事和精神依然影响着当下。

穿越历史，回到现代，张园街区项目作为上海首个保护性征收改造的城市更新项目，国内罕有与之相匹的大规模整体性开发项目，面临着比同类项目更加复杂的挑战：产权多元分散、利益相关方诉求更多；制约更多、管控更严；溢价空间更逼仄；融资通道更受限、腾退和开发成本更高、资金回收周期更长。即便如此，在征收工作正式启动的四年后，张园西区已经焕新开放，面积更大的东区也将于未来的三年左右全部开放。只有项目落地，老住户的生活居住条件才能切实改善，历史资源保护才能落到实处，历史街区才能避免破败的命运而回到活态生长的轨道中。否则一切关于城市历史文化资源保护的呼吁都只是空谈。项目落地的背后，是相关的政府部门、运营公司及所有参与建设的人员以超乎常人想象的智慧、勇气和能力的持续探索，这本身便是生生不息、锐意进取的海派君子之德的当代呈现。

张园西区文化景墙，摄于 2023 年

第二章

独见前闻，见微知著：海派君子之德的酝酿生发

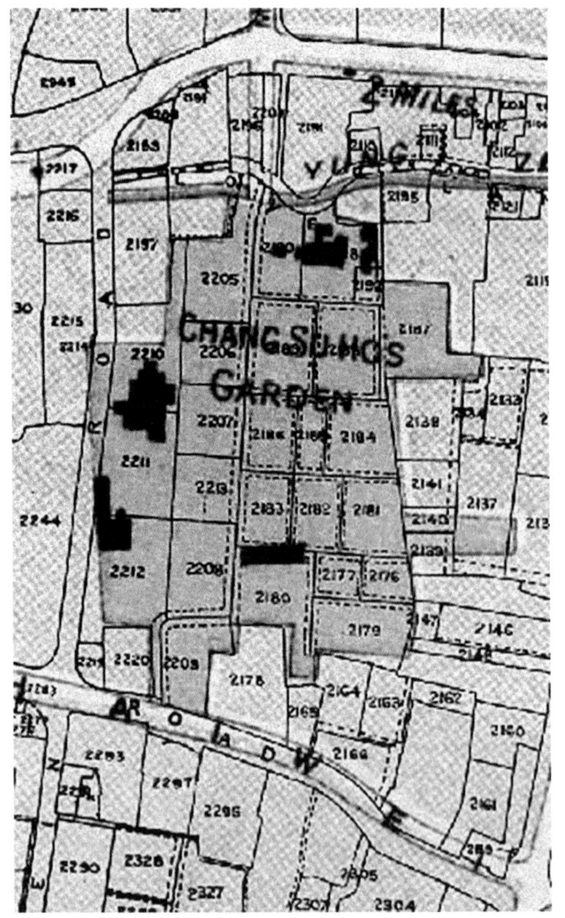

1933 年地籍图与张叔和张园地图叠合关系图

1870年代，上海公共租界内一个当地人称为“大浜头”的地界上，英商和记洋行经理格龙先后向若干农户租用土地，辟为花园住宅。1882年8月寓居上海的无锡富商张叔和最终购得此地，并将其命名为“张氏味莼园”（简称“张园”）。经过一系列园景布置和建筑升级后，张园敞开大门欢迎各界宾朋，预示着一个区域性多元公共空间波澜壮阔的场所发端。将视角重新投向“作为园林”的张氏味莼园，或更能体会该园的创新创造与敢为人先。如果说“和而不同，融合创新”是海派君子之德的初始特质，那么张氏味莼园便以鲜明的场所精神，深刻诠释与展示着这一特质。

首先，在景观营造和治园理念上，张园的中西交融景观创制及张叔和的公私两济经营智慧，暗示此地可谓近代海派创新之重要物质渊薮。在梳理了花园旧景布局基础后所布置的全新味莼园中，游客们享受着中意西景的观赏空间，其中不仅有“海天胜处”代表中式茶园休闲景观，更有“安垲第”这一高畅大厦作为建筑奇观，这些都给来宾们以持续“物质震撼”，传达着一种全新的物质气象。

其次，作为近代早期集花园、茶馆、饭店、书场、剧院、会堂、照相馆、电影院、展览馆、游乐场、体育馆等多种功能于一体的公共场所，张园是当时上海人“摩登生活”的集大成者，可谓当时沪上之“城市文化会客厅”。这里已经超越了传统的园林功能，人们来此地休闲、留影，近代爱国运动和妇女集会在这里兴盛，而这一切也被当时的新兴传播工具所记录。在此地，人们不仅游园、休闲，更在交流、碰撞、创新，制造“物质”景观的同时，创制、传播、接受着科学、自由、民主的精神价值。

最后，张园所展现的物质景观及若干公共空间生产实践，多在画报、户外照相、电影放映等载体或媒介中得以记录，又作为新闻热点向张园之外的更大空间中传播与扩散，使这小小静安一隅化为晚清上海的媒介空间场，动态创新与持续传播着海派君子们的新鲜事物与新发事件。

本章内容主要试图呈现这样一种叙事路线，即亦中亦西的造园创制和公私两济的经营理念，使张园从开放之初就极具文化活动的多元与多样，成为游览、赏乐、集会等多种文化活动功能的“城市文化会客厅”。在其中，市民与精英辐辏而至，艺术与文化交相辉映，共同践行着海派君子之德“和而不同、动态创新”的实践佳话。即便在百年后的今日，世人仍在赞叹着张园的物质奇观与思想盛景，品味其精神特质的幽深精微，追觅其作为“海派君子之德”的最初精神策源。

1885 年春日三四月间，上海县静安寺路和同孚路之间，一个私人园林开幕了，园主张叔和的好友袁祖志邀请《申报》编辑何桂笙（号高昌寒食生）前来游玩，他“文兴大发”，回家后写了一篇将近一千五百字的游记，发表在自己主笔的《申报》上。这篇名为《游味莼园记》的游记中，可以看见开园之初的味莼园中风物优美、景致独特，同时还读到了很多当时的名士携带“佳人”同游的情形，这些名士有袁祖志（袁枚之孙，号“仓山旧主”）、童鸥居士李树、雾里看花客钱昕伯、南湖外史，还有当时风靡上海滩的著名女子陆月舫、陆小红等人。今天，当我们读到这篇游记的时候，不由得对味莼园主人产生了好奇心，张叔和是什么来头？他为什么要建造味莼园？这个私园为什么又能得以开放？这座以“中西合璧”著称的园子，在建造和经营上又有什么特色？

义利兼修、公私两济：张叔和的治园智慧

张叔和（1850—1919），名鸿禄，字叔和，无锡东门含锡桥人，约在1870年代来沪。他与李鸿章关系很好，才干颇受后者赏识。1880年，张叔和以广东候选道身份到轮船招商局帮办业务；1881年春，他又经唐廷枢、徐润禀请，被正式委任为帮办。1882年到1885年期间，张叔和与唐廷枢、徐润、郑观应等，成为招商局四个主要负责人。在苦心经营味莼园时期，作为著名绅商买办的张叔有出任招商局帮办、协助刘铭传在台湾进行近代化建设等经历，这使其从商事业带有浓重的中西兼得视野，正因为有了这样的经历及视野，张叔和才能在营造与经营张园期间采取中西交融的手法，在儒家传统义利观基础上又有所超越，形成了自己独特的治园风格与经营智慧。

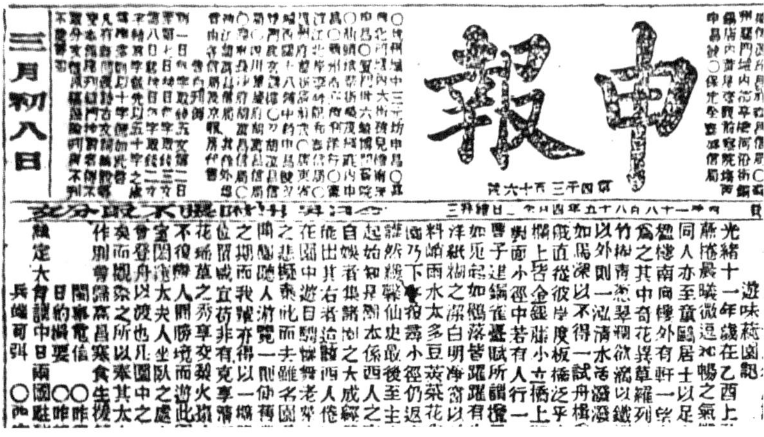

申報

三月初八日

遊味蒓園記

何桂笙文章《游味莼园记》（《申报》1885 年 4 月 22 日）

味莼园大门

一、亦中亦西：中意西景的交融创制

回溯张园在 1882 年至 1921 年间的空间与建筑，可以看到此园从一开始就是异质文化交融的产物，它交织着英式花园旷朗与江南园林之曲折尽致、并以安垲第之高敞与海天胜处之如画，呈现出张园作为清末民初上海一处公共空间的弹性与包容性。下文将从文化交融的角度，探讨早期张园作为园林的空间特征、作为地标建筑的空间特征与作为公共空间的使用特征。

首先，张园作为近代海派园林，其建筑风格为英式花园旷朗与江南园林曲折之极致融合。

张园所在地，在 1870 年代是英商和记洋行经理格农（Grone）的私人花圃。建于 1870 年代的格农的住宅是张园里最早的建筑，后来被称作“老洋房”。洋房位置在园北，靠近今吴江路泰兴路东南角，采用了当时流行的外廊式建筑，朴实的屋面契合了当时地块周边的乡村风貌。清光绪八年（1882），张叔和重金买下格农的私人花圃，用于其老母颐养天年，取名张化“味莼园”（又名“烟波小筑”），简称“张园”。

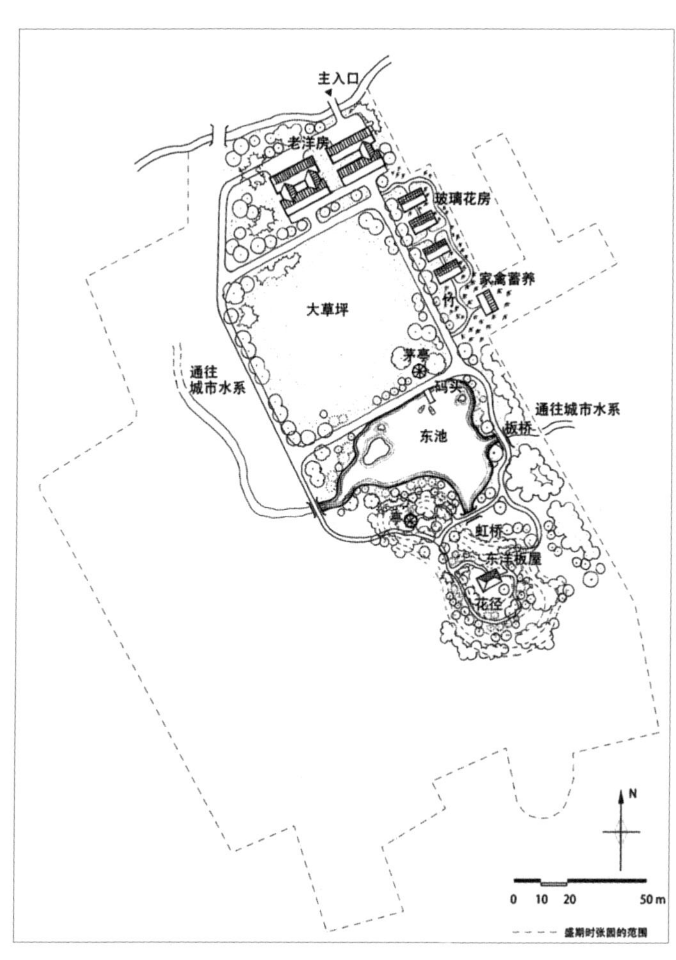

1885 年张园布局复原图（周向频、麦璐茵：《近代上海张园园林空间复原研究》，《中国园林》2018 年第 7 期）

起初张叔和并未对之前的园子进行大规模的改造。1885 年开园之初，《申报》的编辑何桂笙《游味莼园记》中如此写道："有洋房一座， 池沼一汪，种植荷花；四周沙路曲折，树木葳蕤，青草一片，其平如砥。"晚清人评论，"张园以旷朗胜，徐园以精雅胜"[1]；"沪北所筑园林数处，可资消遣，其中则以张氏味莼园为最胜。何也？他处皆有湫隘之嫌，惟此间地将百亩，水势回还，加以一片平芜，四围绿树，两方巨沼，几簇楼台，罗罗清疏，恢恢阔大，其景淑且和，其气疏以达"[2]。可见当时的景观具英式花园旷朗疏达之美。

从 1885 年底到 1893 年之间，张叔和开始扩建味莼园。在英式花园的基地上，加入了更多江南园林的元素。如 1886 年在格农花园西侧另辟新园，自成一体。之后几年时间里，陆续扩建园林，并引入环形水系，使得味莼园成为中西合璧的海派园林。如是，张园呈现出旷朗的英式自然风景园林与曲径通幽的传统江南园林风格杂糅的特征。当然，早期张园所呈现的中西合璧的海派园林特征，在当时的其他园林愚园、申园也有所体现，但张园的面积更大，鼎盛时期约七十亩，被称为上海园林巨擘。

张园这一对比融合的特质，也延续到张叔和在 1890 年代初对地标建筑的营造。正如朱宇晖所提到的："张园准确把握了时代的风尚与诉求，急速填补了沧桑巨变之际，传统城市公共功能空间的连片空白，也营造出巨大的商业价值——随着光绪十九年（1893）安垲第大楼的拔地而起，张园彻底与同时期而邻近的愚园、徐园等海派公众园林拉开了差距，完全取代了风光不再的荷

1　何桂笙 . 游味莼园记 [N]. 申报 ,1888-11-7.

2　论避暑纳凉之盛 [N]. 新闻报 ,1893—8-1.

花池与湖心亭，跃然成为城市新的核心场域。”[1]雄心勃勃的张叔和邀请当时公共租界第一流的英国建筑师设计安垲第，建成后的安垲第成为上海最高大的西式楼厅。可以说，安垲第奠定了张园在城中的传奇地位，也让张园这座海派园林转化为城中重要的公共空间。在营建安垲第的同时，张叔和也在稍早建造“海天胜处”用作品茗赏剧的场所。

张叔和为何在1890年代初决定大兴土木？1893年张叔和亲撰《张氏味莼园后记》一文。他写道：“主人因西商公家花园不许华人涉足，华人争之不已，始为另筑一园于白大桥下，以专供华人之游憩，惜拓地少隘，殊不足以大畅襟怀也。于是就本园林之西南隅，启建楼宇一区，题曰‘海天胜处’，既堪品茗，复可开樽，且割楼之西半隅为歌舞之所，日有都知录事前来奏技，清歌一出，舞袖群飞，顾而乐之，足令人流连忘返。”同一文中也提及安垲第的建筑师信息：“上年则又于园之西北隅更规建极大洋楼一所。由有恒洋行中英士二人，一名景斯美，一名庵景生者，独出心裁，绘成图式。斯二人盖彼国中之精于图立式者也。”有

1 朱宇晖等.失落的“高直＋横漪”之路——从上海城市核心场域的变迁看老城厢历史地标群的再生[J].建筑遗产,2020（03）:27-35.

安垲第旧照

恒洋行的景斯美（Thomas William Kingsmill，1837—1910）是英国皇家建筑师。他开设的有恒洋行，也是上海最早的专业建筑师事务所。庵景生（B. Atkinson，1866—1907）当时在有恒洋行任职，日后则自立门户，在 1898 年合伙创办通和洋行。

关于安垲第的设计与建造过程，文中也有描述。张叔和对敬业的建筑师与施工负责人也不吝赞美之词："其绘兹图则，尤精心结撰，煞费经营，依式造成，不差累黍。又经浙西名匠何祖安者，承斯重任，奉法惟？一举一动不敢少出范围而。二工师乃日日来园目击其运斧挥斤，升高坠下，膏唇试舌，指画详明。"[1] 安垲第于 1892 年 9 月 12 日动工，历时一年，1893 年 10 月初竣工。景斯美以英文 Arcadia Hall 名其楼，意为世外桃源，与"味莼园"意思相通，中文名取其谐音"安垲第"。虽说安垲第的风格纯为西式，张叔和则赋予其中各处标志性空间中西合璧的名字。楼内的特色空间，分别赋予高览台、佛蓝亭、朴处阁、韬华等名。而张叔和正是以自己的心思才力，"合中西人之妙手"，"以无疆之业，以驰名于中西各国，而无远弗届"，[2] 足可见其意图融汇中西之愿景。

1　张叔和 . 张氏味莼园后记 [N]. 新闻报，1893—10-2.

2　安垲第纪游 [N]. 新闻报，1893—10-15.

安垲第旧照

张园常客孙宝瑄曾说：“味莼园有登高处，南见龙华，东望海关，每重九日，游人攀而上者极夥，而似塔非塔，在跳舞堂东北隅。如角楼然。是日，雨中与孟威、新吾、邻居偕登，见云脚四垂，烟树蒙蒙，水墨烘染之烟雨图，饶有景趣。”[1]

总体来说，安垲第东北角的标志性塔楼及其内部空间是该建筑本体的特色之处，而萦绕其外部的一些特色建筑与意境氛围也为该楼增色不少。建筑师将安垲第标志性的塔楼置于东北角，使得从北入口进入张园的人们能够最真切地体验到这一当时上海第一高塔。这一尖顶塔楼上部四面各设有三联圆券敞廊，带有一点罗曼建筑风格，可一览全园乃至全市之景色，形成当时上海的地标建筑。而除了东北角的塔楼，其余三个角部则设置形式各异的屋顶，形成不同形式的屋顶组合，南北立面中心则饰以巴洛克式的山墙，远观如同迪士尼城堡建筑。

安垲第的建筑入口设于北侧，北侧的建筑形体于对称中蕴含变化。门厅上方的屋顶为逐渐收缩的圆形玻璃天棚，顶部则为四坡屋面。左右两侧则根据功能需求配置不同的形体。进

1　孙宝瑄 . 忘山庐日记 [M]. 上海：上海古籍出版社，1983:583.

入门厅，则为大厅，大厅挑高两层，两侧设夹层，有弧形凸出的楼台朝向大厅，楼上下可容纳千余人。再细看安垲第的内部大厅和两侧的夹层空间，则令人想到传统戏院的看楼与露天中庭围合的戏院空间，但建筑师为张叔和创造了更为宏大的室内空间。大厅顶部悬挂四盏巨大的电灯（自来火灯），“可三四人合抱”，给人以光耀之感，“正面楼台则作新月之型”，则与传统戏楼的舞台形式不同，远较后者新奇壮观。

似乎是与高敞的安垲第做一个对偶，张叔和在建造安垲第的稍早之时，还在其南侧设置了一处以“幽深”取胜的场所，为园林中自成一体的茶园式建筑，这便是“海天胜处”（今茂名北路震兴里、荣康里一带）。该建筑当时常被用作品茗赏剧的场所，建筑有乡村俱乐部之如画意。《图画日报》曾刊载：“安垲第之西南，曰海天胜处，即现在之中国品物陈列所，幽雅宜人。东北隅有西式旅馆，南首有曲池一，板小桥三，池内荷花，红白掩映。池心有小屿，杂栽松竹。桥西垂杨，与四围杂树，摇曳生姿，颇饶画景。”[1]“海天胜处”与“安垲第”一低一高，显示了味莼园错落有致的设计思路与园林布局；两建筑的一中一西，反映了园主张叔和多元而包容的文化产业经营取向。

二、公私两济：私园开放的先驱典范

晚清上海对公众开放的园林中，张园是最为突出的一个。历史学家熊月之认为，张园这类公共活动场所是在中西文化混合、并存的特殊状态下，集休闲活动、社会活动、政治活动功能的空间。

1　图画日报 [M]. 上海：上海古籍出版社，1999.

1921 年日文版《长江大观》中刊载的张园

1922 年静安寺路（今南京西路）、泰兴路口（张园入口处外）西望景象

他还指出，开放私园和拓展公共活动空间，是晚清上海都市的需求，是上海特殊的社会结构、复杂的社区特点、租界的缝隙效应等多重因素的结果。其他论者谈及张园，皆谓其为近代上海私园开放的典范，并从当时社会变动、市民娱乐需要论述它作为私园对公众开放的动机，但鲜有人能从张园的早期主人张叔和的角度，探讨他为什么将本来作为私园的张园，面向公众开放，在开放过程中从免费到收取一定费用，其经历什么样的心路历程？笔者认为这样的行为直接显示出晚清绅商阶层在时代变迁、社会变迁、思维观念下对传统义利观的创新性转化实践。

众所周知，无论是在与其他哲学流派的争论中，还是在其追随者中，儒家都以独特的“义利观”著称于世。此中之“利”大致包括经济利益和构成人类生活外在福祉的其他利益，如荣誉、声望、权力等；而“义”则原本和仁、礼、智一起，构成四大德行以及与之相应的人性四端。从现实来说，义与利并不违背。但在儒家思想的奠定者及后来追随者那里，主要探讨义和利谁为“第一性”的问题，如孔子的名言“君子喻于义，小人喻于利”，孟子对梁惠王所说的“王何必曰利？亦有仁义而已已”，诸如此类话语使得大部分人认为在早期儒家思想中，义与利是互相对立的。然而实际上并非如此，孔孟之言的真义乃强调利一方面只应以义获取，另一方面义自然会带来利。[1]然而，对于义利观一直存在着不少误读，如认为儒家尤其是孟子的利益观是后果论甚至是功利论。近世早期以来，由于资本主义的萌芽和传统商品经济的初步发展，从事实业和贸易活动的儒商，对义与利的关系作出了重新界定，如近代著名实业家张謇认为“耻于言利”并非孔孟本义，儒家本身并不排斥求利和富贵，只是要做到以义取利，“富且能行仁义”，“君子爱财，取之有道”，不能见利忘义，为富不仁。近代儒商用自己的亲身实践，将企业经营的求利与儒家追求的道义相结合，努力实现所谓的“义利两全”。[2]在张叔和苦心经营味莼园这一个案中，正体现出其作为绅商的一种公私两济、义利两全的经营观念，其经营策略与体现出的公私观、义利观颇值得玩味。

第一，晚清时期以味莼园为代表的私园开放，意味着传统园林开放模式突破身份限制，也意味着公共观念的现代开端。

1　黄勇良.好生活的两个面向：对儒家义利观的美德论解释[J].学术月刊,2022(08):5-15.

2　马敏.近代儒商传统及其当代意义——以张謇和经元善为中心的考察[J].华中师范大学学报(人文社会科学版),2018(2):151-160.

根据园林史学者的研究，“公共性”自古至今都贯穿着园林的发展始终，但从所举例证可以看出，所指之“公共性”代表的并不是当今所谓的全民公众，只是一定范围内的特定人群。如古代皇家苑囿的公共性，指的是对能进来此区域休闲娱乐的，一般来说除了皇室成员，就是皇亲国戚。宋代文人私园在一些时节，如农历三月春暖花开之时，的确有短暂开放的时段。但总体来说，封建社会时期的私园开放的“公共性”只是部分的“公共”，毕竟整体来说受到等级和地域的限制。而晚清上海一隅，味莼园主人张叔通过公共开放、私人收费的形式，巧妙解决了公与私的冲突与矛盾，因此在私园收费经营等方面，体现出经营者审时度势的义利观。

正如前述，宋代洛阳有很多文人私园，在一些时节开放时，也收取一定量的“茶汤钱”，但整体上来说，私园收费经营在传统时期还是比较鲜见的。与张园同时期的徐园，在1880年代初期建成之后先对一些文化人开放，迁址扩张后对社会开放面扩大，并收取游资一角，茶资每碗二角，属于园林的日常基本经营方式。而张园的收费经营历程：先是1885年春初向游人开放之初，似乎完全免费。但是很快因为一些不良游客任意攀折花木，破坏严重，

张园早期景致

THE CHANG SU HO GARDEN

The Chang Su Ho Garden, with frontage on the Bubbling Well and Weihaiwei Roads, comprises some seventy mow of land and offers manifold attractions. It is laid out with grottoes and artificial lakes connected with the river by pipes, and is beautifully wooded. The trees and shrubs planted here in the eighties for scenic effect have grown to perfection, and from time to time rare plants of all descriptions have been added. In a spacious concert hall, known as "The Arcadia," Chinese theatricals and other entertainments are given by some of the best known native talent and visiting troupes and there are also cinematograph entertainments and shooting galleries. From time to time special attractions are provided, such as a balloon ascent, a good band, a pyrotechnic display, or a native procession. The garden, which was formerly the property of a Mr. Groome, was acquired by Mr. Chang Su Ho in 188[illegible]. At that time it comprised only 21 mow. Mr. Chang Su Ho gradually extended it and laid it out as it is today. The property is now leased by Mr. A. M. [illegible] Evans for a term of forty years, and under the foreign supervision which Messrs. Evans & Co., the agents, have introduced, there are now few places of the kind in which an afternoon or evening can be more pleasantly spent.

《Twentieth Century impressions of Hongkong Shanghai and Other Treaty Ports of China》中第 690 页插图显示早期张园内植栽良好，环园绿带已郁闭成林

以至于维护的花匠颇多怨言，不得已之下张叔和决定从 1886 年 1 月开始收费，门票一角。1893 年安垲第建成以后，张园恢复免费入园观赏游览的旧例，但若要游玩、使用其中的一些项目需要付费，即“假座演说，包租安垲第，一日价四五十元，花房另给十二元，夜加电灯费十二元，礼拜日酌加租价。如事关公益，亦可酌减”。

由上可见，张园经营收费经历了“门票免费→门票一角→门票免费、项目收费”的调整变换，此间也反映了作为绅商的张叔和经营方针的从简单之“义”，到复杂多元“义利融合”的心路历程。

第二，早期张园所承载的多类型、多族群的活动与集会，展现了张园作为中西交融的公共空间的包容性，这也是园主张叔和的一大经营智慧。

张园作为公共活动空间，除了安垲第与海天胜处等建筑所营造的室内空间之外，其外部空间也承载了各式各样的活动。譬如安垲第的建筑东侧，延伸出来一个平台，上方架设凉篷，可在平台上设咖啡茶座招待宾客。而平台面对的是一个大草坪，即是张园重要的室外公共空间，可容纳数千人，是举行室外大型活动的最佳场所。

安垲第大楼旧照

安垲第露天茶座

张园举办宋教仁追悼大会

早期张园游乐场

自 1880 年代张园建成之初，外部空间的活动就受到当时上海视觉媒体的瞩目，比如在一些插图中记录了烟火表演、风筝会。1893 年安垲第建成后，在其东侧的草坪上，又陆续设置了弹子房、抛球场、溜冰场、跳舞场等游乐设施，这些游乐设施充满趣味性和现代性。正如那张广为流传的晚清照片显示，在张园的老洋房草坪前有“曲池旁筑划水高台”，类似日后游乐场“激流勇进”的前身。

在以往的建筑空间论述中，外部空间及一些临时性建筑往往被忽略，然而细读张园令人印象深刻的活动记载，会发现当时的很多活动都由大草坪上的临时性建筑所承载。如 1913 年为纪念宋教仁，张园搭起了一座巨大的芦席棚建筑，作为会场。其入口处为白布牌坊，两侧两竹亭，一为音乐处，一为追悼纪念品处，追祭群众过万。[1] 除了搭建临时性建筑举行重大活动以外，园方会根据活动内容，与张园的地标性建筑相结合，进行装饰布置。如 1909 年南洋劝业会上海出品协赞会所留下的安垲第入口的花饰照片，与 1912 年张园游艺赛珍会上赈灾义卖会的牌楼正体现了这一点。当然，临时性建筑也会按需承载更多样的功能。如 1907 的万国斗宝赛珍会中，张园大草坪上的马戏团建筑，同时也会化身为音乐厅使用；1909 年，溜冰场临时建筑上以“文艺新剧场”展演日本新派剧目，舞美亦融合西洋油画与立体道具布景。这些临时性的建筑为张园在地标性建筑之外，创造了一个不断变化中的新奇场景，赋予张园丰富多彩的面貌和魅力，也给游客更多新的体验，展现了张园外部空间的弹性与包容性。

总之，早期张园是集花园、茶馆、饭店、书场、剧院、会堂、

1　宋教仁先生追悼大会记 .[N]. 真相画报第十六期，1913.

照相馆、展览馆、体育场、游乐场等多种功能于一体的公共场所。熊月之先生曾提到，尽管华人也有自己的公共活动场所，如会馆、公所、茶馆、戏院、妓院，但那多是区域性、行业性、小范围的。不分区域、行业、阶级、性别的大型公共活动空间，在张园出现以前还没有过。可以说早期张园通过其中西异质交融的园林空间、具有包容性的地标建筑及各类临时性建筑，构建起了晚清上海夺目的公共空间场域。这一场域不仅酝酿了海派文化，也帮助参与其中的民众完成了上海城市的身份认同。

1885 年春，张园正式面向游人开放，而在张园开园前一年，即 1884 年，中国画报史上具有开创意味的《点石斋画报》创刊。这本画报以石印图画为核心内容，通过图文互动的方式呈现晚清社会的时事新闻与民生百态，带动了晚清石印画报的出版热潮。《点石斋画报》甫一创刊，适逢张园开园，随着园主的精心经营与不断增建，张园对于民众的吸引力逐年递增，很快超过了徐园、愚园等处。于是这座新式花园的视觉图景与园中事物，便成为画报这一新兴视觉媒介传播的重要内容，与民众“游园”相关的事件与场景自然成为画报的重要素材，“游园”的体验与经验引发了画家有别于传统中国山水画的风景描述。

《味莼园观西人赛花会记》（《申报》1891 年 5 月 13 日）

海上第一名园（上海小校场筠香斋年画，晚清）

游园猎奇、赏玩相宜：晚清画报中的张园『奇观』

《点石斋画报》曾刊载过以张园为题材的图画新闻《游园肇祸》，生动描绘一对青年夫妇乘坐四轮马车游园时，因马匹受惊而导致马车跌入荷花池中的狼狈场景。画报主笔画家吴友如不仅细致绘出前景如池中落水之人、马车、围观与施救民众，还疏密相间地勾勒背景中郁郁葱葱的林木与凉亭，形成中西绘画风格相融合的风俗画形式。右上角的文字在记叙事件的同时，进一步点明张园在当时冠绝上海的流行地位：

> 沪北泥城外张氏味莼园，亭台楼阁，位置天然。曩年问津者少，自园主人刻意经营，茶寮也，烟榻也，酒筵也，髦儿戏也，一一布置，色色俱全。于是游客纷纭，如蚁附膻，如蝇逐臭，向之竞趋于愚园者，今已绝足不至，或偶一至，而仍回张园行乐者有之。

晚清的上海小校场年画也以张园景观作为内容创新的重要表现，这幅流传广泛的《海上第一名园》约作于1885至1893年间，

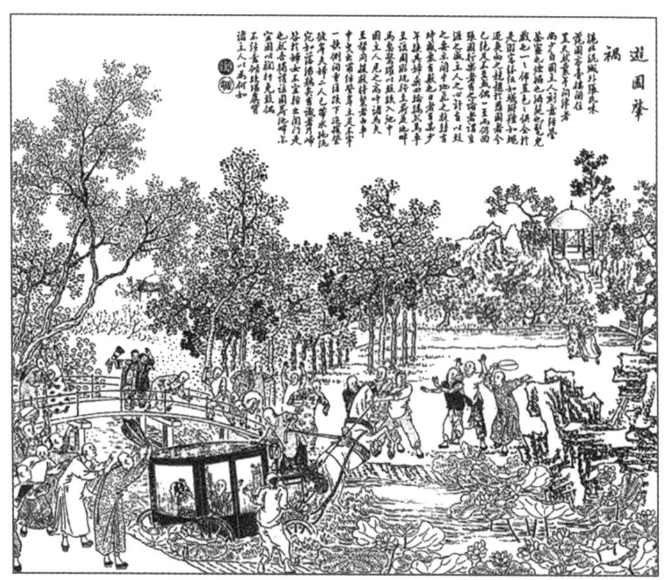

游园肇祸（《点石斋画报》第十一期，吴友如绘，1893 年）

“上海之建筑”专栏之“张园”（《图画日报》，上海环球社 ,1909 年）

正是上海小校场年画最为繁盛之时。[1]年画以白描设色的手法再现了张园大门口车马喧哗、游人如织的盛况，园内的花木、洋楼、髦儿戏招牌与游客也跃然纸上。

自《点石斋画报》起，晚清各家画报便时常将张园中的活动作为新闻热点来描绘和传播，助推张园成为备受关注的视觉中心与舆论焦点。

1893年，张园新盖的西式建筑安垲第落成，洋楼东北角建有标志性角楼，一时风头无两，成为当时上海最高的建筑。正如上海竹枝词所述，张园成为上海公共娱乐的众妙之门，“愚园游过又张园，安垲洋房到底宽。最是一班时髦客，暂来不肯久盘桓。”[2]据说安垲第二层楼房内部的宏大空间可容纳千人，成为多次重要集会的发生地。1909年《图画日报》的“上海之建筑”专栏介绍“张园”时便以安垲第作为张园的标志物。画面右上部着重展现二层洋楼的宏伟气派，文字特意点明从安垲第“望楼”（即角楼）可“纵览全沪风景”，画家直接在洋楼周围辅以假山回廊等园景。对比安垲第建筑的摄影资料得以看到，中国画家在描绘张园

1　张伟．搬上年画的海上第一名园——张氏味莼园散记[M]．纸边闲草，桂林：广西师范大学出版社，2017:85-94.

2　陈平原，夏晓虹．图像晚清·点石斋画报[M]．北京：东方出版社，2014:260.

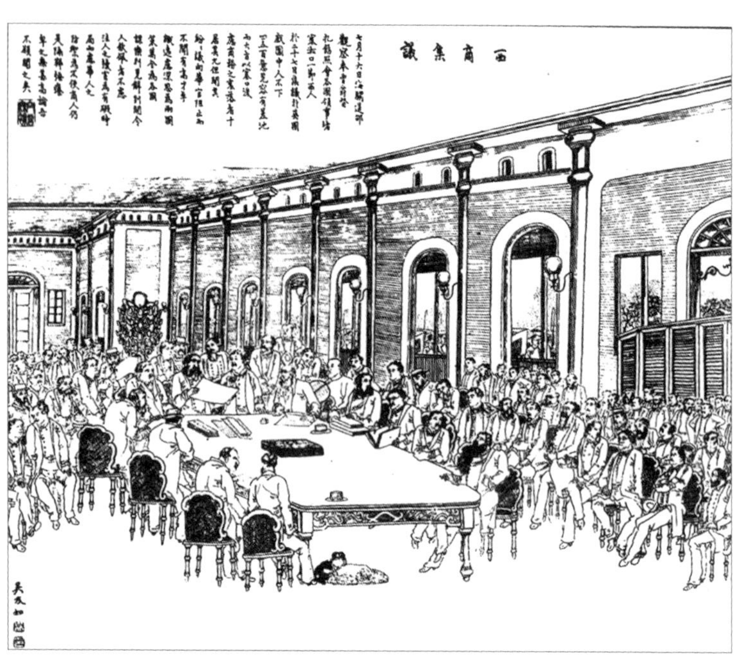

西商集议（吴友如绘，《点石斋画报》，1884 年）

裙衩大会（朱儒贤绘，《点石斋画报》，1898 年）

时并未严格按真实场景和焦点透视，而是充分发挥想象与嫁接能力，“移天缩地”般地巧妙腾挪与嫁接园景，通过有限方幅来展现张园中西合璧之景象。

画家们既受西方新闻画报插图内容与风格影响，又因先前所受传统国画训练的制约，透过杂糅与交织的笔调来塑造世纪之交的上海视觉文化。其中，对安垲第室内与室外的视觉描绘也带有想象成分与参照意味。例如《点石斋画报》曾报道《裙衩大会》图画新闻，此为1897年张园安垲第内中外女士为筹建中西女学堂举办的集会。画面描绘了诸多盛装女性名流围坐于会议桌前，以焦点透视的构图来营造安垲第内部装潢华丽的纵深空间，从而突出参会人数之众。对比之前《点石斋画报》于1884年报道的《西商集议》，由吴友如绘制四五百位西方商人在英国剧院中召开集会的情形，《裙衩大会》除了将嘉宾由男性替换为女性，座椅的样式有所更改之外，整个画面的构图角度、透视关系、空间装饰与场景细节几乎与《西商集议》完全重合。这令人不由对安垲第的室内场景产生疑问。我们有理由怀疑，画家未必真正了解并如实地表现安垲第的建筑空间，而很可能是基于想象与既定图式来完成一次集会的视觉建构。

万国赛珍斗宝大会陈列全图（上海两宜斋新闻画社，1907 年）

在诸多游园活动中，张园中的商业展销与艺术展览也是画报关注与着力表现的重要题材。如前文所说，万国赛珍斗宝大会是1907年在张园举办的一次声势浩大的赈灾义卖活动。当时，新闻画社专门刊出《万国赛珍斗宝大会陈列全图》，以白描图画的形式记录张园中搭建起许多临时棚场的场景，这次活动还留下了中国最早的纪念邮戳，体现了西方邮政文化在中国的普及与传播。

1909年底，原设于上海愚园的“中国品物陈列所”迁至张园“海天胜处”，进一步促成了张园在上海物品展销活动中特殊的地位，通过展销国内稀缺的各式时尚舶来品，使得张园陈列所越来越有影响力。

张园还曾举办1910年南洋劝业会的预展活动。1909年底由上海出品协会举办上海张园工业博览会（上海出品协赞会），该机构作为南洋劝业会的下属机构，在张园中展销制造、教育、美术等类的四万余件参展品，其中以上海本地各类产品为主，美术品部类计有数千件[1]，还发行了纪念邮戳。1909年底的《图画日报》便专设二十四期连载来报道相关活动，其中既有安垲第中的琳琅满目的各式展品陈列，还特意绘制了中国书画会与品物陈列所的参展场景，这些关于中国书画与珍赏器物的展示是现代艺术展览馆事业发展的雏形。

1　卢甫圣.海派绘画大系[M].上海：上海书画出版社，2016:36.

万国振济赛珍会纪念邮戳（1907 年）

上海出品协会货品陈列处（1909 年）

上海出品协会临时邮局纪念戳（1909 年）

出品协会之盛况之一（陈列所）（《图画日报》第 121 号，环球社，1909 年）

据传，张园还是月份牌大师郑曼陀的发迹之地。郑曼陀在上海谋生的首站便是张园，他在张园中悬挂展示了自创一格的擦笔水彩时装仕女画，博得了海派商人黄楚九的青睐并签订商业合作订单，成为坊间关于艺术与商业互相成就的一段佳话。郑曼陀的故事也从侧面反映了张园中频繁出现的艺术展销活动。这一时期的张园已具备新兴艺术市场的初始样态。

“猎奇”心态既是民众游园的重要目的，也是晚清画报图像新闻传播主打的心理卖点。石印画报在国内流行，既深受西方早期新闻画报样式与写实绘画技法之影响，也体现了中国画报人结合中国传统笔法与图画风格的笔墨尝试。诸多画报以图画的形式来记录新闻与奇闻的新兴报刊形式，成为晚清民国时期受众面极广且极具视觉冲击力的视觉媒介。张园开园恰逢晚清画报兴起之时，张园里的各式新鲜事物与新发事件，皆变成画报中的新闻图画而得以广为传播。张园中的游玩赏憩成为晚清时期石印画报所乐于表现的重要题材，与此同时，画报中的张园景观也反映了这一时期西方绘画技法对于传统中国绘画的影响与改造。

出品协会之盛况十二(《图画日报》第108号，环球社，1909年)

出品协会之盛况十四 · 上海书画会（《图画日报》第 119 号，环球社，1909 年）

置身胜景、贻寄情思：从户外摄影到月份牌写真

摄影自19世纪中叶传入中国上海后便成为一种时新的视觉表现形式。19世纪70年代，上海已有苏三兴、公泰、宜昌和恒兴等几家照相馆，不过直到20世纪初，摄影仍是一件时髦之事[1]。20世纪初，关于张园的摄影图像在摄影画报流行起来之后迅速见诸报端，当时流行的明信片为我们留下了关于张园的历史图像，如进园大门、安垲第、轮舟、灯舫等摄影图像记录了张园的真实场景与各式活动。

张园可以说是中国最早经营户外照相馆的综合性公共娱乐场所，开园后很快便引入照相馆，成为中国早期户外影像机构的发源地[2]。张园中曾先后出现光霁轩、柳风阁、光华楼等多家照相馆，这些照相馆虽也有室内布景，不过打出的业务招牌却是为游客拍摄园景人像，开中国户外摄影之先河。其中，1888年开办的“光霁轩”便是上海最早的户外照相馆，通过《申报》上所登的光霁

1 熊月之.上海租界与近代中国[M].上海：上海交通大学出版社，2019:377.

2 赵文静.晚清上海的娱乐生活及早期设计形态的萌生[D].中央美术学院，2013:8.

味蒓園照相連景

照相之法由來久矣第未得勝地補景殊難清雅今本軒特聘名手假寓味蒓園諸公光顧者或登亭臺或倚假山或小飲花間或臨流垂釣隨意選勝可也光霽軒照相主人白

味莼园照相连景（光霁轩广告）（《申报》，1888 年 10 月 26 日）

轩照相广告，可以看出该馆的主打业务为“照相连景”，强调该馆在张园可“随意选胜”取景营业的优越性：

> 照相之法由来久矣，第未得胜地补景，殊难清雅。今本轩特聘名手，假寓味莼园，诸公光顾者，或登亭台，或倚假山，或小饮花间，或临流垂钓，随意选胜可也。
>
> ——光霁轩照相主人白

张园中的假山亭台、花林池畔以及西式洋楼，皆可成为照相馆拍摄人物肖像时选用的背景，户外肖像摄影比起当时主流的室内布景照相更添真实生动之感。1889

年，《申报》还专门刊登“本报三杰”之一何桂笙所撰《荷丛留影小记》一文，记述一行人愉快地游览张园的行程，同时宣传了光霁轩的户外摄影。文中将摄影师如何在荷池中安排舟船道具和排布人物作了细致的介绍：

> 余读仓山旧主诗，知有吴君朴诚擅泰西摄影之法，设光霁轩照相馆于园中，因思香尉之言，商诸主人，请吴君为余拍一照。主人曰，在莲花深处，非船不可，园中本有船，以莲花满中，故置舟于陆，舟楫之不用者月余矣。今日不可不借此以点景，乃命舟入水，舟置陆久，有裂处，水汩汩其入，则戽去其水，而塞其罅。余坐船头，琅琊公子坐余后，西山樵者坐于公子后，东阁诗俦则坐船艄，作掌舵状，余亦手一楫，移船于莲花丛内。吴君出其技，详审而妥，布之如镜，一注目即留影于其中。洗而视之，毫发无遗，须眉欲活。[1]

由此可见，“一注目即留影”的外景摄影体验令人难忘且踊跃欲试，以张园为拍摄空间与视觉场景的户外摄影在上海渐受关注并流行起来。1891 年，张园内另一家照相馆“柳风阁”开张，主营彩色摄影，并备有古装换装拍摄行头，助推张园园景照相成为一项市民新时尚。当然，这一时期的光霁轩也迅速跟进了古装摄影以招徕生意。

当时的人们以在张园中拍照留念为尚，孙中山、黄兴、张元济、夏曾佑、伍光建、柳亚子等知名人士均在张园中留下宝贵的摄影

1　寒食生．荷丛留影小记 [N]. 申报，1889-8-3.

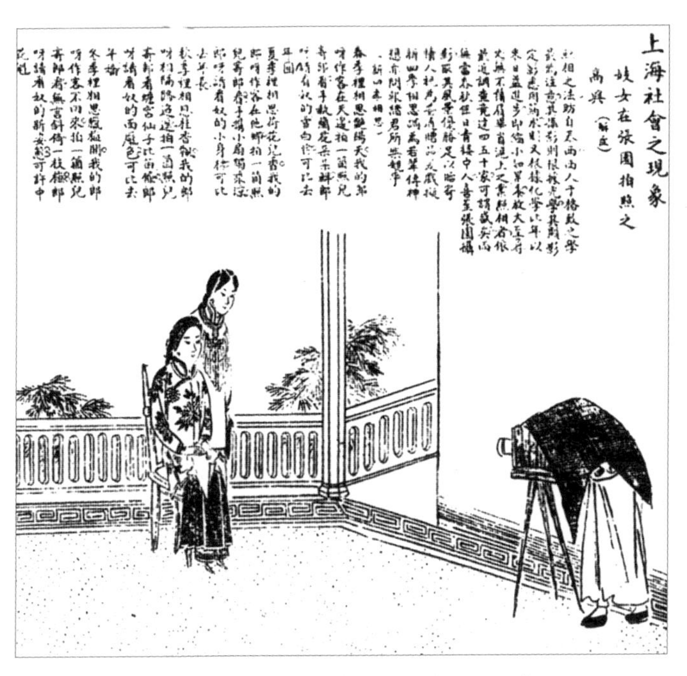

妓女在张园拍照之高兴（《图画日报》第 148 期，1909 年）

图像。[1] 由于照相收费不低，最初尝鲜照相消费的是贵族、官员、文人与妓女等中上收入人群。这一时期的画报曾绘图反映妓女这一群体对于在张园照相留影的热衷。《图画日报》刊载的《妓女在张园拍照之高兴》便绘图展现了海上青楼女子在张园照相的新奇体验：“每当春秋佳日，青楼中人喜至张园摄影，取其风景优胜，足以贻寄情人，视为普通赠品。”[2]

1　张伟 . 搬上年画的海上第一名园——张氏味莼园散记 [M]. 纸边闲草，桂林：广西师范大学出版社，2017：85–94.

2　妓女在张园拍照之高兴 [N]. 图画日报，1909.

《游春图》英美烟公司月份牌，周慕桥，1914 年

1914 年，月份牌画家周暮桥应英美烟草公司邀约创作了月份牌《游春图》，这一作品是月份牌绘制方式从传统向现代转型的标志性产物。以这幅《游春图》为代表，这一时期月份牌中的“游春”与“游园”主题颇为常见，画风上仍保留民间年画与传统绣像的影响，与画报中的物景描绘手法较为相似，同时增加了带有焦点透视的背景，颇似置身于户外风景中的肖像摄影。周慕桥原籍苏州，到上海后先在上海小校场绘制年画，后又加入了吴友如主笔的《点石斋画报》绘制团队[1]，还曾负责《飞影阁画报》[2]。《游春图》的画面人物与场景让人们联想起始于张园的户外人像摄影，户外摄影场景对于月份牌人物的布景方式很可能产生了直接影响。

1 郑逸梅．芸编指痕 [M]．哈尔滨：北方文艺出版社，2016:202.

2 陈瑞林．海上繁华：月份牌里的民国与世界，姜进主编．上海：都市想象与日常生活的更张 [M]．上海：上海辞书出版社，2020:188-206.

据熊月之先生的研究，张园鼎盛期为 1893 年以后至 1909 年以前，随着 1909 年哈同花园的建成，这座更加新奇惹人的花园抢去了张园的风头，与此同时，新舞台、大世界等现代娱乐场所也吸引了上海民众的目光与注意力。直至 1911 年辛亥革命爆发，张园的黄金时代也随之逝去[1]。

然而，由张园户外照相所带动的“游园留影”仍影响着 20 世纪上半叶的视觉艺术。游园赏景作为月份牌的重要创作主题之一，几乎贯穿了整个 20 世纪上半叶，月份牌中反复出现置身于胜景之中的古典仕女与都市名媛。传说发迹于张园的郑曼陀，在 20 世纪初迅速成为首位以时装美女月份牌风靡上海的画家，并以独创的擦笔水彩画法奠定了月份牌创作技法。擅画美女的郑曼陀曾与擅画水彩风景的徐咏青合作，两人合作出品的美女月份牌前景是妍丽秀美的时装女郎，其身后背景则是花木葳蕤的泉池园林，时称“郑家人物徐家景”[2]，可谓珠联璧合之作。

1　熊月之 . 张园晚清上海一个公共空间研究 [J]. 档案与史学 ,1996（6）:31–42.

2　张伟 . 海上花开 : 月份牌历史与艺术 [M]. 上海 : 上海大学出版社 ,2021:92.

《游春图》南洋兄弟烟草公司月份牌，周柏生，1920 年

1920年代，周柏生、胡伯翔、谢之光等人均绘有游园主题的美女月份牌传世，这些月份牌在人物与背景处理方式上有近似之处，画中人物多是模仿照相馆的摆拍姿势，这种静态人像受到当时照相需要长时间曝光显像的技术局限，女郎们往往倚靠在花篱、栏杆、矮墙等前景，保持一个优雅而相对固定的姿态。人物布景方式则往往结合户外摄影与绘画写生的场景来设置，形成置身于胜景之中的整体画面效果。

到了1930年代，月份牌的视觉图式进一步现代化，月份牌画家从当时技术进步且更为普及的摄影图像中汲取不少灵感。画家所绘的人物场景就像进一步拉近摄影镜头所捕捉到的画面，给予观众一种直面镜头的现场感与参与感。这一时期，杭穉英等月份牌名家所绘制的月份牌画便多以户外风景与沉浸氛围的朦胧花木作为创作背景。在1920年代中后期至1930年代间，穉英画室是中国月份牌的创作大户，它由杭穉英、李慕白与金雪尘三人形成核心团队，其中杭穉英担任创意统筹，李慕白绘制人物，再由擅长绘制风景的金雪尘来补绘画面背景。“金三角”的团队协作使得穉英画室凭借优越的月份牌品质招揽了大量客户。例如，画室于1930年代创作的“泛舟”美女月份牌便是这一时期游园主题的典型画像，与1928年《良友》画报的“赏春”封面有着异曲同工之妙。即便是到今天，这些关于“游园”的新招贴仍有着无穷的时尚魅力与视线吸引力。

公益转运报关兼理保险总公司月份牌，郑曼陀与徐詠青合作，1927 年（张伟，《海上花开：月份牌历史与艺术》）

广生行月份牌，郑曼陀，1928 年

“泛舟”美女月份牌，杭穉英，1930 年

《良友》画报的“赏春”封面

开眼世界、光影流年：味莼园中的电影放映

1892 年，规模宏阔的“安垲第”建成之后，因为经常举办各类大型公共活动而成为当时上海的地标性建筑，也在机缘巧合之下，成为国内最早的“电影院”之一。

据考证，第一位来上海放映电影的是一名叫作哈利·威尔比－库克（Harry Welby-Cook）的英国人。此人本名亨利·爱德华兹（Henry Edwards），1885 年至 1895 年曾在上海的“大英自来火房”（Shanghai Gas Company）担任煤气技术工程师。1897 年 3 月 29 日，爱德华兹携带一种叫作“灵图镜”（animatoscope）的放映设备和 30 余部影片，乘船从英国南安普顿出发，5 月 11 日到达上海。1897 年 5 月 22 日，他在礼查饭店（Astor Hotel）的礼查厅（Astor Hall）放映了《海浪拍岸》（The Wave Breaking on the Beach）、《英国士兵教会游行》（A Church Parade of British Soldiers）等影片，6 月初转移到了安垲第大洋房。[1]

礼查饭店（Richards' Hotel, Astor House Hotel）始建于 1846 年，

1　付永春 . 哈利·威尔比－库克与上海最早的电影放映 [J]. 当代电影 2022（9）:94–100.

是上海乃至全中国最早的西式豪华饭店之一，下榻此处的，皆是短暂驻留上海的西方上流社会的名人，因此这里的放映自然是面向沪西人。而张园，正如熊月之先生所论："张园赏花，张园看戏，张园评妓，张园照相，张园宴客，吃茶，纳凉，集会，展览，购物……"张园之名，日日见诸报刊；张园之事，人人喜闻乐见。张园成了上海人生活中不可或缺的部分。"[1]因此，华人观众首先在张园看到电影就不足为奇了。而且，往来张园的游人中，不乏官场、商界、士林的知名人物。加之张园的门票票价低廉，电影却是单独收费，每客一元，童仆减半。可以想见，有财力观看这些电影的，应多是中上阶层的绅商或文人。因此，这几次放映留下了诸多文字材料，如晚清名士孙宝瑄在日记中记载道，"夜，诣味莼园，览电光影戏。观者蚁聚，俄，群灯熄，白布间映车马人物变动如生，极奇。能作水腾烟起，使人忘其为幻影。"[2]《新闻报》也在6月11日、13日两天的头版发布长篇文章《味莼园观影戏记》，详细记述作者的观影经历。根据这篇文章，看到影片的观众受到了极大震撼，他们"无不伸颈侧目，微笑默叹以为妙觉也"。

通观前后各戏，水陆舟车、起居饮食无所不备，忽而坐状，忽而立状，忽而跪状，忽而行状，忽而驰状，忽而谈笑状，忽而打骂状，忽而熙熙攘攘状，忽而纷纷扰扰状，又忽而百千枪炮整军状、百千轮蹄争道状。其中尤以海浪险状，使人惊骇欲绝。以一妇启门急状，一人脱帽快状，使人忍俊不禁。人不一人自状不一状，凡所应有无所不有。虽人有百手，

1　熊月之.张园晚清上海一个公共空间研究[J].档案与史学,1996(6):31-42.

2　孙宝瑄.孙宝瑄日记(上)[M].北京:中华书局,2015:113.

> 手有百指，不能指其一端；人有百口，口有百舌，不能名其一处也。观止矣，蔑以加矣！[1]

随后，张园不时会有电影放映。1898 年 4 月，张园在《游戏报》上刊登了放映广告，以四字韵语的形式颇富文采地对即将放映的电影进行了介绍，称：

> 电光影戏，向来勿有；人物活动，无出其右；第一盛景，英皇庆寿；法为盟主，邦交甚厚；俄皇登极，乃称元首；钦差宴会，葡萄美酒；德兵大操，武夫赳赳；火车到站，争先恐后；一派人声，轮船进口；跑马赛车，风驰电走；操演救火，七脚八手；歌舞跳戏，趣在小丑；美女澡浴，捉襟露肘；西人做亲，自成配偶；打拳弄球，精神抖擞；行人被窃，偷鸡戏狗；老翁灌园，栽花插柳。如此大观，不自消受。与人同乐，增其抱负。民智日开，富强可久。[2]

1898 年 6 月，魔术师卡尔·赫兹（Carl Hertz）驻上海一个月之久，在兰心大戏院和张园进行魔术表演的同时放映电影。赫兹宣称自己所使用的是 Cinematograph，但鉴于专利拥有者卢米埃尔兄弟此时并不对外出售自己的机器，赫兹的电影机很有可能是某款仿制产品。目前我们已经无法确知赫兹所放映电影的片目，但是众多报纸对其精彩绝伦的表演和放映进行了报道。从英文报纸上看，维多利亚女王登基六十周年庆典曾引发兰心大戏院的英国

1 味莼园观影戏记 [N]. 新闻报，1897-6-13：第 1 版.

2 张园海天胜处今晚准演法国新到机器大影戏 [N]. 游戏报，1898-7-16：第 2 版.

观众起身鼓掌欢呼。而《申报》记者对于电影的印象是，“影戏纷陈，万变迭更，百灵毕具，奇谲怪异，若昧若明。是真可谓叩寂□□，通幽入幻矣。夫采真九神，本属诞而不实；而子野三语，未免约而不详。以非目睹，终不能摹绘毕肖也。”[1] 可以说，和他出神入化的魔术一样，电影也让赫兹的观众如醉如痴，欲罢不能。

1901 年 9 月，汇喇洋行购进了一批电影，在滩浦规矩堂放映之后，转移到了张园的安垲第洋房，内容包括第二次布尔战争（1899—1902，广告中称为“英脱之战”）、维多利亚女王葬礼（1901）、美国和西班牙之间的马尼拉之战（1898），等等。广告宣称，“各样玲珑奇观，言不能尽述妙，处此乃初次到申，演与华人观看，定思华人必欲挽留，敬请绅商贵客速来一观，以旷眼界为幸。”[2]1902 年 11 月，汇喇洋行又购买了 15 部电影在张园放映，分别是：“一、地舆图大海洋楼台亭阁景致；二、中国拳匪大战大沽口；三、美国大战哑非到加；四、花旗国大战非力兵拿；五、两国洋争战（系有开枪放炮请诸君不必惊吓）；六、花旗法国大赛珍宝会；七、大英皇后崩后新皇接位各官绅商至殿朝贺；八、奇异极大马戏团；九、金陵西国大变戏法；十、北京上海地舆图；十一、各式异样跳舞；十二、外国乡人大火烧；十三、脚踏车上跳戏然武；十四、飞走火车快行轮船；十五、令人可笑”等。[3] 据考证，这些电影在张园放映之后便运离上海，进而到达武汉等内地租界口岸播放，内地观众也由此见证了现代视觉技术的最新奇迹。

1　名园术戏小言 [N]. 申报 ,1898-6-7: 第 3 版 .

2　张园新到外国形戏 [N]. 申报 ,1901-9-18: 第 7 版 .

3　西哑辦欲司拷浦 [N]. 申报 ,1902—11-29: 第 8 版 .

而很多时候，张园的电影放映是和其他活动结合在一起的。如1908年为庆祝光绪皇帝寿辰，张园准备了丰富的娱乐活动，其就包括电光影戏。[1]1909年8月，江浙两省发生水灾，张园连续放映电影并表演昆曲，宣称将“所得看资悉数助江浙两处赈饥”，并“祈好善君子约伴偕来，同人等有厚望也”[2]。三天后，震灾活动结束，张园又继续放映“五彩电光影戏”，同时有潮州焰火、戏法等节目。可见，这些电影放映具有很强的不确定性，往往和各种歌舞、杂耍同台并置，而其目的也并不仅仅是娱乐观众。1915年，有中国、日本、菲律宾三国参加的第二届远东运动大会在上海举办，中国基督教青年会（Y.M.C.A.）、商务印书馆等机构都派人进行拍摄。随后不久，民国著名的政治活动家王正廷计划在张园举办“体育运动纪念提灯会”，放映这届运动会的纪实影片。[3]王正廷在南京临时政府、北京政府和南京国民政府担任过要职，一直热心倡导体育运动。他本人就是远东运动会的发起人之一，1922年又当选为国际奥委会委员，可以说是中国近代体育事业的重要奠基人。他举办这个“提灯会”，显然也是为了普及运动强身的观念。

---

1 张园恭祝皇上万寿 [N]. 申报 ,1908-7-23: 第 7 版 .

2 影戏助赈 [N]. 申报 ,1909-8-2: 第 7 版 .

3 张园大放广东潮州焰火 [N]. 申报 ,1909-8-6: 第 7 版 .

張園

新到外國形戲

皇家活動形戲自遊英京名譽來申曾在小菜場操兵房演過數次承蒙滬上諸西商各道讚美今特請在張園安塏地大洋房內擇於禮拜四即初七夜八點鐘准演意　俾華人能知英皇出殯英脫戰事英國古典及美國與小呂宋接仗之各樣玲瓏奇觀言不能盡述妙處此乃初次到申演與華人觀看定思華人必欲挽留敬請紳商貴客速來一觀以曠眼界為幸頭等每位洋二元二等每位洋一元三等每位洋五角　匯喇告白

张园的电影放映广告（《申报》1901 年 9 月 18 日）

西[illegible][illegible]欲司拷浦

啓者今有新到異樣奇巧活動影戲茲係不惜重資特向英美兩國購辦真正頭等奇異影戲花名顏色皆係出色套頭亦多共約四百餘張以前雖有做過與此番大小相同但此式從未到過中國比別勝多開演待定期登報望請　官仕商至該處一觀茲將花名開列於右　一地輿圖大海洋樓台亭獨景致　二中國拳匪大戰大沽口　三美國大戰匪非到加　四花旗國大戰非力兵拿　五兩國洋兵爭戰係有開鎗放砲請諸君不必驚嚇　六花旗法國大賽珍賽會　七大英皇后崩後新皇接位各官紳商至殿朝賀　八奇異極大馬戲圖　九金陵西國大變戲法　十北京上海地輿圖　十一各式異樣跳舞　十二外國鄉人大火燒　十三脚踏車上跳戲然武　十四飛走火車快行輪船　十五合人可笑　以上一切均係出奇顯法各火車輪船開往各外國馬頭若君親至該處遊歷廢化須多川資亦做照此一式望　諸君幸勿錯過趁此相宜耶　匯喇洋行告白

张园的电影放映广告（《申报》1902 年 11 月 29 日）

遠東運動會名譽會長

中華全國體育協進會主席董事

王儒堂先生

王正廷像（《第九届远东运动会特刊》1930 年出版，国家图书馆藏）

从 1913 年左右开始，专门放映电影的东京活动影戏园、爱伦活动影戏园等陆续建立起来，由于环境整洁、座位舒适，吸引了越来越多的观众，展示了诱人的市场前景。或许受到启发，张园也从 6 月起尝试进行将电影作为常规娱乐项目，放映“新由泰西运申，沪上从未演过”的新片，且为了方便观众理解影片内容，“每片戏情皆有华字注明”[1]。按计划，张园的电影放映是每二日更换一次片目。但或许由于生意不佳，或许由于片源有限，也或许与张园的整体经营状况有关，几个月后便难以为继。毕竟，1910 年代之后，随着大世界等新的游乐场所兴起，张园在竞争中处于下风，从此生意逐渐凋敝。在这么多不利因素的共同作用下，单是电影当然不能拯救张园整体的颓势。

张园放映电影的次数不多，但形式和内容都比较新颖，促进了电影的普及。当风气发生变化，经营者也会随之尝试改进。效果未必能尽如人意，但依然在中国电影史上留下了浓墨重彩的一笔，同时，也使电影和中国的现代化进程产生了呼应的关系，和中国现代转型的许多议题联系在一起。这些议题或许并不像革命和战争那样带来剧变，却更加深入、持久、全面地改变了中国的面貌。

首先，张园及其他场所的电影放映成为近代以来娱乐方式的一种革新形式。古代社会的娱乐往往发生在特定的场域和时段，在中国最常见的便是庙会，乡间还有春秋社戏的习俗。庙会一般在重大的宗教节日和各神的所谓“诞日”举行，除了各种仪式，戏曲表演也是重头戏。研究者指出：“唱戏是庙会及其他与寺庙有关活动的重要内容。其所以如此，一是为了酬神祈灵，作为崇

1 上海最新影戏在张园安垲第开演 [N]. 申报 ,1913—6-24: 第 9 版 .

拜信仰的一部分；二是为了满足百姓放松身心、调剂生活的娱乐性要求。”[1]可以说，其目的不仅在于娱人，同时也要娱神。也正因为如此，上海开埠之前和之初，城厢的城隍庙和城郊的天后宫，往往是人们看戏、游逛的首选。近现代以来，由于科学思想的进入，中国民间信仰面临着“祛魅”，时间和空间都不再有神圣和世俗的区分，而被切分为工作和休闲两个部分。尤其是做六休一的星期制度自清末被引入中国，到民国时期日渐普及开来，在政界、学界、文化界、公共事业以及部分工商企业中成为常态。如此，原本附着于宗教活动的娱乐，成为消除工作疲惫感的手段；而“休息日”的制度和观念，使大规模的娱乐成为可能。上海的娱乐以产业化的方式发展起来，当时的竹枝词描述道：“洋场随处足逍遥，漫把情形笔墨描。大小戏园开满路，笙歌夜夜似元宵。”[2]张园的开放营业可谓恰逢其时，凭借便利的交通和优雅的环境，在同类场所的竞争中脱颖而出。在其中西合璧的空间里，传统的生活节奏、阶层界限、观念习俗被打破；当人们漫步、游乐的时候，感官和情感与之发生作用，现代性以“体感”的方式，浸润到生理和无意识层面。

而此处放映的电影，也和时空本身形成了呼应的关系。从上文引用的广告可以看出，张园的电影大部分是常见的实拍景象，如城市街景、室内起居、自然风光等等，但是也出现了“手法”和“戏法”之类的杂耍和闹剧。如果在西方，“与其说观众的震惊体验是来自于他们天真地认为自己会受到真正火车的威胁，不

1　赵世瑜．狂欢与日常：明清以来的庙会与民间社会 [M]. 北京：生活·读书·新知三联书店，2002:193.

2　顾炳权．上海洋场竹枝词 [C]. 上海：上海书店出版社，2018:415.

如说是他们折服惊叹于眼前这种难以置信的视觉转化形式，其不可思议的震惊程度就像是在剧院看到的最伟大的魔术表演一样”[1]。那么中国的观众当然有着与之相似的地方，即这些电影造成了强烈冲击感官的“震惊体验”，同时也是安全可控的。通过电影，现代化带来的创伤性经验得到释放和缓解。

值得注意的是，中国观众所体验到的震惊具有鲜明的民族性和公共性。如观看电影后，《味莼园观影戏记》的作者就畅想：“此种电机，国置一具，凡遇交绥攻取之状，灾区流离之状，则虽山海阻深，照相与封奏并上，可以仰邀宸览，民隐无所不通；家置一具，只须父祖生前遗照，步履若何状，起居若何状，则虽年湮代远，一经子若孙悬图座上，不只亲承杖履，近接形容。乌得谓之无正用哉！”[2]并不将电影视为纯粹的娱乐工具，而开始思考其在政治方面的潜力。随后，张园放映广告延续了同样的思路，一直将电影定位为通俗教育、启蒙大众的工具。

通过普及教育来启蒙大众，进而建设独立的民族国家，是晚清政治思想的一项重要议题。虽然在中国历史上，从孔子开始，儒家学者一直十分注重面向平民的教育和教化，但晚清的大众教育理念与之有着显而易见的区别。19 世纪中后期的几次中外战争皆以不平等条约收场，让中国知识分子意识到，当时的中国在器物、制度等各个方面都与西方国家有很大的差距。造成差距的根本原因，被近代思想先驱的严复归结到了国民素质的层面上。严

1　汤姆·甘宁等.一种惊诧美学：早期电影和（不）轻信的观众 [J]. 电影艺术 ,2012（6）:107-115.

2　味莼园观影戏记 [N]. 新闻报 ,1897-6-13: 第 1 版 .

复认为，“民智已下矣，民德已衰矣，民力已困矣”[1]，导致近代中国屡受外辱。而想要振兴自强，“一曰鼓民力，二曰开民智，三曰新民德”[2]。为了达到这样的目的，面向普罗大众的教育势在必行。也就是说，晚清以降的教育，不再是为了实现以“礼乐”为中心的“大同”蓝图，也不再是个人“朝为田舍郎，暮登天子堂”的晋身之途，而更多是在人类社会进化的趋势下，在国家之间的竞争当中获得更多生存和发展空间的有力保障[3]。不仅精英知识分子，经由大众印刷媒介的传播，一般的地方官员和士绅阶层也都逐渐接受了这样的观念，积极创办新式学堂、报纸杂志，希望以声光化电的科学知识、理性本位的哲学思潮、与现代制度相呼应的社会理论，取代儒家的四书五经，让最大多数的人群拥有民族国家的身份认同和爱国意识，掌握现代化所需的知识和能力。

严复阐发大众启蒙要义的《原强》发表于1895年，仅仅三年之后，张园的放映广告就以此来阐释电影的意义，实在令人惊讶，这或

---

1 严复.原强，胡伟希选注，论世变之亟——严复集[M].沈阳：辽宁人民出版社，1994:18.

2 严复.原强，胡伟希选注，论世变之亟——严复集[M].沈阳：辽宁人民出版社，1994:36.

3 高力克.陶铸国民：严复与中国启蒙运动——纪念严复诞辰160周年[J].学术月刊，2014（12）：154-161.

许也和张园主人张叔和本人的从政从商经历有关。为了达到这样的目的，张园的放映广告一般会中列出详细片目，或为影片添加中文字幕。这是同时期其他娱乐场所，例如天华茶园、徐园等很少去做的事情。此举的必要性在于，虽然当时放映的多为短片，情节也十分简单，致力于展现的更多是打闹、追逐之类富有趣味性的场面，但对于不熟悉西方文化的中国观众来说，理解其人物、行为的逻辑还是有一定的难度。片名和字幕让观看者不仅看到画面，还更加清晰地理解了这些内容中所蕴含的有关西方和世界的知识，一定程度上也就达到了开阔眼界、启发心智的目的。或许正因为如此，有研究者认为，“电影带来了一种新的强大的视觉现代性，让‘开眼看世界’在大众中成为可能，而这一切都是从亨利·爱德华兹带来的这三十几部电影开始的”[1]。如果说“现代性在它发生作用前必然被看见和仿制”[2]，那么张园的电影对于其中国观众来说，就是可见可感的直观样本。

1　付永春. 踝躞灯影：中国最早电影放映的影片考证 [J]. 电影艺术，2023（1）：140-151.

2　彭丽君著，张春田译. 哈哈镜：中国视觉现代性 [M]. 上海：上海书店出版社，2013：25.

张园西区新景，摄于 2023 年

电光时尚、脱簪去饰：女君子的摩登展演与心灵革命

传统社会中，女性大多受困于家族有形或无形的围墙之中，而晚清时期的张园，却以其公共性、敞开性和包容性，让女性群体在这里体验到围墙瓦解的可能，找到了“走出闺阁、走向公共”的通路和勇气。她们或许是官宦家眷、留洋女生、中产主妇、社交名媛、青楼女子，或许是更广大的普通劳动妇女，但我们更愿称她们为“味莼园女君子”。因为在张园这块时尚策源地，她们是西式摩登沪上展演最早的见证者、参与者甚至推动者，个中翘楚更以独立之人格和鲜明之性格投身公益慈善、西学传播、民主革命，将自身的性别解放与推动历史进步相统一，以先锋的社会行动昭示出一场深刻的心灵革命。

一、西方现代物质文明映衬下的电光时尚

1843 年上海开埠以后，西学东渐、云蒸霞蔚，西方物质文明借机登陆华夏大地。中国之有铁路始于清光绪二年（1876），其

路线自上海至吴淞，故命名淞沪路。[1]1879 年 5 月 28 日，第一盏电灯在公共租界乍浦路的一幢仓库中点燃，宣告电灯在中国开始投入使用。1881 年英商自来水公司成立，次年在虹口铺设水管，开始供水。1882 年，德律风之创行，为英人比晓普，设南局于十六铺。1885 年 10 月 18 日，南京路点亮第一盏煤气灯，从此上海有了"不夜城"之名。1889 年，蜡筒式留声机传入上海。1908 年 6 月，上海公共租界第一辆电车正式投入运营。西人发明爱克司光，能隔人体视物，使纤微悉现。初次到沪之日，尚在清宣统初年（1909）。[2]上海时尚的蓬勃发展与这些声光电传媒紧密相关，因此我们将其称为"电光时尚"，指西方现代科技所催生的物质文明引发了沪上的惊奇效应，一时成为受到广泛追捧的摩登社会风潮。

味莼园女君子们一早便与"电光时尚"融为一体。1886 年 10 月 6 日，由于上海引进电灯时间不长，尚未获得世人广泛认知，丰泰洋行为招揽客户，在游人如织的张园举办电灯试燃会，点亮电灯数十盏，园中各处璀璨如白昼。"游园人咸以为奇观"，其中一定少不了女性游客。1912 年张园游艺赛珍会上曾设一电气屋，"电灯、电灶、电扇、电铃，无一不用电。又有一电气叫子，作狮子吼声。每有妇人行近其前，辄按其机关作吼声也"[3]。光顾张园户外摄影生意的也以女子居多，其中青楼优伶乐于拍摄个人广告照，而官宦妻小、贵族女性们碍于礼教不能抛头露面，就有照相馆伙计上门服务。通过这种方式，时尚女郎们在张园与西方的

1　陈伯熙 . 上海轶事大观 [M]. 上海：上海书店出版社 ,2000:290.

2　熊月之 . 稀见上海史志资料丛书（2）之沪 话旧录 [M]. 上海：上海书店出版社 ,2012:176.

3　包天笑 . 味莼园赛珍会杂咏 [N]. 时报 ,1912-5-28（10）.

电光奇观打了个照面，不久这些热衷洋气物件的时尚女郎便把电灯、电话、留声机等引入了自家客厅，并在香闺壁上挂上一帧个人写真照。

工业革命以来的第一个现代交通工具——自行车传入中国，也与张园时尚女郎们产生了神奇的连接。1868 年 11 月 24 日，《上海新报》中出现“兹见上海地方有自行车几辆”的文字，这是迄今为止自行车传入中国最早的文字记载，它在世界范围内的自行车热潮（velocipede craze）中进入中国，也让当时的沪上仕女惊奇万分。至 1902 年中国第一个脚踏车赛跑场出现，便筑于大名鼎鼎的张家花园内，其中设备颇佳，有淋浴等，日夜开放，初加入者都为西人；国人之加入者，以唐四、唐八、唐观翼、屠开沛、张潮堂诸人为开始。[1] 孙宝瑄的《望山庐日记》在光绪二十四年戊戌（1898）三月二十日记载：“诣杏孙。晡，至张园观诸人习试足踏车。”1903 年秋举行了脚踏车大赛，华人赛程是一英里，设有贵重奖赏，参加者不限资格，只要交费五角即可，进场学习、练习者不取分文。[2]《图画日报》在“上海曲院之现象”之“金谷香尘走细车”中刊登了一幅味莼园美人骑车图：

> 自脚踏车盛行于沪，乘者取其非常迅捷，每喜购试。其始虽仅三五少年，既而曲院中人亦戏效之，于是皆以张家花园为练习地，每自三四钟起至薄暮止，时有笑移莲瓣轻转橡轮盘旋于如烟芳草间者诚绝妙，一副美人游戏图也。赞曰：

1 沈镇潮．自由车在中国进展的过程 [A]. 上海体育年鉴 [R]. 上海体育世界出版社，1940：21–22.

2 熊月之．张园晚清上海一个公共空间研究 [J]. 档案与史学，1996(6)：31–42.

金谷香尘走细车（碧撰文、兰荪绘画，《图画日报》）

时见美人飞车，游戏频蹴，莲钩紧拴，藕臂掩映，花丛往来，草地慎莫跌，交横陈玉体。[1]

从这幅白描线图中观者可以辨认正在园中大胆练习骑脚踏车的两位花界女子座下的脚踏车，乃是英国机械工程师约翰·肯普·斯塔利设计制造的罗孚安全式自行车（Rover safety bicycle）。不同于1868年最早引入中国的舒适度和安全性差的米肖式自行车（velocipede），这款新式交通器械不仅前后轮几乎同样

1　环球社编辑部.图画日报（第六册）[M].上海：上海古籍出版社，1999:223.

自行车技术的进化史

大小，而且采用了刹车装置，因此较为适合女士骑行。结合配文和图画透露的女性服饰信息可知，伴随着晚清服饰的窄衣化、简洁化趋势，她们的袄裤已更趋于修身，上衣是马甲旗袍，下衣为锥形裤，衣饰绲镶也更简单。衣袖不再是清初阔大的样式，而是袖口收紧的小袖。刘海是剪得短短的紧贴额头的满天星刘海，虽然还是缠足，但是也不再妨碍她们在公共空间的花园中对这一西方器物进行追逐。

女性衣饰时尚变迁，更可透视出深刻的性别社会革命。当时沪上已有“衣效青楼”的潮流，花界姊妹作为近代第一代大众明星，她们的一举一动被小报和花界指南实时追踪，她们的衣着打扮深深影响着社会的时尚潮流，成为普通女性模仿的对象。而青楼女子们又乐于云集在繁华胜地张园，享受着游人们惊讶又赞叹的目光，其中尤以名妓“四大金刚”夕阳西下时在张园安垲第大洋房门口沦茗，以及在张园派送的《游戏报》举办的花榜评选活动著称。

聚集在张园的时装名媛们，开始摆脱传统服饰宽大平直的呆板款式，她们的服装趋于简练自由，更注重对女性身形的表现，收紧并且缩短袖子，露出手腕；袍服长度也逐渐缩短至脚踝与膝盖之间，甚至在膝盖以上，以突出三寸金莲，甚至以裤代裙，宽大垂地的长裤也逐渐改短收紧，更加合身、方便运动。衣服装饰逐渐趋向朴实简单，色调素雅，滚边更加简练，取而代之的是手镯、戒指等各类洋式装饰品用于突出手部的装饰。据说倌人们发明了“元宝高领”，吸收了西式女装的裁剪方式，硬挺的领衬高至鼻尖，不仅斜切过脸颊，而且迫使女性伸长脖子，从低眉顺眼的姿态变为昂首迎接他人的目光。彼时的都市女性，她们自由出入于公众场合，敢于面对世人展示自己，不仅为当时文人墨客所欣赏，在各类文学艺术作品中被传颂为佳话，更点燃了广大普通女性心中出走闺闱的冲动，从而逐渐形成了一股弃旧趋新，追逐西式摩登、引导都市消费的热潮。

值得一提的是，当时的张园还风行着一种“钮子花”（buttonhole）风潮，《图画日报》“营业写真”（十一）“卖花”记载：“明

張園賽珍會中之八陣圖

张园赛珍会中设多种游戏节目，其中有“八阵图”，据说为诸葛亮发明，妇女小孩走入其中，便迷路不出，以为游兴。图为根据“八阵图”模拟图形。

游藝賽珍慈善會改期

中國報館俱進會上海事務所謹啟

赛珍会上的焰火表演

1912年5月26日《申报》登载的张园游艺赛珍慈善会广告。

127

1912 年张园赛珍会上的卖花少女，完美复现晚清小说《九尾龟》中的钮子花佩戴场景

上海英文报纸《大陆报》1929 年刊登香奈儿最新发布之胸花，“钮子花”实为西式胸花之中华变体

朝多扎花球钮子花，卖给文明女子送与文明郎。”[1]《男女共悬钮子鲜花之时道》记载：“钮子花始于西人，有以绸绢为之者，亦有以鲜花制成者，悬诸胸前，颇为耀目。华人效之，近来无论男女皆喜悬挂此花，惟类以鲜花为多，取其香艳。”[2]《上海星期天泰晤士报》（The Shanghai Sunday Times）在《钮子花的起源》（Buttonhole Origins）一文中追溯了钮子花起源自英国维多利亚女王与亲王的初会：“当他到达英格兰时，她送给他一小束鲜花，亲王非常高兴，为了表示礼貌他突发灵感，从口袋掏出一把袖珍折刀在西装翻领上剪开一个小口，将花束插进去，钮子花由此诞生。全国的裁缝迅速沿用这一风尚，直到现在几乎每一件西装上都有现成的扣眼。”[3]上海开埠以后，这种时尚也随之传入，成为沪上人人痴迷的时尚圣品。在张园的历次活动中也频繁出现游人悬佩钮子花的场景，几乎成为无所不在的常见饰物。例如，1912 年 5 月 26 日，张园举办华洋义赈游艺赛珍大会（又称“张园游艺赛珍会”），为

1　环球社编辑部. 图画日报（第一册）[M]. 上海：上海古籍出版社，1999：68.

2　环球社编辑部. 图画日报（第三册）[M]. 上海：上海古籍出版社，1999：295.

3　Buttonhole Origins. 1936, August 9. The Shanghai Sunday Times, 26.

了救济江淮饥民，大家闺秀均作卖花女郎，以筠篮贮各色钮子花，每枝仅一角两角，包天笑作竹枝词一首赞美："酣紫嫣红贮碧筠，茶阑酒幕小逡巡。不看花面看人面，珍重罗襟扣一轮。"小说《九尾龟》中也有详细文字描述了张园中佩戴"钮子花"的风潮：

> 过了一天，却却的张园赛珍会已经开场。贡春树和吕仰正两个，少不得也要买两张入场券，进园游览。贡春树刚刚走进，早见一个十六七岁的丽人，浓妆艳抹的，手中提着满满的一篮花，袅袅婷婷的迎将上来，对着贡春树嫣然一笑，在篮里头取出一朵花来，对贡春树道："请买一朵花，尽个同胞的义务。"贡春树被他说了这一句，倒觉得有些不好意思起来。连忙把那丽人手中的花接了过去，扣在纽扣上。那丽人微微一笑，又照样的取过一朵来递给吕仰正。吕仰正也接了。贡春树便取出两块钱来，交在那丽人手内。那丽人接了，笑盈盈地对着他们两个点一点头，走到那边去了。两个人慢慢地走到安垲第来。[1]

钮子花虽然微小，却将欧陆风情注入到海派腔调的细微之处。

二、赛珍会女董庄夫人脱饰助赈

上层阶级妇女公开活动，多以慈善为先导，这一点在中国女子慈善史上得以印证。以 1907 年在张氏味莼园举办的万国赛珍斗宝大会为例，其鲜明特点就是虽然幕后发起者为沪上权势绅商，

1 [清] 张春帆著，肖胜，龙刚校点. 九尾龟 [M]. 济南：齐鲁书社，1993:731-732.

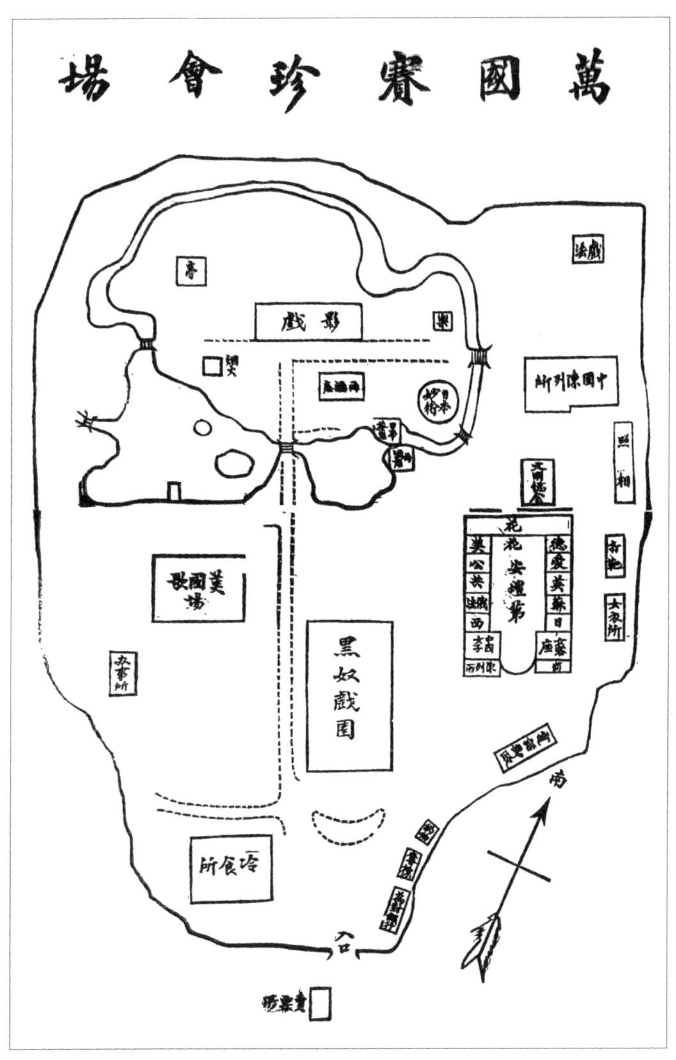

1907 年张园赛珍会平面示意图（《时报》1907 年 5 月 25 日）

但是具体的筹划、组织和管理人员皆以他们的夫人为主。首先当然因为这类慈善义卖活动本是西方传统，由外国领馆、大班夫人倡议后才在沪上流行起来，这些活动在西方一般由贵族妇女筹办，传到中国后自然就由各界绅商夫人接手。其次，当时男女平权、女子求学、自力更生的社会新思潮虽在发酵，但女性像男性一样深入各行各业、大规模参与社会工作还不可行，于是这些公益性质的公共活动就成了她们参与社会的最好契机，并且还是一种美德的体现。[1]

1907 年万国赛珍斗宝大会是中国有史以来本土第一次赛珍会，张园有幸见证了它的登陆。它的发起是为集结各界力量赈济江淮地区的大水灾，在形式上将博览会、义卖会和游艺会融于一体，可谓中国近代本土新型慈善形式。此外，由于参与义卖的 15 个国家的人士皆在各自陈列所中寄售私人物品以筹措善款，客观上展示了当时的物质文明成果，因此又具备早期博览会的雏形面貌。这次盛会无论在慈善目标还是社会影响方面都极其成功。根据盛会结束后刊登在《神州日报》上的《万国赛珍会进出款详报》记录，这次大型慈善义卖会的“所有进款计达英洋七万四千一百七十八元五角，除去小洋贴水一千一百五十二元四角，计除七万三千零二十六元一角，所有出款计达五千九百十三元一角五分，进出两抵计净余六万七千一百十二元二角五分，已悉数拨交华洋义赈会汇往笑灾区矣”[2]。

本次赛珍会的组织协调模式先进、井然有序，尤其提升了华人女董们参与公务的管理经验，也让她们的丈夫对其才干大感惊

1　张伟，严洁琼. 张园：清末民初上海的社会沙龙 [M]. 上海：同济大学出版社，2013:74.

2　万国赛珍会进出款详报 [N]. 神州日报，1907-6-19：第 8 版.

讶。其中，尤以盛宫保盛宣怀夫人庄德华为主导，她不仅在华人女董中位列首席，而且还在善款筹集过程中慷慨解囊，脱饰助赈。在《记张园万国赛珍会第三日》这篇文章中有“盛宫保夫人以贵物售彩助赈”的记载：“昨夜盛夫人慨允以精圆大珍珠串一挂下有金刚钻石牌一块作为头彩，手上取下金刚钻戒指两枚作为二彩，以金表一枚作为三彩，其余四五彩等均以会场所有之贵物分赠，准今日卖票五千张至夜六点钟后在安垲第开彩。”[1]

盛宫保即盛宣怀，他本与张叔和往来甚密，不仅有同乡情谊，而且张叔和加入招商局帮办事务也托盛宣怀举荐。这位盛宣怀夫人是他在原配董夫人病逝后续娶的第二任继妻，本名庄德华，字畹玉，也是盛氏常州同乡，是状元的后代。她出身常州城马山埠一个有数百间屋子的大庄园，乃常州大户。她的祖先还是清代著名的学术流派——常州学派的创始人。[2]常州学派是清代乾隆、嘉庆年间出现的，以庄存与、庄述祖、庄绶甲、刘逢禄为代表研究《春秋公羊传》的今文经学派，由于他们都是清代常州府人，故得名。后来，庄氏家族的男性成员几乎组成了常州学派的基干队伍，走的都是科举与经世之学相结合的道路。可见这位庄夫人家学渊源深厚，她与晚清洋务派能臣盛宣怀的结合也在一定程度上反映出盛宣怀与常州学派的人际网络，以及其对调用儒家经世致用理论资源的倚重。

根据“盛宫保夫人以贵物售彩助赈”这段文字的记载，这位庄夫人向赛珍会捐赠的有：精圆大珍珠串一挂下有金刚钻石牌一块、金刚钻戒指、金表。这些贵重物品被作为彩票奖品使用，彩

1 记张园万国赛珍会第三日 [N]. 时报 ,1907-5-26：第 3 版 .

2 宋路霞 . 细说盛宣怀家族 [M]. 上海 ：上海辞书出版社 ,2015：108.

盛宣怀夫人生活照

票模式不仅能拓展善款来源，也可博取众乐。其中有两点值得特别分析：

其一，结合庄夫人优渥的出身，推测这些首饰很可能出自庄夫人的奁中私产。所谓奁产就是未婚女在家族中可分得的最多的财物，也是随嫁财物，现代称作“嫁妆”，当时称作“奁钱”“装奁”等。[1]按照清代的法律和习俗约定，妇女的嫁妆在婚后并不与夫家财产混同在一起，而是独立存放、单独核算，妇女拥有对自己嫁妆的独立占有权，这为她们自由支配嫁妆，并利用嫁妆树立和巩固其在夫家的地位提供了前提和保证。[2]这些被捐的首饰较大可能为庄夫人私房。

其二，这些庄夫人捐出的私房首饰不仅非常贵重，而且呈现出中西杂糅的特点：东方的珍珠、西方舶来的金刚钻再加上体现现代时间感的金表，显示出一位旧式贵妇人在饰物上的现代进化。《沪壖话旧录》中“妇女珍贵之饰物”一文记载：“上海虽地处繁华，然当海禁未开以前，与夫初开以后，舶来之金刚钻，尚未风行于时。当日之最珍贵者，莫如珍珠、翠玉、宝石等物，而以珍珠为尤甚，其全副之珠

1　张晓宇. 奁中物：宋代“在室女”财产权之形态与意义 [M]. 南京：江苏教育出版社 ,2008:24.

2　毛立平. 清代嫁妆研究 [M]. 北京：中国人民大学出版社 ,2007:210-211.

头面，几可价值连城。”[1]据此可知，在开埠之前和开埠之初，金刚钻尚未流行，最被妇人珍爱的是中国本土自产的珍珠。根据《珍珠史话》等更多史料分析，庄夫人的这串精圆大珍珠项链价值不菲，何况下还“有金刚钻石牌一块”。金刚钻，是“钻石”的旧称，基本都是舶来品。作为宝石之王，“它的价值远在珍珠宝石、黄金白银之上；可是因为输入我国较迟，所以传闻清宫西太后，虽一代豪华，也只知搜罗精圆珍珠、名贵宝石，而不知道金刚钻是什么劳什子”[2]。它之所以昂贵是因为“世界一切金刚钻，由英国一托辣斯组织包办之，其名曰‘金刚钻买卖公司’，全世界金刚钻百分之九十五，须向之购取，因得任意提高价格”[3]。金表，顾名思义，是黄金手表，这是完全西式的装饰物。在晚清民初上海的华语报刊中，有关“金表被窃”“骗取金表”等社会新闻，受害者几乎都是西人，可知最初佩戴金表的多为租界的外国人。

由此可见，有深厚的儒学家学渊源的庄夫人在衣饰特征、生活方式方面已经接纳了很多西方文明。她不仅为慈善事业亲力亲为，而且脱饰助赈，仁爱之心值得钦佩。

三、秋瑾和她的闺中密友们

秋瑾，1877 年 11 月 15 日出生，浙江山阴人，原名闺瑾，字璿卿，号旦吾，别署鉴湖女侠。细观秋瑾的人生履历和革命往事，她卓荦不凡却所嫁非人，深受封建家庭之压迫，为此勇敢挣脱束

1 熊月之.稀见上海史志资料丛书（2）之《沪壖话旧录》[M].上海：上海书店出版，2012:23

2 金刚钻的故事 [N]. 益茂周报，1944，2（8）:1.

3 春山 . 闲话金刚钻 [N]. 奋报，1940 -3-13（2）.

缚，东渡日本求学，投身反清资产阶级民主革命，兴办女报，组织武装起义，逐渐从家庭主妇成长为坚强自觉的革命战士。秋瑾与吴芝瑛、徐自华三位女士因缘际会结成生死同盟，她们爱护着秋瑾，资助支持她的求学和革命事业，在她死后又不顾生命危险完成她的安葬遗愿。张园见证了这三位女性令人感动、可歌可泣的金兰情义。

1906年，秋瑾与密友徐自华因事在沪小住半月，七月二人曾同游张园。徐自华在《秋瑾轶事》中这样回忆这次游园：

> 一日，余约女士及吕女士共游张园，小憩品茗。见一留学生挟一雏妓，乘马车至，相将入，隔座恣谈笑谑。女士喟然叹曰："君辈见留学界腐败形状乎？我往询是何处人，当面谏之"。余笑曰："此辈半年居校，鸟入笼中。今来花姣柳媚之地，正欲赏心悦目，为消夏计。干卿甚事！"吕君亦曰："目下暑假归国者，不知凡几，大半挟妓俊游。君如此干预，未免太劳。"女士不听，作东语询之，留学生与语，面有惭色。雏妓则怒目，独至阶下，即乘车去。余笑谓曰："子真杀风景！"女士亦笑曰："余如骨鲠在喉，不吐不快。"其疾恶若仇如此。[1]

秋瑾曾在游张园时痛斥狎妓的归国留学生，用日语与之交流并进行规劝。徐自华认为，正是秋瑾这种太过率直的个性才让她口角取祸，招致小人挟私愤陷害而死。

秋瑾为筹办《中国女报》登报招募股金，但响应者寥寥。为

1　徐自华．徐自华集［M］．杭州：浙江古籍出版社，2014：166.

秋瑾

此，徐自华“辞去校职赴沪协助秋瑾创办《中国女报》”[1]，变卖家产资助资金一千五百余元。徐自华也是女诗人、南社成员，她作诗《问女报入股未见踊跃感而有作》劝女界慷慨玉成此事，“明珠翠羽日争妍，公益输财谁肯先。我劝红闺诸姊妹，添妆略省买珠钱”。举义前，秋瑾自杭州来石门，夜访徐自华，谈及起义事，言下颇感经费困难。徐自华将积蓄与首饰约值黄金三十两倾奁相助，秋瑾则马上脱下一支盘龙翠钏给她，声称“起义的事成败未知，这件小物为姐纪念”。两人相对涕泣，秋瑾以“埋骨西泠”的旧约相嘱，然后离开。所谓“埋骨西泠”旧约，是指三个月前（1907年3月17日）徐自华与秋瑾偕游杭州，同登凤凰山，泛舟西湖，秋瑾在岳王坟前戏言“死愿藏身山明水秀的西子湖头”。这时起义蓄势待发，秋瑾筹款离别后又以此事嘱托徐自华，可知已抱必死决心。不久，徐锡麟在安庆枪击皖抚恩铭事败，清廷下令各省捕治余党，秋瑾被捕后留下“秋风秋雨愁煞人”的绝句后，殉难于轩亭口，令国人瞩目。

秋瑾的女性自觉意识和革命思想深受另一位金兰姐妹吴芝瑛的影响。吴芝瑛，别号万柳夫人，桐城派后人，清末著名女书法家、教育家，丈夫廉泉为“公车上书”参与者。1904年前后，秋瑾随丈夫到北京，与吴芝瑛做邻居得以在她家阅读先进书报，开始更加关心国事，视野和思想逐渐开阔。她将近代第一女杰罗兰夫人视为偶像，这时她已经成为有自觉意识的女性主义者。在逃离封建家庭毒害后，求得学问和戎马轻裘求自由成为她的至高追求。与丈夫决裂后，秋瑾决意赴日留学，获得吴芝瑛赠送的旅资才得以成行。秋瑾嗜着男装，人所共知。在与吴芝瑛结拜后的第二天

1　徐自华. 徐自华集 [M]. 杭州：浙江古籍出版社，2014：250.

秋瑾作男装见她，赋《赠盟姊吴芝瑛》七律一首，并把自己的一件补服和一件裙子送给她，她说："这是我的嫁衣，因为从此改穿男装用不上了，今天拿来送给姐姐，分开后想我就看看它们。"

吴芝瑛与徐自华虽然都是秋瑾密友，彼此却不认识。秋瑾殉难后，是秋瑾"埋骨西泠"的遗愿将她们紧紧捆绑在一起。她们频频通信，不顾清廷的高压政策和生命危险，齐心协力，几经波折终于促成此事，多次差点受牵连获罪，幸得各方保护才幸免于难。尤其是徐自华，她的后半生基本都奉献给了秋瑾，不仅组织秋社，而且接办竞雄女学，继续宣扬秋瑾的革命精神。她将秋瑾的遗物盘龙翠钏作为竞雄女学的校徽，苦心经营该校十六年。1925年，秋瑾的女儿王灿芝来上海，受教于南方大学，两年后毕业，徐自华委以竞雄女校事，并将当年秋瑾所赠盘龙翠钏交还王灿芝，并对她说"这是你母亲的遗物，也是你们王家娶她时聘礼中物，现在将它完璧归赵"。[1]当年，秋瑾为革命将盘龙翠钏作为对女友金援的酬谢，这件遗物也因此在无意间具有了强烈的反叛意味。孔子云"君子比德于玉"，玉乃君子之器，古人认为它具有仁、义、智、勇、洁五德。这支玉钏近三十年中转辗授受，见证一位女界先觉和革命烈士的非凡历程，又重回秋瑾之女手中，当真一段传奇，同时也折射出秋瑾及女友们的君子气质。

秋瑾受难后的两次追祭活动也都在张园举行。第一次是1911年12月南北停战议和之际，沪军都督府率先在张园举办了武昌起义后第一场大规模的烈士追悼会。当时会场正中设奠席，杨衢云、史坚如、郑承烈、秦力三、蔡蔚之、张沛如、秋瑾等烈士的

1　徐自华. 徐自华集 [M]. 杭州：浙江古籍出版社，2014：前言 3.

照片摆放其上。[1]这不仅是一次追悼会，更是对这些爱国民族英雄的追思与缔造。另一次是在1912年，民国建立伊始，其时距秋瑾就义已有五年，时值革命胜利，她以“第一革命女子”的形象重新回到人们的视野中，在全国上下涌现着追认秋瑾烈士的运动，各地纷纷为她举行追悼会，其灵柩亦过境入葬杭州，并建祠堂、墓碑、风雨亭以示纪念。4月24日下午一时，在上海张园也为其开追悼会，会场遗像高悬，环以芬芳花卉，哀情满溢，当日与会者千人有余。[2]可以说，张园见证了秋瑾生前的爱国激情片段，也见证了她死后的哀荣，更见证了三位女性密友荡气回肠的兰蕙往事。

---

1 张伟，严洁琼.张园：清末民初上海的社会沙龙[M].上海：同济大学出版社，2013:83.

2 张伟，严洁琼.张园：清末民初上海的社会沙龙[M].上海：同济大学出版社，2013:84.

秋瑾男女装对比图

同心之言

秋閨瑾

曾祖 家岳

祖 嘉木

父 壽南

母 單氏 現年六十歲

兄

妹 閨珵

弟 宗章

姪 三錫

姪女 二慕

子 沅

女

跨馬擔簦

乘車戴笠

貴賤不渝

始終如一

紫英仁姊大人 同心惠存

如胞妹秋閨瑾頓首拜

光緒甲辰元月 訂文字之交於京師旅次

秋瑾与吴芝瑛1904年2月22日结拜时之手写“金兰谱”，现存浙江省博物馆，原件一卷，现分为两页

四、“敢为人先”的女留学生薛锦琴

薛锦琴首次走进公共视野，是在张氏味莼园的第二次拒俄大会上，她以近代史上第一次女性登台演说而为人所知。近代上海一市三治，行政多元，法律多元，人口多元，文化多元，道德多元，在世界城市史上，尤其引人注目。[1]作为当时上海第一公共空间，张园不仅是新型消闲娱乐的场域，也是革命斗士百舸争流的舆论阵地。政治领袖和社会名流如孙中山、黄兴、吴稚晖、于右任、伍廷芳、蔡元培、马君武等都在这里发表演说，宣扬进步理念。张园的政治演说得以安全进行，很大程度上归功于上海特殊的社会结构所形成的租界的“缝隙效应”。租界具有既是中国领土又不受中国政府直接管辖的特点，使得中国大一统的政治局面出现一道缝隙。这道缝隙虽然很小，但影响很大。[2]张园的集会演说与传统社会士大夫的集会结社性质不同，具有公共利益导向性、政治性、开放性、参与性、民主性，凸显着它作为政治场所的优越。但是由于种种原因，这些演说者皆为男性，从未有女性进行过公开演说，直到薛锦琴的出现。

1901 年 3 月 24 日，上海绅民第二次拒俄大会在张园召开，千余人聚集此地，共商拒俄办法。时值在 3 月 15 日举办的第一次拒俄大会才过了九天，之所以连连集会，是因为国家危急已经到了不可坐视的地步。1900 年八国联军侵华后，沙俄武装强占东

1　熊月之，周武. 海外上海学 [M]. 上海：上海古籍出版社，2004：序言 2.

2　熊月之. 略论上海人形成及其认同 [J]. 学术月刊，1997（10）.

北三省，次年二月提出约款十二条，意图全面夺取对东北的主权。消息传来，群情激愤，在《中外日报》号召下，寓沪爱国人士齐聚张园，发表演说，号召誓死拒俄。汪康年、孙宝 、吴趼人、何春台、陈澜生、方守六、魏少塘等人相继上台演讲。正在听众情绪高涨之时，一位少女从容登台发表演说，这位少女正是薛锦琴，她的演说内容誊录如下：

> 中国之败坏一至如此，推其缘故，实由居官者无爱国之心，但求保一己之富贵，互相推诿，将一切重大要紧之事任其废置；而在下之士民又如幼小之婴儿，不知国家于己有何关系，视国家之休戚，漠然不动其心。有此两种人，上下之间不能连络，以致受人欺侮。若英、美、日本诸国则不然，无论为官为民，皆视国家为己之产业，视国家之事如己身之事，上下之间连为一气，人心团结，国势强盛，所以外人不敢欺侮。今日俄约追我急矣！而在下之人不识不知，视若于己毫无关系，此最大谬。今日救急之法，当上下合为一心，以国家事为己身之事。现闻我国各大官，如刘制台、张制台、陶制台、西安政府与明白之大员，皆知俄约不可允，不可签押，特虑有一二大臣私交于俄，支持此约，竟欲允俄耳。我等当联合四万万人，力求政府将主持俄约之大臣撤退，另换明白爱国之人为议和大臣，则俄人迫胁之事庶几可换回矣。

女性登台演说的行为在当时是闻所未闻的，因为中华女德推崇为母为妇之道，即使是女学制度始立，“贞静顺良慈淑端俭”八个大字也作为各个女学的校训。在风雨飘摇的晚清时期，政治集会演说本就遭到清政府封禁，更不要说女子参与。薛锦琴此举可说开中国女子公共演说之先河，在社会上引发强烈反响，甚至日本女权运动创始人福田英子致函她，把她比作“中华之贞德”。

包天笑当天也在现场，目睹了自己的女邻居薛锦琴在这次拒俄大会上的慷慨陈词，他在《钏影楼回忆录》中这样记录：

> 在我们前面，有一片方场，另外有一带竹篱，便是薛锦琴女士的家。薛锦琴是广东人，记得是她的叔叔薛仙舟带她到上海来的。有一次，静安寺路的张园，开什么大会（按：张园又名味莼园，因为园主人姓张，故名张园，园内有一厅，名安垲第，可容数百人），有许多当时号称维新志士的在那里演说。忽见一位女子，年可十八九，一双天足，穿了那种大脚管裤子，背后拖了一条大辫子，也跑到演说台上去演说，在那个时候，上海还是罕见的，虽然也很有不少开通的女士，然而要她们当众演说，还没有这样大胆的。一时鼓掌之声，有如雷动，薛锦琴女士侃侃而谈，说得非常慷慨激昂，听者动容。至于说了些什么，也是说中国要革新变法这一套，但出于一位妙龄女郎之口，就更为精彩了。因为她是一位不速之客，踏上台来演说，虽然听她口音（广东官话），看她服饰（那时候广东妇女的服饰，与上海绝异），一望而知是广东人，下台以后，方知道是薛锦琴女士，并且知道也住在登贤里，还是我们的芳邻呢。[1]

1　包天笑．钏影楼回忆录[M]．上海：上海三联书店，2014：225-226.

让我们一起走进薛锦琴的故事，了解这位传奇女子的精彩人生。薛锦琴（1883—1960），出生于上海，祖籍珠海南溪村，父亲薛三镛“早年随孙中山奔走革命，后在上海捷成洋行任买办”[1]。1896 年，入育才书塾读书，接受新式教育。她的叔父薛颂瀛（薛仙舟，1878—1927）是知名银行家，被称为中国合作事业之父，也是这次张园拒俄大会的组织者。这位“张园大女主”的政治演说是她登场的高光时刻，但之后她自费留学美国的行为更刷新了国人对当时女性的认知。

回溯中国近代女子教育史，至光绪三十三年（1907），江苏考试出洋学生，女子亦得应试，录取女生三人；至此，女子才有官费留洋资格。[2] 然而，清末只有极个别女性能走出国门接受高等教育。在 1894 年前，中国有四名教会女校学生在传教士的资助下赴海外接受高等教育，学成归国。清末像宋氏三姐妹那样以教会女校学生的资格，由家长安排赴美上大学的，实属凤毛麟角。[3] 张园与留学生一直颇有渊源，“因环球中国学生会设于静安寺路 51 号”，就在张园的隔壁，“因此张园常有学生放洋前的团体摄影”[4]。让我们再回到薛锦琴的故事，她作为中国第一位非官派留学而是自费留美之人，在中国教育史上占据重要地位。在解除女禁前，薛锦琴为求海外受教育权，不惜自己承担高额费用，显示出她视野的超前和顽强的意志。时人有女子等级论：能改造风气的是第一等，只能跳出旧束缚的是第二等，还要为旧风气所束缚

1　朗国华主编，金强副主编．发现侨乡：广东侨乡文化调查 [M]．广州：广东人民出版社，2013:214.

2　陈东原．中国妇女生活史 [M]．北京：商务印书馆，2015:267.

3　罗苏文．女性与近代中国社会 [M]．上海：上海人民出版社，1996:81.

4　王曼隽、张伟．风华张园 [M]．上海：同济大学出版社，2013:78.

薛锦琴女士粤装图

的是第三等。要跳出旧风气而改造新风气，顶好是游学欧美。[1]这种行为正是后来胡适在《新青年》杂志五卷三号提出的“超贤妻良母”人生观的先驱践行者，裹育着她自立的心，“‘自立’的意义只是要发展个人的才性，可以不倚赖别人，自己能独立生活，自己能替社会做事”[2]。

张园爱国大演说的次年，薛锦琴便乘越洋轮船“美国丸”抵达旧金山，开始了12年的留学生涯，先后就读卜技利大学（今加州大学柏克利分校）、屋仑高等学校（今奥克兰高中）、印第安纳州的波大学（今迪堡大学）和芝加哥大学。但因生活费学费高昂，她不得不设法筹措学费，曾被保皇会相中，将其纳入留学生计划，提供补助金，目标是培养成为刺杀慈禧的女刺客，代号“五十”，取典李商隐诗句“锦瑟无端五十弦”。然而，薛锦琴最终还是选择以知识救中国，中止刺客行动，为了不中断学业，她只好“半日操作，半日读书，以自做而自给夫”[3]，并向清政府的教育机构请求补助。身羁客邦之日，面对排华风潮，她始终保持民

1 金天翮. 女界钟 [M]. 上海：上海古籍出版社，2003:23.

2 胡适. 美国的妇人：在北京女子师范学校讲演 [J]. 新青年，1918,5（3）:213.

3 迎薛锦琴女士纪盛 [N]. 申报，1914-9-7（10）.

薛锦琴留美时期的洋装图

族自尊心，认为白人未必尽优于黄人，在美期间“志行坚苦，尤卓卓可风”[1]。保皇会资助少年留学计划的主要执行者、在旧金山行医经商的康门弟子谭良曾与她有颇多接触，据他回忆：“妈妈（指谭良夫人黄冰壶）说薛锦琴很有胆量。她敢于骑马和驾驶马车，经常带我们去遥远的地方，如长滩和帕萨迪纳。我模糊记得她是个身材矮小、皮肤黝黑的女人，很纤瘦。她和妈妈不同，经常身穿美式衣服”[2]。1914 年她学成归国，出任诚正学校校长，积极参与幼稚教育研究会活动，翻译出版高小补充教材《儿童故事集》，为中国早期的儿童教育作出重要贡献。纵观薛锦琴的一生，她敢为天下先，不仅首开女子演说之风，而且成为冲破种种险阻私费留洋的第一人，归国后积极投身学界，成为当时具有社会影响力的教育家，在追求知识和公共建设方面不懈奋斗，堪称女界楷模。

1　宜乐里神州女界协济社 . 来件二 [N]. 时报 ,1914-9-5（15）.

2　方志钦主编、蔡惠尧助编 . 康梁与保皇会——谭良在美国所藏资料汇编 [M]. 天津：天津古籍出版社 ,1997:13.

第三章

仁者爱人、生生不息：海派君子之德的精神注入

张园德庆里 1925 年历史图纸

1918年，作为公共娱乐休闲场所的“张氏味莼园”宣告终结，张园逐渐开启了其成为石库门居住社区的漫长历程。这一时期静安寺地区作为上海市区商业与交通中心，身处其中的张园功能逐渐变得复杂。人们不但居住于斯，还在此开店、执业、工作、读书、贸易，小小地块承载了时局动荡下的生生不息。由于静安寺一带租金不菲，因此居于张园的多为受过良好教育、家庭殷实之人，其中不乏簪缨之家、商业精英和文化名人，他们当中的大多数可称得是近代的“新上海人”。20世纪上半叶是张园石库门社区的初始阶段，恰好也是近代上海城市精神的重要形成时期，居住在张园的“新上海人”们，以仁者爱人、信守承诺的性格特质，以星火燎原的爱国基因，为海派君子之德注入“生生不息”的精神源泉。

在这里，居住过不少名商大贾，他们是近代大上海经济繁荣的重要创造者。更重要的是，这些商贾们大多秉持诚实守信的商业道德，诚实做人、老实做事，将中华传统“信文化”与西方近代“契约精神”相结合并转化、升华，为海派君子之德注入了鲜明的道德内涵。在张园花园洋房中短暂居住的周庆云一家，正是张园乃至近代上海“诚信契约”精神的杰出代表。面对巨轮沉没后的巨额赔款，周家并未逃避，而是举家肩负重担，数十年如一日勤恳工作还债，成为张园乃至近代上海“重然诺、守法规”的杰出代表。

在张园，也有不少文化名人的生活痕迹，不论是大学者、收藏家，还是知名政要，他们或在困顿中坚持学术生产，或倡导新式婚礼等现代生活实践，都为这片社区注入海派君子之德的精彩光芒。特别是章太炎、王仲荦、姜亮夫这三位学者名人，他们在张园的生活轶事，妙趣横生又发人深省。作为老师的章先生以刚健博学著称，章门弟子王仲荦、姜亮夫以朴实稳重学风而闻名，成为当代中国古代史学科的重要缔造者，学人们在张园的生活为其地留下隽永深厚的学脉资源。

在这里，还有不少簪缨世家聚族而居的生活印记，其初代祖辈多以文而兴、以政而闻，在近代晚期获得政治功名不久，恰逢清末民初的动荡年代，然在动荡中抱持爱国之心的家族事迹，成为邻里百姓的口碑佳话。以嘉善钱家为典型，从北洋总理钱能训到其子辈，再到孙辈钱家祥等人，不论从政从商还是以体育闻名全国，家族中杰出人物都胸怀家国意识与爱国情怀，成为张园的珍贵爱国思想资源，并转化为新时代家国电影叙事，显现了海派君子之德的生生不息与传承延续。

在风雨飘摇的年代，张园逐渐发展成上海的重要红色文化基地，以星火燎原之势传播着进步知识与革命理想。如在“树群夜校”中，青年们不但学到了先进知识和文化，更重要的是接触到了马克思主义思想，在坚苦卓绝的岁月里逐渐成长为建设新世界的中流砥柱。由著名文化家族上虞胡氏出身的胡颐生女士所创办的“颐生小学”，在抗日战争的动荡中坚持知识教学和爱国教育，培养出胡伟民、乔奇等爱国艺术家，还成为进步作家茹志鹃女士的职业生涯起点。而这些人物、事迹都为张园注入鲜明的红色基因。

要以言之，自 1910 年代张家花园作为石库门民居地产开始，住进来的大多数都是有一定资产的人，从职业上来说从商的占大多数，也有政商两边兼顾者，同时不乏文化艺术界的知识精英。本章特选取张园早期住户中的不同职业身份者，通过他们在此居住间的事迹，探求这些政治、经济、文化领域人士为张园海派君子之德所注入的仁者爱人、信守承诺的具体内涵及生生不息的精神力量。

2019年10月，中华人民共和国成立70周年献礼电影《我和我的祖国》，在全国热映，一位上海居民在观影后这样写道：

在七个小电影中，我最喜欢徐峥导演的作品《夺冠》。理由很简单，第一：这个电影非常接地气、真实，将20世纪80年代延续至今的女排精神展现得别具一格、耳目一新，令人振奋；第二：影片描述的是上海石库门里弄的生活，非常熟悉，亲切，让我不由得回想起岳父在灶披间烧出可口美味的响油鳝糊和炸猪排。

看电影的同时，我一直在想：这是在哪里拍的？石库门叫啥？为什么会选择在这个区域拍摄？

影片开头，在红色砖墙为主的石库门弄堂里，我仿佛看到了张园的影子，一瞬间感觉好熟悉。在另外一个场景，大家围坐在一起看9寸凯歌牌黑白电视机里的排球直播。经查，这两个场景都在静安区，一个是上海市中心保留完好的最大石库门

> 群落之一——张园，一个是康定路108弄。
>
> 张园是我最熟悉的一个石库门建筑群，它是市中心的露天石库门建筑博物馆。为什么这么说？因为在张园有一百幢风格不同、装饰精美的石库门建筑。而且张园跟中国女排夺冠有非常密切的关系。张园的华严里诞生过“华严排球队”，队里有一位排球名将叫钱家祥，当时就住在56弄18号。钱家祥曾经执教过中国女排，做过伯乐，袁伟民担任国家队主教练有他的功劳，他还创办了漳州女排训练基地，为中国女排夺得五连冠做出了贡献。我想，徐峥导演选择张园作为拍摄地，应该是知道建筑背后的故事……[1]

从这位观影者的文字可以看出他对张园的熟悉程度，也侧面显示出了作为“石库门博物馆”的张园在上海市民心目中的地位，以及这片区域成为高档石库门社区之后的勃勃生机。

1 《电影〈我和我的祖国——夺冠〉在上海这里拍摄》，《新民晚报》副刊《夜光杯》官方微信，2019-10-12.

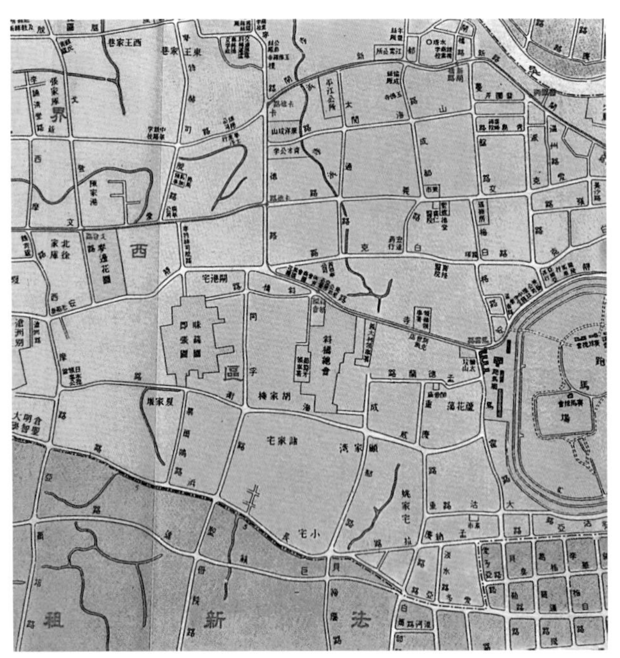

《上海公共租界西区及闸北分区图·局部》（1918）中所显示味莼园区位（王荣华主编《上海大辞典·上海历史地图集》，上海辞书出版社，2008 年）

中西合璧、高尚社区：张园石库门建筑风格概览

随着民国时期市民公园及城市公共娱乐空间的升级换代，张园这一集园林、茶馆、饭店、书场、剧院、会堂、照相馆、展览馆、体育场、游乐场等为一体的多功能场所，逐渐被更细分化的建筑和空间类型如公园及新兴室内游乐场、电影院等公共娱乐场所替代。1919 年张叔和去世之后，张园土地逐渐被购去做地产开发，而安垲第也在几年之后被拆除。张园作为经营性私园的历史就此结束。在 20 世纪二三十年代之间，张园形成多样的里弄住宅，伴生有丰富居住空间形态，成为城市中产阶级华人重要的生活场域。

一、张园地块细分及里弄住宅的建设

根据同济大学卢永毅教授团队的研究，随着上海公共租界不断向西拓展城市边界，20 世纪初张园地块成为地产商眼中的热土。张园也从一个完整的经营性私园地块，逐渐根据土地经济利益拆分为 20 多块小地块并进行住宅开发。其中最大的一块面积为 4.9

亩，最小的一块面积仅为 0.5 亩。20 世纪初慕尔鸣路（Moulmein Road，今茂名北路）的修通使张园获得了临街界面，吸引了房地产开发商的兴趣，于是靠近此路的地皮被从张园划出，再分成三块出售。接下来的 1921—1928 年间，陆续建成了德庆里 1—6 弄、荣康里三条弄堂及震兴里的三条弄堂。而这一区域也即早期张园安垲第与海天胜处建筑之所在。

从 1926 年普益地产所绘制的上海地价图中可窥见张园当时的土地价值。张家花园的地价比起外滩区域来说很低，但比租界边缘区域地价又相对较高，这样一个地价的估值也影响到了张园的再开发模式。作为住宅为主的街坊，张园的里弄建筑不像地价较低的愚园路一带，以联排大型里弄及花园洋房开发为主，而是体现了见缝插针、精打细算的多样化小地块开发的特点。

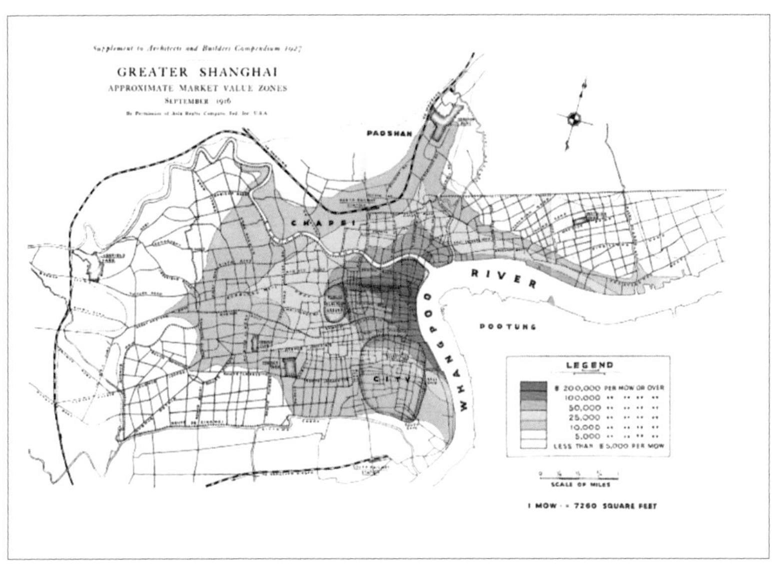

普益地产编制的 1926 年大上海土地价值评估图

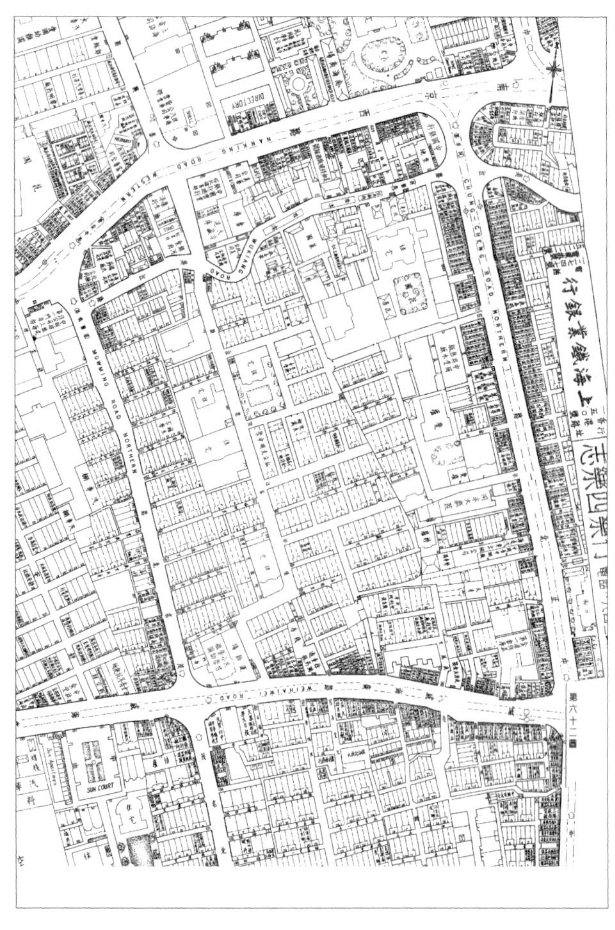

1948 年张园历史地图

临街地块开发完成后，街区内部地块也渐渐在20世纪二三十年代开发成各式里弄。在张园地块中部则形成了一个总弄，即今天泰兴路的延伸段威海路590弄，宽达9米。这条总弄其实也是早期张园北侧主入口进入后的园中主路，总弄之下有设置主弄与支弄。街区的弄网结构丰富而自有其生成逻辑，其中总弄与主弄可供汽车进出。至1940年代，张园区域的里弄建设基本完成。

张园区域的细分地块形状大小各不相同，开发的住宅产品也异常丰富。尺度上来说，从单开间到五开间石库门建筑都有，同时也有更大的带院子的里弄公馆与花园洋房。风格上来说，从1920年代早期盛行的古典主义、折衷主义到晚期盛行的装饰艺术主义一应俱全。多样的户型平面和多种风格特色的建筑组团吸引了城市不同客群对于住宅的需求。

二、张家花园中的石库门建筑

从建筑类型上来说，张园里弄建筑包括了石库门里弄住宅、新式里弄住宅、里弄公馆及花园住宅四大类型，可谓集上海里弄建筑之大成。而其中占比最大的还是石库门里弄住宅，因此张园也被誉为“上海石库门里弄博物馆”。

上海石库门里弄是沪地近代民居建筑的代表与精华之一，它是江南传统民居与西方城市房地产经营方式结合的产物。石库门在上海一地的生命历程与近代以降沪地一系列政治、经济历史事件紧密相关。1843年上海开埠通商，开始了各国列强在上海租借土地作为“本国居民居留地”的半殖民化进程，亦为上海三界（华界、公共租界、法租界）两方（中西）共管行政之始。彼时华界与租界大致按照各自原生居住习俗自建其屋，基本相安无事。1853 年后小刀会起义、太平天国运动使大量江浙民众涌入“租界”，人口激增促使一种新型居住形式的产生，这就是经过 19 世纪五六十年代租界联排“木板房”建筑阶段酝酿过后，至 70 年代时期初成其型的石库门民居。此类建筑最大特点为中西合璧，即在单体营建上沿用了中国传统的立帖式结构及江南合院式楼居，从而在私密性与生活便利度方面有一定保障；而在幢间及街区内布局上又借鉴采用了欧洲城市联排之形式，这样又保证了容积率与人口容纳度。中西合璧、便利舒适，加上因地制宜的建筑原则，石库门一经“发明”，便奠定了其在近代以来上海市区主要居住形式的独特地位。虽然近代沪地民众所居又有棚户、花园洋房、高级公寓等样式民居点缀其间，但石库门无疑为近代上海市区内建造数量最大、居住人数最多的民居。这种民居形式初成之后并非一成不变，而是随着社会变迁与居住需要，“与时俱进”地进行相应地调整与改变。如 1870—1910 年间为“老式石库门”盛行时期，这种石库门单体规模较大，对江南民居布局沿用较多，主要以三间两厢作为常见布局，显然是为了适应早期上海移民主力军之一的江浙豪绅家庭所设，而其名“石库门”亦是由于沿用江南老宅独院大门以石为料而来。从 1900 年左右开始，由于人口高额增幅，更小单位即两间一厢为主布局的石库门民居出现，此即为适应大家庭解体、小家庭居住的“新式石库门民居”。1910—1930 年间虹口区一带广式里弄住宅兴建，其居民主要是当地工人，广东籍居民及日侨为其常居住户。又及 1920 年间由于沪地资本主义工商业的蓬勃发展，由“新式石库门”演变而来的“新式里弄住宅”开始出现。这种民居大部分为单开间形制，比起就旧式里弄来说更加注意环境安宁，卫生设备齐全，居住面积也更紧凑，且一般大门都会摒弃之前石料库门之形式而代以西式铁门，因而此时严格来讲已经不能以“石库门”为名而应称“里弄住宅”[1]。张家花园中的里弄住宅，便是这一时期的代表民居产物。石库门住宅是张园建设量最大、形态也最丰富的住宅产品。其中有三堂两厢五开间的大宅（比如颂九坊里弄中的一处大宅），更多的是大量双开间（一正一厢）与三开间（一正两厢）的联排石库门住宅，同时也有如德庆里、荣康里等后期单开间住宅为主的石库门房子。开间减少的背后，实则代表了当时上海石库门里弄住宅朝更高效土地利用模式发展的趋势。

张园的石库门里弄住宅，沿茂名路东侧由北至南分为德庆里（1925 至 1926 年建）、荣康里（1921 至 1922 年建）与震兴里（1927 至 1928 年建）。在泰兴路即主弄西侧有福如里与修德里。以上里弄随着张园西区城市更新的完成，已面向公众开放。位于泰兴路以东的石库门里弄则有如意里（1924 至 1925 年建）、春阳里（1925 年建）、永宁巷（1925 年建）、颂九坊（1923 至 1925 年建）、华严里（1921

1　本自然段前半段主要引自赵李娜所著《上海石库门生活习俗》（郑州：中州古籍出版社，2017 年）。

德庆里沿街立面历史图纸

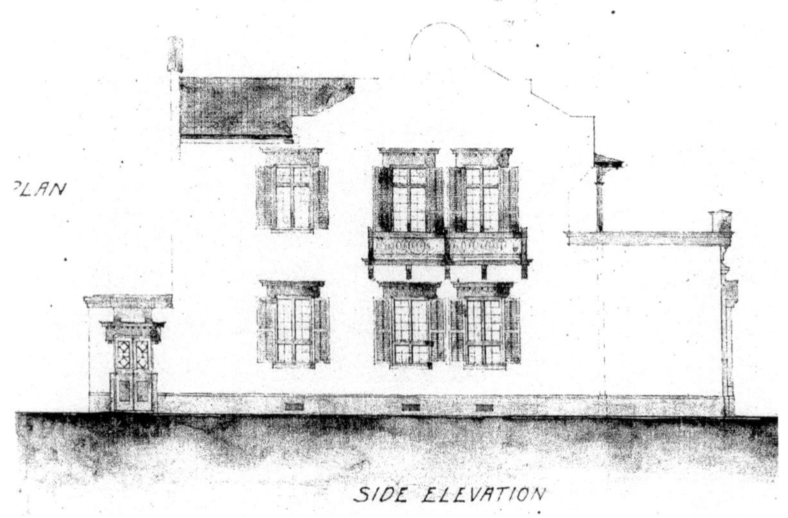

荣康里沿街立面历史图纸

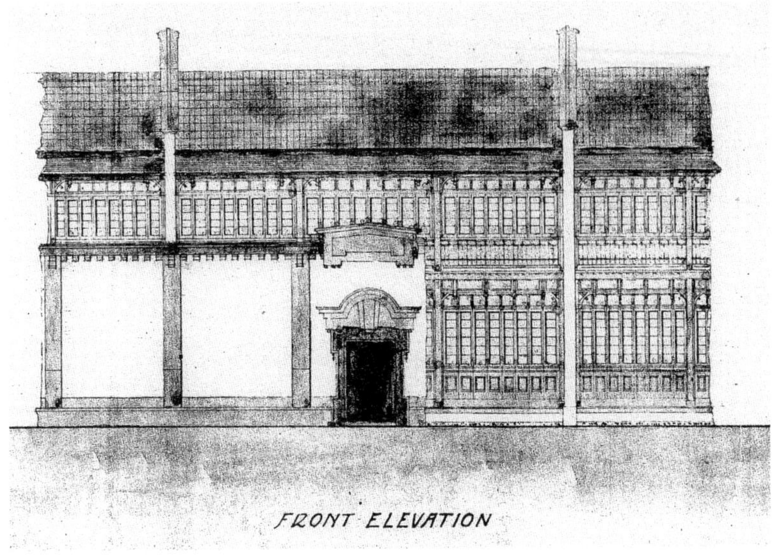

荣康里南立面历史图纸

德庆里南立面历史图纸

至 1923 年建）、同福里（1924 至 1925 年建）以及基安坊（1930 年建）。这些里弄，格局细分地块布局，在张园内部形成了丰富的里弄形态，其建筑造型与细部亦各楼不同。其中最能昭示不同石库门里弄的标注无疑是坊门与入户石库门头。张园里的每条石库门里弄一般都设有坊门，也即过街楼，坊门之上则以石匾标出里弄的名字。进入每条里弄，会看到支弄中石库门单元住宅的入户门，在这些入户石库门的门头，往往会有户主定制的题字。虽然张园石库门的风格已转为折衷主义为主的西式风格，这些题字却显示出其屋主的传统文化修养。如“东吴世泽”为一处张园 1920 年代初由泰利洋行独立开发的三开间两进式石库门住宅，地块面积较小，进深却较长。其石库门头上的“东吴世泽”石匾与其下的三连券样式的石库门头堪称张园石库门中西合璧风格的典范。再如福如里的三个石库门头上分别刻有“天与厥福”“蒙庆受福”“自求多福”“介尔景福”等字样，盖出自《易经》，也与福如里的名字相呼应。永宁巷（张园 72 支弄）则汇集了几处张园最为精华的石库门头，其题字各为“紫气东来”“人杰地灵”“福履绥之”（语出《诗经·国风》）、“如翚斯飞”（语出《诗经·小雅》）等。而张园较晚开发的“基安坊”，则在石库门头呈现出典型的装饰艺术风格，整体建筑风格偏向于西式，石库门头上也仅配有造型图案，不见题字了。

至于张园的新式里弄则比较少见。新式里弄与石库门里弄的区别主要在于入户处由高耸的石库门天井改为了更亲切的院子，居住形态方面自然更为摩登，上面所提到的入户石库门头也就不出现在新式里弄中了。

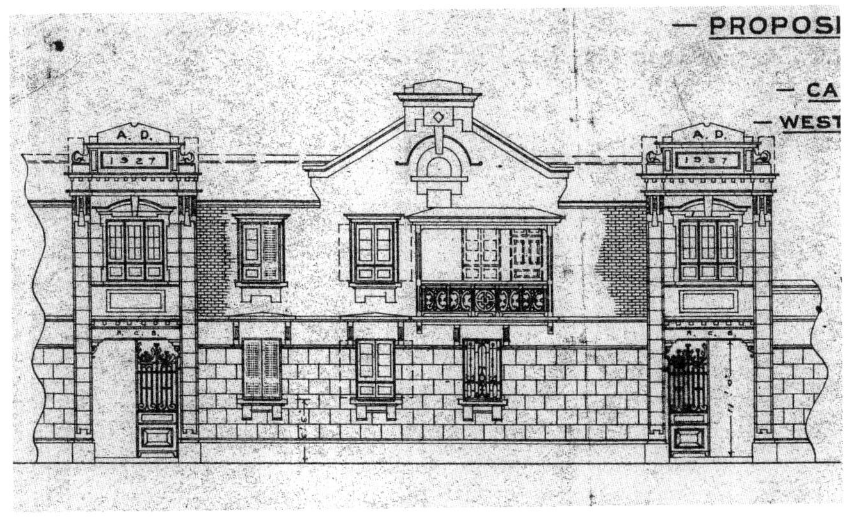

震兴里沿街立面历史图纸

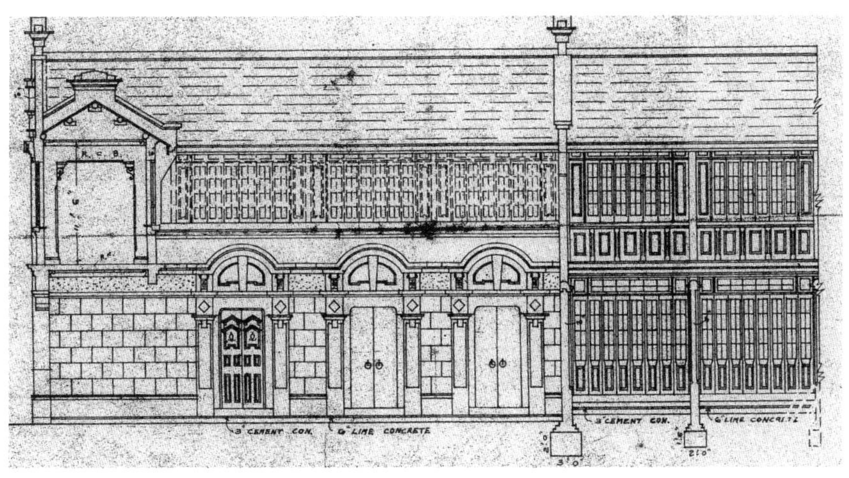

震兴里南立面历史图纸

三、张园的公馆与巨厦

在张园的里弄住宅中，里弄公馆比一般石库门住宅更为考究。所谓里弄公馆，一般为里弄开发者的自用住宅。其建设开发与相邻的里弄同步。风格上与里弄建筑类似，但为独栋住宅，体量比单元住宅更大，装修也更为豪华。

建筑学家、同济大学教授罗小未先生在《上海建筑风格与上海文化》一文中谈及里弄公馆时，说道："过去在你争我夺、鱼龙混杂的大上海中，要学会自我保护是十分必要的。有些富翁在为自己建造大公馆时不是堂而皇之把房子建在大街上，而是有意在基地沿马路的地方盖上里弄房屋出租给别人，自己的公馆则建在里弄的里端以避人耳目。这些公馆往往规模不小，布置也很讲究，但在外表样式与材料上却与外面的里弄房屋差不多。这种不求气派、讲究实惠的意识是上海文化所独有的。"[1] 此处所及里弄公馆主人建造公馆时所持心态，可聊备一说。

行走在今天张园的里弄中，里弄公馆虽然在建筑材料与风格上与周边里弄趋同，但因其建筑体量与建造的精美程度，还是颇为引人注目的。以下举两个典型的里弄公馆的例子。

建于 1928 年（一说 1924）的"张园大客堂"是比较知名的一例（590 弄 72 支弄 1 号）。"张园大客堂"地块由东西两座多进式三开间石库门住宅并置，中间设一辅弄，类似避弄。其中东侧的石库门院落则细分为南北两户各出入口。西侧住宅则毗邻 590 弄，带有更多公共属性，开间更宽，带有里弄公馆的特征。

1　罗小未 . 上海建筑风格与上海文化 [J]. 建筑学报 ,1989（10）:7-13.

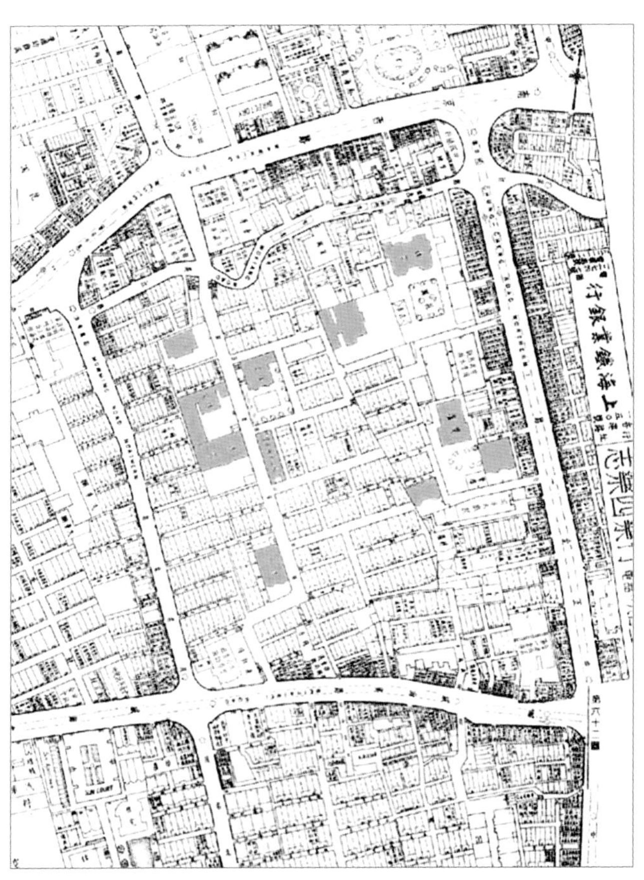

1947 年张园街区里弄公馆—花园巨厦位置图，冯立绘（底图为《1947 年上海市行号图录》）

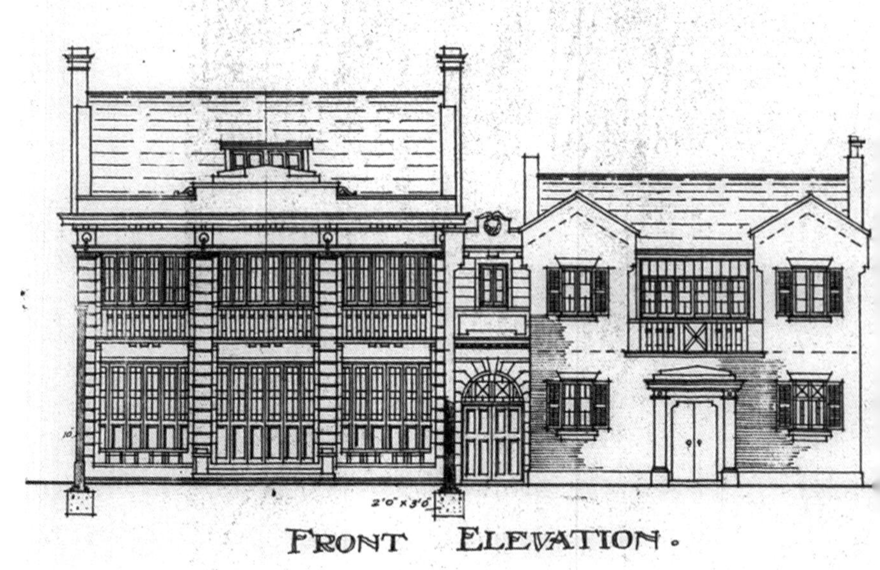

张园 590 弄 72 支弄 1 号建筑正立面图

据说其主人是从事银行金融业的张姓人家，建筑师为余生鸿记。

细究其平面，则更像是脱胎于传统江南多进式住宅的平面，只是在用材及建筑风格上引入了近代石库门建筑的特征。在1930年代中后期，西侧公馆曾租设私立光明小学及中学。1942至1946年间，复旦大学学生程迪和还在这里租房开办了“树群义务夜中学”。而在2010年代，这栋公馆以“张园大客堂”闻名，成为南京西路街道的张园综合活动中心。

另外一处里弄公馆案例则是位于590弄南侧，由大耀建筑公司设计，1932年建成。其主人原为王宪臣，为麦加利洋行的大班（旧时对洋行经理的称呼）。他也是最早参与张园土地再开发的业主，于1921—1922年时，开发张园荣康里。他所开发的590弄南侧地块，其地块布局与“张园大客堂”类似，东侧沿590弄的41号辟为多进式的里弄公馆，紧邻里弄公馆西侧的35支弄则建造有三栋南北毗邻的三开间石库门住宅，据说是王氏给子女居住的。

590 弄 41 号（王宪臣宅）建筑东立面历史图纸

HOUSES
/EI ROAD

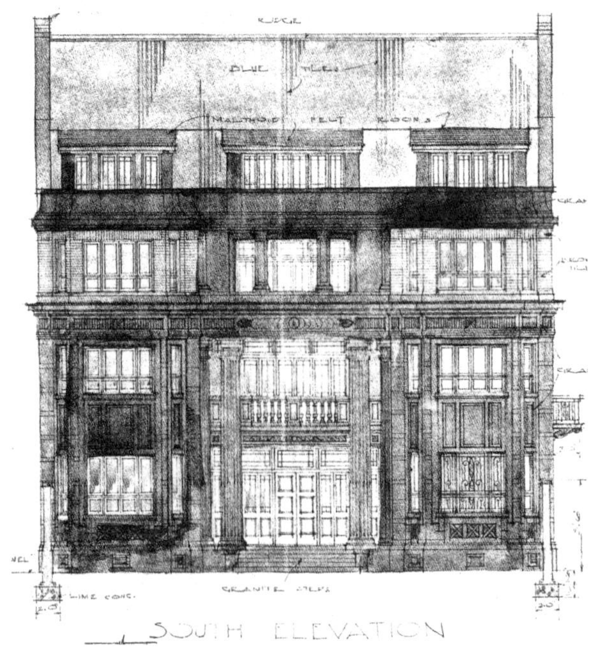

590 弄 41 号（王宪臣宅）建筑南立面历史图纸

41 号里弄公馆分前楼、后楼。前楼住房主一家，后楼是附属用房。地下室则配有锅炉间，为前楼供热。前楼一层为餐厅与客厅。二层朝南是王宪臣夫妇卧室，二层朝东一间带小阳台的是王宪臣女儿所住房间，内装精致，带有柚木护墙板。王家并未在这栋里弄公馆住宅居住太久时间，1935 年王宪臣投资的荣康钱庄破产，为清理债务只好将张园 41 号卖掉。据来维新（1928 年生）回忆[1]，1935 年此楼转售与孟家；1937 年有五位股东的五昌公司成立，专门来做张园 41 号这栋豪宅的经租生意。而来氏一家十口人则因战乱，从杭州辗转逃难至上海，租住进此楼后楼四楼。

和一般意义的近代上海西式花园洋房有所不同，张园花园住宅的所有者大多是华人银行大班家族，展现了当时华人富商中西合璧的生活方式。这些花园住宅建筑面积比一般的花园洋房更大，故有称为“巨厦”者。

张园 590 弄 77 号王俊臣宅，占据单个地块独立开发，不带配套的里弄住宅，建筑面积超过 2000 平方米，户主王俊臣当时是花旗洋行买办。据王氏后人回忆，当时王有三房太太，子女众多，加上 40 余名佣人，一大家子

1　引自上海滩杂志公众号《张园 41 号的如烟往事》，2019 年第 12 期《上海滩》杂志。

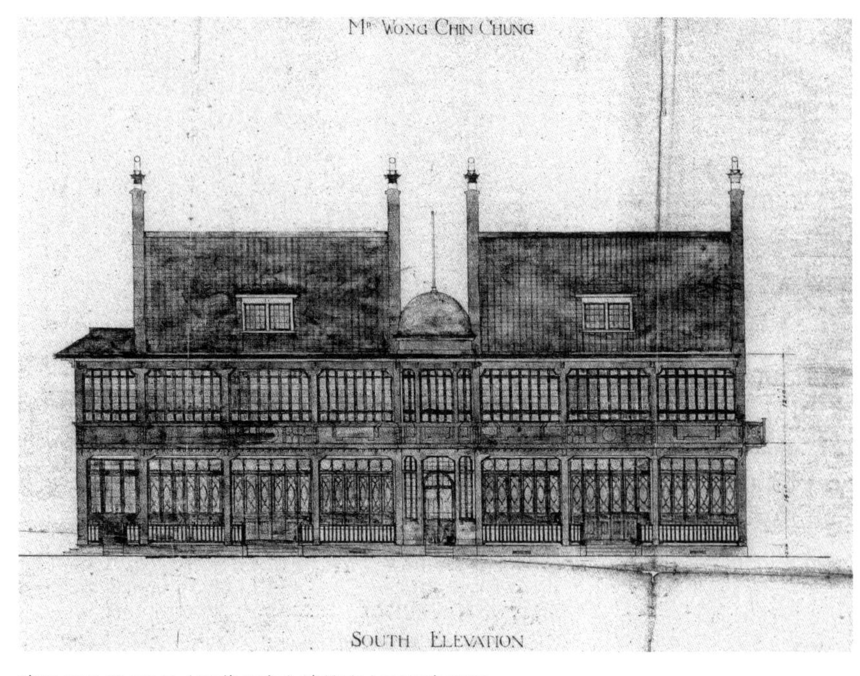

张园 590 弄 77 号（王俊臣宅）建筑南立面历史图纸

王俊臣宅山墙细部，摄于 2017 年

居住在这一大宅中。这一大宅在南侧布置有外廊，宽达八开间。有趣的是，其平面格局和“张园大客堂”一样，也是两栋三开间的大宅一东一西并置，中间与西侧尽间则类似过街楼形式，内侧为一条辅弄。而立面上则把这两栋楼通过中轴线的穹顶整合为一个立面，一楼则为外廊。其设计者为格雷厄姆·布朗和温格罗夫建筑师事务所（Graham Brown & Wingrove Architects）。绘图时间是 1921 年，建成时间为 1923 年，可以算是在早期张园土地转让之后第一批设计建造的建筑。该宅建筑师同时也是不远处嘉道理住宅（现为中国福利会少年宫所在地）的设计师。

张园 590 弄 77 号（王俊臣宅）建筑东立面历史图纸

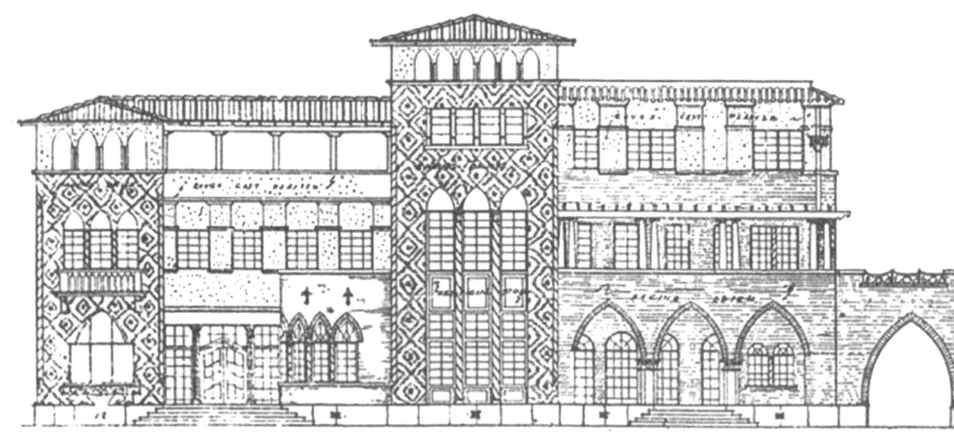

SOUTH ELEVATION

斜桥弄巨厦设计图纸（《建筑月刊》1934 年第 2 卷第 1 期）

斜桥弄巨厦旧照

张园现存花园住宅中，最出名的或许是被称为“斜桥弄巨厦”的吴氏大宅了（斜桥弄即今天的吴江路，位于张园北侧）。此建筑由当时沪上炙手可热的建筑师邬达克于1931年设计，房子的主人正是早先王俊臣在花旗洋行的副手吴培初。1932年，吴培初接替王俊宪继任花旗洋行买办。斜桥弄巨厦也于同年建成，风头一时压过同在张园的王俊臣宅。吴培初在建造斜桥弄巨厦的前一年，也投资开发了地块南侧的基安坊。

斜桥弄巨厦与王俊臣宅一样也采用两个三开间并置的平面布局。在统一的折衷主义立面之内，西宅内部装潢偏向中国古典元素，而东宅室内则与外部的西式风格保持一致。这一独特的建筑布局以及风格的选择，也与子女众多房主的自身需求息息相关。

邬达克在此建筑中再度体现了其以客户为本的设计理念，并融入了其杂糅的折衷主义风格的建筑技巧，将东西两宅在立面上设计为一整体。而其西宅内部由于繁复的中式装饰设计，是否出自邬达克之手，则要打一个问号。1949年以后吴氏将此建筑卖出，随后的半个多世纪该房一直作为公惠医院使用。

四、张园建筑细部与材料

张园近代建筑遗产所留下的丰富的建筑类型，也当然具有丰富多样的细部与材料。举例来说，1920 年代初期张园的石库门建筑，其入户门框采用金山石料（一种产自苏州的优质花岗岩），石库门风格多为繁复的古典主义风格。到了 1920 年代中后期，石库门框则更多采用水刷石饰面，风格趋于简化，并出现了装饰艺术风格的特征，这体现了近代建筑工艺及审美趣味的变化。

从外立面的用材来看，1920 年代初期张园的石库门建筑可以看到青砖与红砖相间的砌法，到了中后期则以清水红砖为主。而像斜桥弄巨厦的外立面上，邬达克则采用了在 1930 年代初期风行上海的本土饰面砖品牌“泰山面砖”，也体现了一时一地的建筑用材的特点。

建筑的细部与用材也与经济性有关。一般而言，里弄公馆的细部与用材比石库门里弄更考究，而花园巨厦则更为精美。如张园 590 弄 77 号王俊臣宅，立面细部较为精美，南侧外廊细部颇具特色，其山墙面窗楣带有巴洛克特征，上方则设计有圆窗，这一细节让人想起安垲第。安垲第山墙面上的半圆拱窗楣以圆形高窗为中心，两边则带有卷涡。南立面则亦设以外廊。想来安垲第建筑存世不足 30 年，其原址就在王俊臣宅附近。坊间有说法 77 号王俊臣宅由安垲第改造而来，细看王俊臣宅的原始图纸两相比较，当为无稽之说。而两代英国建筑师与他们的中国业主在建筑细部审美趣味的传承倒是有可能的。

张园 590 弄 77 号建筑东立面（2021 年图纸）

张园 41 号地面马赛克图案（上海交通大学建筑文化遗产保护国际研究中心绘）

从室内的地面用材来看，张园的建筑也集合了当时流行的水泥花砖、拼花马赛克、水磨石、大理石地面等等不同的材料。同时，一栋楼的用材的考究程度也与其在空间的使用位置有关。上海交通大学建筑文化遗产保护国际研究中心杜骞在考察“斜桥弄巨厦”的地面用材时发现一个有趣现象，即使是木地板，建筑师也会根据不同空间的重要程度配以不同等级的木种。比如在会客厅、藏书楼、主卧处采用橡木地板，在接待室、教学室、起居室等则采用硬木和柳安木地板。

上文分别从开发模式、建筑类型、建筑细部与材料的角度，考察了在张园作为里弄街区再开发的20世纪二三十年代所留下来的里弄建筑遗产。其实，在张园作为里弄街区的百年时间里，其住户构成、生活模式以及街区的业态，都发生着或多或少的变化。张园也因其居住形态的丰富性，承载了几代人多样化的集体记忆。我们也看到，虽然1920年代之后的张园以居住功能为主，而在里弄这种多层次的空间中，也酝酿出了不少社区商业、社区教育、社区服务的业态。在上海行号图录中，里弄住宅中有成衣铺、律师事务所、医师诊所、小学、幼稚园、弄堂小工厂、慈善机构、媒体机构等业态，一直到中华人民共和国成立以后，里弄的小商业依然在张园街区得到了延续，这与里弄住宅的包容性是分不开的。

在中华人民共和国成立后近七十年岁月里，张园区域的里弄建筑肌理完整地保留下来，而每户的居住密度则较之里弄开发之初大大提高，七十二家房客共居一个石库门的情况屡见不鲜，这令张园一直是一个充满烟火气的里弄居民社区，承载着这个城市的集体记忆。

要以言之，“张园”在晚清与民国初年成为上海最具代表性的经营性私园，又在1920年代至1930年代形成多样里弄住宅地块及丰富居住空间形态，有着层叠的历史厚度与人文记忆。这使得张园成为上海近代城市发展的活态样本及都市生活的生动写照。无论是消失的“安垲第”，还是至今留存的石库门里弄、公馆及“花园巨厦”，张园所凝结的独一无二的城市物质形态构成了上海近代风土建筑的重要组成部分。

一诺千金、拳拳之心：石库门早期住户及高尚品质

张园的老住户都有这样一个印象，在20世纪初年此地作为石库门民居地产开始的阶段，住进来的大多是有一定资产的人，从职业上来说从商的占大多数，也有政商两边兼顾者，同时不乏文化艺术界的知识精英。本节选取张园早期住户中的不同职业身份者，通过他们在此居住间的事迹，探求这些政治、经济、文化领域人士为张园海派君子之德所注入的精神力量。

一、拳拳爱国的簪缨世家：北洋总理与排球“钱家军”

1930年代曾供职于北平财政局的钱承懋，带着家眷来张家花园华严里居住的时候，不会想到就是这样的一个家庭迁居举动，间接为中国当代排球发展贡献出一份家族力量。因为大约几年后，钱承懋的子侄们成立了在排坛颇有盛名的“华严里”排球队，此后很多钱氏家族成员都成为上海乃至中国现代排球的领军人物，不得不让人喟叹历史的巧合与因缘际会。钱承懋是何许人也？他

钱能训

的家庭背景与家风如何？张家花园又是怎样孕育出一支排球“钱家军”的呢？这先要从钱承懋的父亲、北洋时代嘉善钱家的代表人物钱能训走上仕途说起。

钱能训（1870—1924），字干丞，又作干臣，出生于浙江嘉善一个书香门第家族。他自幼接收传统教育，后以进士身份步入仕途。清末得徐世昌的不断提携，钱能训屡次升迁，最终官至陕西省署理巡抚。民国初年，钱能训更在徐世昌推举下在北洋政府担任要职，并长期执掌内务。1918 年徐世昌当选总统后，任命钱能训为国务总理。1919 年 6 月 13 日，钱氏因内政外交的困局引咎辞职。之后他便不再参与政治，直至 1924 年病逝。钱能训去世两年后的 1926 年，31 岁的青年报人和作家张恨水出版了其代表作《金粉世家》，据说小说中的国务总理金铨就是以钱能训为原型创作的。虽只当了短短一年的北洋政府国务总理，但钱能训并非碌碌无为。在此期间他在政治上积极筹措南北议和相关事宜，同时掀起了"文治"主导下的教育发展，又颁布许多促进经济发展的措施，此外还进行了诸如禁烟、防疫、剿匪等社会治理，并且在外交上采取了许多于国家有利的举措，所以说在内忧外患的困顿之下，钱能训内阁的治理举措是值得肯定的。在钱能训下野半年后的1919年12月，中华懋业银行董事会成立，北洋政府财政部批准同意后，1920年2月6日在北京正式开业。这是一个中美合办的银行，钱能训当时以10万元认购为排名第七的中方大股东，并担任该银行的首任总经理（董事会主席）。1924年钱能训去世，钱氏子弟仍在该银行扮演一室角色。1929年该银行汉口分行受桂系牵连，被南京国民政府下气停业查账，在复业无望的情况下，1929年11月财政部成立了中华懋业银行清理处，在上海、天津分别设立总清理处和分清理处，由钱币司司长徐堪监督，派梁慈灏、钱承懋、苏安（美方投资人代表）三人担任清理员。钱承懋即为钱能训的第三子，其生卒年月不详，然而从一些史料中可以看出，至少在民国三年（1914年）他已经走上政坛。据记载，这一年的3月10日，当时的兼代陆军总长周自齐呈请国务总理孙宝琦，准授钱承懋等为陆军步兵上尉[1]。1933年7月31日，时任北平市财政局营业税征收处处长的钱承懋，又向北平市政府呈请一篇有关于营业税整顿办法的公文，说明至少在1933年钱承懋还在北平市财政局工作。至于后来他为何离开北京到上海，又搬入张家花园，并未有确实史料记载。

1937年八一三淞沪抗战后，上海周边几乎全被日军占领，仅余下两块租界成为名副其实的"孤岛"。这一时期张园华严里

1　骆宝善，刘路生．袁世凯全集（第25卷）:25-1307 准授崔潮等授业加苗文华等军衔令[M]. 郑州：河南大学出版社，2013:456.

的年轻人们，因战争原因而无法正常上学，便自发组织起来，成立排球队以锻炼体魄。一直在华严里居住的陈煜仪老先生在2009年4月13日回忆时认为，这些年轻人“也是为未来投身抗日民族救亡运动所做的一种准备”。陈老先生还记得这支排球队在初创之时人数很少，仅有弄内4号、6号、10号的几个年轻人参加，其中翁瑞午家的孩子特别活跃，球技也好，是队中的骨干成员。而钱家人也参与很多，他们是钱家驷、钱家骠、钱家祥、钱家吉、钱家鼎、钱家乃及钱家凰等，都是清末民初官员钱能训的孙辈们。这支排球队一经成立就坚持了很久，其间声势不断壮大、名气也越来越响亮，直到成为整个张家花园都家喻户晓的队伍。当时训练场地欠奉，于是队员们就在弄堂里练习；找不到对手，就自己组织比赛、互相切磋，什么困难都难不倒这些执着的年轻人。

这支华严里的青年们自发组织、自我训练、不断发展壮大的业余球队，在与本地区与外国球队的比赛中屡屡获胜，报章常有报道，逐渐发展成为上海市闻名的“华严排球队”。在此后的岁月里，排球队的青年们也多从事相关工作，为上海乃至新中国的排球运动事业贡献出自身力量。在一众热爱排球的兄弟姐妹中，钱家祥是走得最远的那一个。他大概十几岁起就参加了华严里排球队，和弄堂内小伙伴们还有自己的堂兄弟们一起打排球。小有名气之后，1947年钱家祥加入上海排球队，在1949年上海圣约翰大学毕业的两年后又入选国家队，成为中华人民共和国第一批男排国手，也是第一个被选入国家集训队的上海排球运动员。1953年他又因为出色的成绩担任中国男排教练，1956年担任中国女排教练，1957年作为中国派出的第一位体育专家赴越南工作，同年担任中国排球协会秘书长。“文革”狂飙骤起，硬是刮断了他和排球的联系，使其颇为痛苦。但是不久之后，由于周恩来总理的亲自过问，中国的排球事业又开始发展起来。1965 年 4 月 21 日，日本排球“魔鬼教练”大松博文应周总理邀请到上海，对中国女排进行为期一个月的指导训练，当时全程陪同大松博文的就是时年 39 岁的钱家祥。巧合的是，周恩来、钱家祥这两位对中国当代排球事业立下贡献的政治家和体育工作者，实际上还具有一定的亲缘关系[1]。

“文革”之后，中国女排开始恢复训练，按照国家体委的指示，钱家祥选建了两个气候条件好、副食供应充足、中式设计的排球训练基地，即漳州基地和郴州基地，为中国女排日后刻苦训练、冲出亚洲走向世界创造了良好条件。1990 年 2 月 4 日，还在工作中的钱家祥因心肌梗塞溘然长逝，他的墓碑静卧于漳州排球训练基地训练馆，这个他生前时时牵挂并投入大量精力的地方。

“我哥哥对中国排球的贡献非常大，基地建立后，他陪着中国女排一起训练、一起比赛、

1 周恩来的族伯父周济渠在原配曹夫人去世后，续娶了住在淮安城里砖桥的浙江嘉兴人钱馥兰为继妻，钱馥兰的哥哥正是钱能训。大约 1904 年左右，钱能训曾回过一次淮安，在这段时间他常常去驸马巷周家串门做客，曾经见过 6 岁的周恩来，并且还给他辅导过书法。此事详见《周恩来与故乡淮安史料研究》（淮安市周恩来纪念地管理局，淮安市档案局，淮安周恩来邓颖超研究会编，北京：中央文献出版社，2013 年，第 55—56 页）。

一起研究战略战术、一起总结经验教训……”，钱家祥弟弟钱家乃回忆道。他从小就在哥哥的影响下对排球产生了浓厚的兴趣，10 岁时就开始将排球当作日常游戏来玩。1950 年代中期，钱家乃进入华东代表队、体训班，任上海男排队长、教练；1958 年进入上海少体校、江湾体校任教师；1978 年后钱家乃进入五七体训班、上海青年队任教练；1988 年成为上海女排教练兼领队……在执教上海排球的四十多年里，钱家乃可谓是桃李遍天下。即使进入退休生活后，他仍然时刻关注着上海排球的发展，为找到下一个世界级的二传手而费尽心力。

钱家祥、钱家乃等人本为北洋政府国务总理钱能训后代，1930 年代钱能训之子承懋曾任北平市财政局局长，后来又举家从北京迁到上海张园华严里，谁也不曾想到他的后人们，为新中国的排球事业奠下如此基础。2019 年电影《我和我的祖国》中的“夺冠”篇章到张园取景，剧组复原了 80 年代居民们在弄堂里看女排比赛的场景，知道这段往事的人们回忆过往不胜唏嘘，对华严里的钱家军们致以深切的敬意。

二、一诺千金的商业家庭：太平轮事件与周庆云一家

如熊月之先生所归纳的那样，“重然诺守法规”是近代上海精神的六大特征之一。这其实是近代上海开埠以来，传承着中华传统文化守信之德的居民群体，结合欧风美雨的西方契约精神，共同践行与演绎出来的近代口岸城市契约意识。作为近代上海精神重要承载地的张园石库门，自从建造以来就居住了不少专业人士、商人等，他们中的大多数，秉持着诚实守信的中华传统美德，在自身繁衍生息的同时也铸造着其居地大上海的繁荣景象。在张园泰兴路106弄2号花园洋房中，短暂居住的周庆云一家，正是张园乃至近代上海“诚信契约”精神的杰出代表。

1949年4月的一天，张园里的一幢花园洋房突然被两三百人围了起来。这是一幢19世纪末英国建造的花园洋房，里面有独具特色的室内顶部装饰、旋转式的木制楼梯、精美的拼花木地板和方砖、配以彩绘玻璃的柚木门框，整个建筑看上去豪华雅致、内敛庄重，无一不彰显着住在房子里殷实大户人家的身份。的确，当时居住在这幢房子里的正是中联公司的大股东周庆云和他的家人们。房子被围，与当时轰动一时的海难“太平轮事件”有关。

“太平轮”本是第二次世界大战中的运输货轮，载重量2050吨。自1948年7月14日，中联企业股份有限公司以每个月7000美元的租金，向太平船务公司租来，开始航行于上海和基隆之间。1949年1月27日，正值小年夜，一艘满载着乘客和货物的大船“太平轮”下午5点从黄浦江出发，缓缓起航。经历了六个多小时的航行后，太平轮在晚上11点45分在舟山群岛白节山附近，与装

太平轮

载木材和煤炭的建元轮相撞，之后逐渐沉没于东海海底。事发之后，太平轮受难者相关家属和轮船所属中联公司，花了相当大的人力、物力、财力去救援打捞，最终生还者不到四十人，其余近千人全部葬身东海。事发之后，太平洋受难家属立即成立“太平轮被难旅客家属善后委员会”，负责与中联公司谈判赔偿事宜以及状告等法律行动。由于承保太平轮的中华华泰保险公司宣布破产，太平轮遇难者家属们先是找到其中一个大股东周曹裔家里，愤怒地砸毁周家的家具[1]。1949 年 4 月 7 日，上海法院开庭审理太平轮一案，开庭数日后，被告中联公司的五个股东只剩下住在张园的周庆云还在上海。周庆云本来有机会带着全家及财产远走高飞，但他不想被人唾骂，于是决意留在上海处理赔偿事务。当他的家被两三百名愤怒的遇难者家属围起来并控制行动之后，周

1　张典婉 . 太平轮一九四九（增订版）[M]. 北京：生活・读书・新知三联书店 ,2011:20.

庆云毫无退缩，而是积极想办法承担责任，并采取一系列补偿行动，遵守传统信德与现代契约精神。

周庆云在和受难者家属们商议之后，将自己家里所有财产都统统变卖。这些财产包括仅存的四五根“大黄鱼”（十两黄金）、七八十根“小黄鱼”（一两黄金），以及全家人的所有金银首饰，同时还有他们所居住的张园 106 弄 2 号花园洋房和汽车。周家的东西变卖所得的赔偿款，大约将近 2 亿元。周庆云还请求从赔偿金中支取一部分，用于支付保姆和司机的工资，受难者家属代表同意了。5 月，周庆云和妻子净身出户，身无分文的他们正式离开张园，出门前照例被搜了身，除了身上正穿着的衣服，连被褥都没有带走。几个孩子也由舅舅苏独梅提前接走，暂时住在大顺旅社，后来因为房钱太高，周家很快搬到了连云路 42 弄 57 号一处每月租金七元钱的木板楼上。

在周庆云余生时间里，仿佛都为还清欠债而工作和生活。在变卖了所有的家当之后，周家失去全部生活来源，只能靠向过去的朋友借钱度日。每次借回来钱，周庆云都会在账本上记一笔，旧账未去，新账又来。后来孩子们还得知，他们的妈妈为了补贴家用还偷偷去卖过血。1950 年 9 月下旬，周家稍得喘息，在朋友邱定方介绍下，上海永生五金厂丁老板邀请周庆云去担任厂长。1957 年周家又来了五个太平轮事件中难民家属，要求赔偿。周庆云再三表明自己的情况后，受难者家属依然不同意，提出只要每个人再补偿 500 元就离开这里。事情闹到派出所，民警告诉这五个人赔偿事宜早已了结，周家现已经倾家荡产，很困难。周庆云向工厂预支三个月工资，还卖掉了家里唯一的家居五斗柜，再次凑齐钱给遇难者家属，事情才稍做平息。1958 年底上海永生五金厂因建设生产需要需尽快搬迁到北京。次年 1 月初，周庆云带着筹建搬迁工厂首批成员乘坐火车去北京。那时他已身染重病，但仍不顾家人劝告毅然前行，然而火车抵达北京时他突发脑溢血，还没来得及入院就在医院门口离开人世。当时在北京大学地理系教书的周家长女周琦琇，独自一人料理了父亲后事。

家里的欠债赔偿行动并未因周庆云本人的逝世而完结，此后周家人继承了父亲的遗志和坚守承诺的品质，继续还债。周庆云去世后，家里断了经济来源，厂里每个月发 72 元抚恤金，然而家里儿女众多，度日艰难。但周家人十分团结，家风纯良。长女周琦琇将每个月的一半工资寄回家里，长子周琪雄品学兼优，本已报送高中，却主动辍学到工厂做了学徒。“文革”开始后，因周庆云被当作资本家，抚恤金停发，周夫人再次开始卖血补贴家用，有时候还去捡菜皮和豆渣。1972 年 6 月周庆云的抚恤金恢复发放，此时周夫人身体已经非常不好，1975 年 6 月 30 日她因脑溢血去世，终年仅 59 岁。抢救时医生还发现这位老太太的血管已经萎缩得很厉害，连输液都输不进去。周夫人在刚住院时，曾经将所有子女叫来关照了他们两件事，一是兄弟姐妹要团结互助，二是拜托子女们帮她和父亲还清所有债务。母亲死后，周家五个子女牢记她的临终嘱托，终于在 1982 年 3 月将所有债务还清。当年清明节，兄弟姐妹们来到父母坟前，将账册和还债签收纸条一张张烧掉，以告慰逝者。

三、困顿中的文化坚守：章太炎等人在张园二三事

1930 年代的某一天，一个黄包车夫和穿着长衫的书生模样的人正在当时的法租界某地点争执，只听得车夫问这位先生要去哪里，他说：“我的家里。”车夫问：“你的家在哪里？”他说：“马路上弄堂里，弄口有家纸烟店。”结果车夫拉着他满大街转。还有一次，这位先生从他在同福里的寓所坐黄包车到三马路（今汉口路）旧书店买书。从书店出来后，坐上一辆黄包车，示意车夫向西面走。车夫照他的话，向西走了好长一段路，然而这位先生一动不动，车夫疑惑道：“先生，你究竟要到哪里去？”这位先生说：“我自己也不知道，上海人都知道我是章疯子，你只要拉到章疯子家就是了。”这是谁？为什么会住在这里又找不到家门呢？原来这就是近代史上鼎鼎大名的章太炎，在 1920 年代末到

1930年代初期住在张园，他虽然只在这里渡过了短短几年岁月，却在此地生活居住期间发生了许多有趣逸事，成为张家花园地域上的文脉记忆资源。

章太炎是中国人耳熟能详的国学大师，他是浙江余杭人，出生于1869年，逝世于1936年。光绪二十二年（1896），27岁的章太炎辞别家乡，来到上海，担任《时务报》编务。而他和张园也颇有缘分，早在张园还是味莼园时期，他就曾和革命志士来这里演说、活动，而数年后当张园变成了石库门社区时，他又因缘际会搬来这里居住。在这里，太炎先生著书立说、卖字生活，还结识提点了两位后学王仲荦和姜亮夫，为他们日后成为中国史学界的扛鼎人物，奠定了基础。

1927年"北伐"成功，蒋介石发动"四一二"叛变，屠杀工农，又通缉六十二名学界名人以清算异己，章太炎即名列第一。此时上海成为国民党天下，于是太炎先生不得不从偏僻的"南洋桥"搬到较热闹的市中心，即同孚路（今石门一路）同福里八号，也就是张家花园社区。8号位于同福里弄底第二家，比较僻静。然而一开始章太炎在这里居住的时间并不多，因为遭到国民党的通缉，他大多数时间需要隐匿住在虹口日租界的"吉住医院"。后来经过老战友张溥泉、于右任、居正、丁惟汾等人的疏通，章太炎终于有了一些自由，可以回到同福里八号的家里"闭门思过"。但太炎先生从未向反动势力低头，忍不住又攻击"当局"，号召讨伐独裁，拥护民主。结果他又一次遭到通缉，只好到亲戚家躲藏。直到1930年后"当局"逐渐放松对章太炎的讨伐，于是他们家又从同福里8号悄悄搬到弄底的10号，这个时候章太炎才真正"住"在同福里了。那么这里的房子究竟是什么样的呢？据相关

章太炎

保护单位在2019年对张家花园的建筑测绘存档来看，石门一路251弄6—10号为南北向联排式布局的旧式砖木混合结构的两层石库门里弄住宅，建筑坐北朝南，共分为三户，分别为6、8、10号。其中8、10号为三开间，一正一厢布局，各开间为4米左右，通进深短的为15米、长的为20米。这两户的入口大门（石库门）位于南侧，由大门进入前天井，然后依次穿过客堂间、楼梯间、内天井、灶间、后门出。其建筑风格为中西合璧样式，立面主要为清水红砖墙，窗框、门框、山间上均装饰几何形欧式构件。

可以说同福里的两幢房子给了章太炎短暂的安宁岁月，他在这里读书、写字、生活，交游广阔，还收了两个后学为徒。一是住在对门的王仲荦，还有一个是慕名前来的姜亮夫。

王仲荦（1913—1986），浙江余姚人，我国现代著名史学家。他出生于上海的一个富商家庭，在沪读完小学、中学。1929年经济危机爆发，他父亲破产，住房被查封，家产被没收与拍卖，生活一落千丈，一家人只得从南京路搬到同孚路（今石门路）同福里16号。这是生活对他的第一次打击，但他却因祸得福，成为章先生的徒弟。在此之前，他与章先生已有接触，因为王仲荦岳父余云岫是章太炎在日本时的学生，王仲荦的大舅子又是章夫人妹妹的女婿，但彼时两人往来不十分密切。据章先生孙子章念驰所说，王仲荦“与妹妹隔三岔五就会往我们家跑。那时我父亲十岁，叔父才四岁，与仲荦先生兄妹年龄相仿，成了玩伴，我父亲一直称他‘阿牛哥’。但仲荦先生真正从学先祖父大概是 1930 年以后”。直到王仲荦妻子余凤年病逝后，章夫人汤国梨将王仲荦的诗文推荐给章太炎看，章先生读后认为孺子可教，就收他为自己的晚年弟子。这一年王仲荦才 18 岁，是章太炎的最小弟子。

在章先生的教导下，王仲荦开始研读段玉裁《说文解字注》、朱骏声《说文解字定声》和章先生《国故论衡》《文始》等著作，并陪侍先生到苏州、无锡讲学。也就是在这一时期，王仲荦受到章先生影响教诲，奠定了坚实的史学基础。当时有人非议章太炎主张读经的学术观点，王仲荦一开始也认为读经无用，但听了章先生的几次讲学之后，逐渐发现先生的读经主张和当时保守势力提倡读经，在内容上并不相同。他意识到章先生的读经主张继承了浙东学派“六经皆史”的说法，认为讲经学就是提倡史学；如此一来不管是经学还是史学研究，都可以作为“保国性”、发扬爱国主义精神的借鉴文本。这样的经史之学启蒙熏陶，使得王仲荦学业大进。然而在章先生这里，王仲荦受到的何止是经史的训练，更有为国家、民族大业而研究和奔走的学术热忱。1935 年，章太炎创办《制言》刊物，当时还在上海正风文学院读书的王仲荦也参与了刊物的编辑工作，并在章先生指导下开始编著《北周职官志》（后改名《北周六典》）、《北周地理志》。

1936 年夏王仲荦大学毕业，在余姚老家服侍养病的父亲，突然接到章太炎先生病逝苏州的电报，遂即刻去苏州奔丧，并与人合作整理章太炎遗著目录。同年秋他又到上海光华大学执教讲授中国史。1937 年七七事变后，因上海局势紧张，王仲荦又返乡居住一年，其间埋头阅读五六万卷家藏图书。次年夏，在父亲去世后王仲荦又重回上海。彼时，章夫人汤国梨先生用太炎先生的国葬费开办了太炎文学院，学校开设朴学、音韵学、先秦诸子、文学和历史等课程，目的是继承太炎遗志、以中华民族优秀传统文化教育青年，启发他们的民族情感、自尊心与自信心。于是王仲荦应聘担任院长室秘书兼教授，讲授中国通史课，同时还兼职光华大学历史系。南京汪伪政府成立后，太炎文学院停办，王仲荦又乘船经香港、越南到云南昆明，应聘担任云贵监察使李印泉的秘书，协助其编纂《永昌府文征》。而这个编辑工作也多少跟章太炎先生有些关系，因为印泉先生和太炎先生是盟兄弟，章先生弟子诸祖耿、郑伟业早就应邀前往，王仲荦到昆明后，与他们一起住在昆明城里的水月亭。当时的昆明时常遭受日机空袭，他在躲避时仍认真阅读随身携带的《资治通鉴》。期间还曾追随李印泉奔赴滇西抗日战场，发动民众坚守怒江，参与慰问抗战将士等工作。值得一提的是，王仲荦回忆当时诸祖耿的行囊中带有一部章先生在苏州的演讲稿《尚书口说》，诸先生并不轻易示人以璞，于是王先生借来整理，将其收于《章太炎全集》中，后来该书在上海人民出版社出版。在此之后，王仲荦先生历任重庆中央大学讲师、副教授，山东大学副教授，从1948年开始到1986年的四十年间，除了自1962年起接受国家任务，点校《宋书》《南齐书》和《南史》前后在京十一年以外，一直在山东大学从事中国古代史的教学科研工作。

近半个世纪以来，王先生一生潜心史学教学研究，撰写了500多万字的相关论著，为新中国马克思主义史学发展做出了杰出贡献。王先生夫人郑宜秀教授曾撰文认为，在王仲荦先生的学业史上，有一件事对他影响至关重要，那就是国学大师章太炎先生对他的教诲。她表示："王仲荦先生由于自小受到良好教育，个人又十分努力，再加上章太炎、任堇叔、洪在湖、冯君木等大家的专业培养及言传身教，打下了深厚的国学基础。”这一点也是王仲荦先生一直以来所深以为然的。郑先生还评价王仲荦先生具体学术成果说：“1934 年，他在上海正风学院文学系毕业的时候，虽年仅 21 岁，但已大体完成了《西昆酬唱集》一书的注释工作，开始了《北周六典》的写作。次年又起草了第三部专著《北周地理志》。这三部巨著虽是在 50 年后 80 年代出版，四易其稿，但其起跑点却在 50 年前的 30 年代之初。”[1] 正是源于 1930 年代开始与章太炎先生的师生之缘，奠定了他一生对文史研究并取得卓著成效的基础。

在章太炎先生住在张家花园同福里的日子里，前来拜学的还有另一位当代史学大师姜亮夫先生。姜亮夫（1902—1995），原名寅清，字亮夫，云南昭通人，当代著名国学大师。1921 年考入成都高等师范学校国文部，五年后考入清华大学国学研究院，师从王国维、梁启超、陈寅恪等国学大师们。1928 年姜亮夫先执教于南通中学、无锡中学，后任大夏大学、暨南大学、复旦大学教授及北新书局编辑，其间师从章太炎先生。其实，早在与章太炎亲身接

1　郑宜秀：《王仲荦先生的生平与学术成就》，山大儒学院官方澎湃号，2021-12-18.

姜亮夫

触之前，姜亮夫就已对先生仰慕已久。因为清华入学考试时候，王国维出的“小学”题，姜亮夫都是用章先生的观点来回答的，因为早在考试之前，姜亮夫就反复精读了《章氏丛书》并有一些心得。而章太炎先生最早知道姜亮夫的名字是因为《国学商兑》（后改名为《国学论衡》）期刊上姜氏发表的七八篇学术论文，可以说两人在真正会面之前是“神交已久”。1931年苏州公园有个学术演讲会，邀请章太炎、陈石遗、唐文治等先生来讲学，而姜亮夫也被邀请讲《易经》，于是在演讲会上章、姜两位学者第一次碰面了。1934年姜亮夫在云南老乡李根源的介绍下，正式成为章太炎弟子。在先生的指引下，姜亮夫的学术道路又开辟出一片新的天地，越走越宽。

姜亮夫回到上海后，经常到章先生的同福里居所前来拜访和学习。在此处，他们两个人的谈话大部分都是有关于学术的。姜亮夫之前学习兴趣主要在于音韵、训诂、文字等，入到章先生门下之后，受其研究历史的教诲颇多。亲炙太炎教诲后，姜亮夫深刻认识到历史是包含着民族的基本精神所在，应多读史书，获取优秀传统文化文脉和道德资源。具体来说，章太炎指导姜亮夫从杜佑《通典》入手，用此书史迹贯穿历代全部文史制度，以此作为治学的基础，然后根据自己的兴趣专治其中一二门。那时候姜亮夫差不多看完除了《元史》之外的“二十四史”，章先生就说：“廿四史应看，但系统不一定很严密，看过，不一定关于某学问就有了系统，我希望你先读《通典》，以此书为基础，然后回头看看先秦经籍，先秦经籍都读过，再读《后汉书》，两唐史不能不看，明史一定要看，至于元史学，我看《新元史》好一点，清史常常自己打嘴巴，读清史要注意清代的避讳，修史人不敢说真话。”因为章先生预计到以后研究政治、军事的史学者会增多，而留心国族命脉的人会减少，看到姜亮夫爱好历史，关心国家命运很高兴，但是又觉得历史研究者在通博之下应该有专精研究，因此才亲自指点将姜亮夫的研究兴趣转向《通典》精读与研习。太炎先生曾在 1934 年送给姜亮夫一副楹联：“多智而择，博学而算；上通不困，幽居不淫。”并对他说：“亮夫，我老老实实对你说，你的毛病恐怕在‘博学不算’，你什么都要读，不计算自己有多少精力，‘多智’应有选择，做学问，不要不加选择。将来发迹上通，不要为上通大官而困扰，也要做到不做大官做平民百姓也不乱，穷则乱嘛。”可见章先生不仅是在学问上指导姜亮夫，还在职业生涯和人生机遇上对他指点颇多，可以说姜先生成为国学大师、著名的楚辞学、敦煌学、语言音韵学、历史文献学家、教育家，早年太炎先生对他的指点可谓是功不可没。

在同福里，太炎先生不仅收徒传道，还继续为民族民主奔走，同时也在经营着自己的家庭生活。搬到同福里不久，来了一位革命元老冯自由，要章太炎写两件东西。一件是孙中山先生的《中华民国政府成立宣言》，另一件是《讨袁世凯檄》，由此这两个中国近代革命史上有影响的文件，最初都出于章太炎之手。冯自由让章太炎重新书写一遍这两个文件作为“历史文献”保留，为此还赠送了墨西哥银元四十块。不料这件事经过报纸的刊登，许多人慕名前来请章先生再抄写这两件原文，愿意付出的酬谢从四十到二百元不等。章太炎闭口不谈钱，由弟子应付来人。但是他写到十件以上就烦了，再也不肯动笔，夫人多加劝慰也不应承。后来章夫人想出一个办法，就是允许他每写一件，就买一罐外国高级烟茄力克给他。原来章太炎平日吸的都是金鼠牌香烟，有一次人家送他一罐茄力克香烟，章太炎认为很好，称之为“外国金鼠”，时常挂念。但因为家里经济并不宽裕，平常买不起外国香烟，章夫人这一招可谓是两全其美。

鲁迅先生在逝世前夕所作的《关于太炎先生二三事》[1]一文中，以新文化运动为界将章太炎的一生划作了两个阶段，他称赞新文化运动前的章太炎为“有学问的革命家”，而将对新文化运动做出批评的晚年章太炎描述为“粹然成为儒宗”。有学者回顾太炎先生在1930年代的学术思想与社会活动，认为他晚年积极提倡儒家“修己治人”之学。而我们知道从1927年以后，到1934年迁居苏州之前，章太炎在

1　鲁迅．鲁迅全集（第6卷）：关于太炎先生二三事[M]. 北京：人民文学出版社，2005:556-567.

鲁迅先生

张家花园居住了数年时间，因此可以说他晚年所深入研究和倡议实践的“修己治人”与都是在该区域居所生发和践行的。这一学术思想具体内涵是什么呢？根据学者的研究，其主要意义在于总结、继承与扬弃儒学“修己以安百姓”的专务人事的精神传统，奠定中华文明以人为本的核心价值。总之在张园居住的时间虽然不长，但是太炎先生在当时国内政治形势紧张和困顿之中，坚守了自己的革命理想和文化情怀，在这里他著书立说、鼓吹民主，更重要的是继续传道授业解惑，教授了自己晚年的重要弟子，可以说是从行动上实践了他晚年所提出的“修己治人”倡议，将中华传统优秀思想资源进行了更为深刻地创造与转化，也为张园小小一隅注入了海派君子之德的高尚精神个案。

生生不息、惟精惟一：新中国成立前夜的革命火种

1944 年，在上海一家工厂做工的 16 岁少女陈佩瑛，在报纸上看到了一则关于“树群夜校”的消息，知道了在张家花园里，有一所可以免费读书的正规学校。在参加了一些关于中文、英文和数学的考试后，陈佩瑛被录取到这所学校，开始了夜间读书生活。在这所学校她学到了很多知识和文化，最重要的是在这里认识了最为先进的马克思主义革命思想，可以说在此读书的许多青年都开始接触到了革命理想。时隔六十年后的 2015 年，陈佩瑛还能清楚回忆出当时为学生们传道授业的老师们，以及他们教给同学们的文化知识与时事政治指引。也正是在这里，当时的不少热血青年接受了革命的启蒙教育，逐步改变了人生观。

一、树群夜校：星星之火可以燎原

树群夜校是 1942 年由复旦大学学生程迪和，在张家花园私立光明小学租房开办的一所义务中学，其全名为“树群义务夜中

树群夜校旧址侧立面，摄于 2018 年

学”。程迪和1921年出生于湖北的一个富裕家庭，他的父亲程璧金是国民党创始人之一，在民国初年担任孙中山的秘书。1937年，16岁的程迪和在武昌东湖中学初二读书，他一心想参加抗日救亡，便来武昌找到大姐夫应云卫导演，在他的指导下成立了专门演唱抗日歌曲的“吼声剧团”。程迪和的革命指路人还有大哥程泽民，早在1921年程家大哥就加入了中国共产党。程迪和在大哥和大姐夫及其进步好友们的影响下，对共产党逐渐有了新的认识，于是要求去延安参加共产党领导的抗日战争。经过应云卫，程迪和又认识了邓颖超，被邓大姐介绍到重庆八路军办事处，见到了董必武。经董必武的介绍程迪和本来要去陕北公学学习后参加革命，但是程家母亲劝阻了他，让他先读大学。于是程迪和在母亲安排下来到上海，读了一年多高中后，考进复旦大学。1942年，程迪和到“志成义务夜中学”教书，结识了不少进步同学。当时的上海正值抗战“孤岛时期”，程迪和看到社会上有很多失业失学青年，因此就想创办一个夜校，招收社会闲散青年来读书。他不顾自己的体弱多病，与圣约翰大学学生孙大汉商量如何落实此事，得到了孙的同意和支持后，两个人分头邀集复旦大学、国立交通大学、圣约翰大学、沪江大学、震旦文理学院的一些在校学生朱振刚、魏采唐、程皋、徐积基、李伯行、史志新、王文起等一起酝酿筹办夜校。因为办学宗旨是“为群树人，唤起民众”，所以学校定名为“树群义务夜中学”。

1942年10月，树群夜校正式开学。这是一所完全免费的学校，办学费用由程迪和及王丽芬筹措，学生完全不用缴纳学杂费和书费，老师们也是不拿薪酬的义务教学，这在当时非常少有。在米珠薪桂、物价飞涨的抗战期间，夜校的开学本身就是一件具有革命意义的创举，更何况分文不收。在这里读书的大多数是家里穷苦，上不起学的学生，他们被教师们义务办学的高尚精神所感动，都特别珍惜在这里的学习机会。根据回忆，树群夜校不挂校牌，学习时间是晚上7点到9点，每晚上两到三节课，三年毕业。学习的课程有历史、英语、语文、地理等，相当于初中水平。学校的授课方式也比较特殊，即先按照进来时候考试的成绩，将同学们编入不同的班级再进一步学习，如一个学生可以语文读三年级，英文读二年级，数学读一年级。这样做是为了贯彻“实事求是，因人施教”的方针，这样的教育理念在当时也是不多见的。

树群夜校的师生关系亲密融洽，老师带动学生、党员带动群众，为在这里学习的学生打

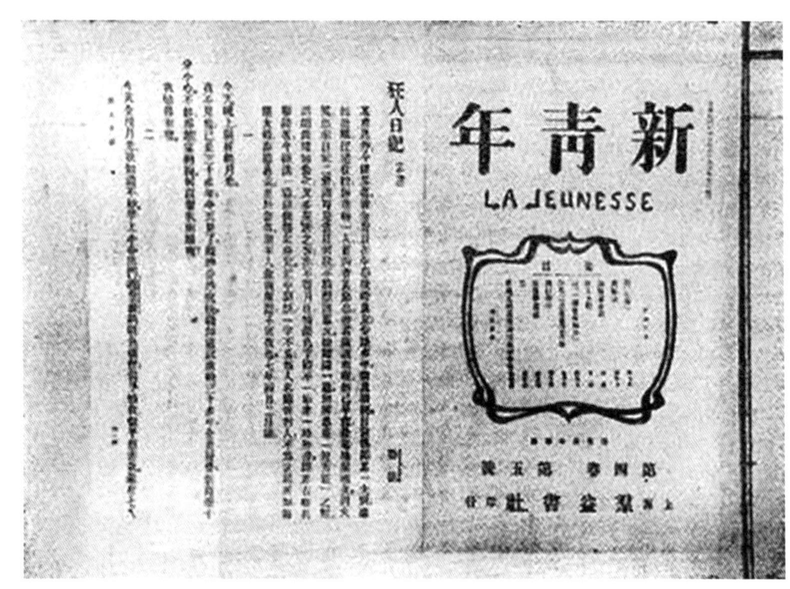
新青年
LA JEUNESSE
第四卷 第五號
上海羣益書社印行
狂人日記

《狂人日记》首先发表在《新青年》上

下了坚实的文化基础。在这里除了基础的文化知识，老师们更多的是在课堂上传播进步思想，带领学生们阅读进步书籍和参加社会活动，因此这里不论是在基础知识、阅读所得、社会活动、政治实践等方面都取得了显著的教学成果，为当今的思想政治与课程教育结合提供了教学方法的早期借鉴。

从教学方法来说，树群夜校可以说是基础文化知识和思想政治教育的完美结合。夜校教师虽然都是义务的，但是教学质量却很高，这里的主要开办者、负责人还有教师都是当时上海著名大学的学生们，他们本身的知识水平也决定了教学质量，同时他们还有一颗为劳苦大众服务的自觉心。不仅如此，老师们大多都是进步知识分子，在教学时非常好地利用了文学作品、时事政治等作为教学资源，引导学生们在知识学习的同时初步认识和思考社会环境。如教语文课的王德裕老师，注重选用鲁迅先生的著作，生动讲解《狂人日记》《呐喊》《药》等作品，使学生们深刻认识到中央集权封建社会的腐朽。李伯行老师通俗讲解马克思的剩余价值理论，使同学们懂得了资本家剥削工人血汗的隐藏性。程皋老师上历史课时，大胆宣传爱国主义和马列主义思想，虽然用的是当时国民党教育局所编写课本，但他实际上教授的是唯物史观，即“从猿到人”社会发展史，使大家对共产主义社会的必定实现充满信心。张寿根老师的历史课上，突出讲授中国近百年来受屈辱的历史，以帝国主义侵略中国、签订种种不平等条约等史实，激发学生们的爱国热情。

在这所学校的老师们，不仅通过课堂讲授进行了大量的革命启蒙教育，还通过业余活动的形式拓展“第二课堂”，为该校学生树立革命人生观打下了坚实的实践基础。如顾留馨老师向同学们介绍爱文书店发行的进步书刊，组织阅读社会科学的基础知识；程皋老师将斯诺的《西行漫记》和油印的《论联合政府》借给同学们阅读；王德裕老师还将进步剧本介绍给学生们，并帮他们排演进步戏剧《月亮上升》和其他反法西斯的讽刺剧等。这是一所热血沸腾的启蒙场所，老师们热情洋溢地教学，学生们如饥似渴地学习，有时候晚上下课已经 9 点多钟了，同学们还求知若渴、兴致勃勃地去老师家里提问题解惑、各抒己见、交流思想。有的老师还向同学们传播解放区见闻，畅谈革命理想，师生们关系融洽、亲密无间、相互鼓舞，教学关系融洽、成果良好。

树群夜校不仅在课堂讲授上花功夫，还积极鼓励学生参与学校活动甚至走出校门，接受社会教育，使“社会”成为绝佳的第二课堂。树群的学生们不仅在学校里办墙报、举行歌咏演讲活动，还走出校门参加各式各样的民主和革命活动以增长见识。如学校组织学生们聆听周恩来、郭沫若、茅盾、陶行知、田汉、孙冶方、马寅初、勇龙桂等当时著名民主人士的讲演，使得同学们接收了明确的革命信息与现身说法的熏陶。当年的学生卢光辉（后改名陈忠）在几十年后还能回忆起当时自己参加过的三个比较印象深刻的活动。一是著名舞蹈家戴爱莲到上海，在徐汇区文化广场演出《青春舞曲》，王德裕老师通知卢光辉去观看，这是他第一次参加社会活动。第二个让他印象深刻的活动是 1946 年 10 月 19 日鲁迅先生逝世十周年纪念日，在辣斐大戏院卢光辉第一见到敬爱的周总理。第三次则是在国立交通大学聆听了陶行知的演讲，内容是批判封建社会把妇女炼成三寸金莲，国民党把青年炼成三寸金头，束缚他们不让其行动与革命等。陶先生的这些观点和话语深刻地震动了当时还是初中生的卢光辉。观看进步舞蹈家的演出、参与鲁迅先生逝世十周年活动，还有聆听进步人士的演讲，是树群夜校学生参与的常规社会实践活动，除此以外他们还亲身参与革命斗争活动，这主要是指解放战争时期上海三大游行示威活动。

其一是1945年12月1日于再追悼会和游行。在1945年，昆明西南联合大学等几所学校正在党的领导下举行反内战的时事活动。12月1日，大批国民党武装暴徒冲进学校，使用机关枪和投手榴弹射杀师生。于再、潘琰、李鲁连、张华昌四位惨遭杀害，60多名师生受伤，这就是震惊全国的“一二·一”惨案。惨案发生后，各界震惊，宋庆龄（因病未出席，送了花圈）、柳亚子、马叙伦、沙千里、郑振铎、许广平、金仲华等进步人士，预定1946年1月13日下午2时，为于再烈士开追悼会。当天早上八九点钟，已有万余吊唁群众举着横幅，捧着花圈，川流不息地从四面八方向玉佛寺涌来，树群夜校的许多师生便在其列。呼啸寒风中挽歌在队伍里阵阵响起，玉佛寺内挂满挽联，充满了血泪的控诉和愤怒的呐喊。正殿祭案前摆放着于再的大幅遗像，遗像的上方分别为宋庆龄敬献横幅“为民先驱”和许广平亲笔所写哀悼长诗。两旁的挽联是“踏诸君血迹而进，率民众痛哭而来”，于再烈士的妹妹于庚梅身着白色孝衣，立于灵前，介绍了其兄的生平和遇难经过。据参与此项活动的卢光辉回忆，当时当局在外围布满了摩托车、机关枪，但人们仍然冲破封锁，冲进来举行悼念活动，现场情绪十分激昂。追悼会参加完毕之后就是游行，摩托车、机关枪等一路“伴随”游行，各界人士高呼口号，针锋相对，游行队伍从戈登路出来到静安寺路，沿着静安寺路一直到外滩才解散。

其二是 1946 年“三八妇女节”，树群夜校的部分同学们参加了国际妇女节游行。陈佩瑛至今还记得，当时夜校组织学生去中山公园参加演讲会，由民主人士许广平先生演讲，当学生们走到乌鲁木齐路时，遭到了国民党军警的水龙阻止，但学生们并不害怕，依旧慷慨激昂、热情高涨。陈佩瑛当时的任务是写标语，因为当时天气尚冷，她一路走一路写，戴的手套都写破了，也不为所动。

其三是 1946 年 6 月 23 日，参加欢送上海各界人民代表赴南京请愿“要求和平，反对内战”的示威游行。1946 年 4 月，国民党军队向东北解放区发动大规模进攻，全面内战一触即发。此时国共谈判仍在进行，谈判地点由重庆移至南京。为争取和平，在上海地下党的推动下，6 月 18 日上海各民主党派和爱国民主人士组成“上海人民和平请愿团”，准备赴南京请愿，呼吁和平、反对内战。上海各大中学校也纷纷成立反内战团体予以应援。次日“上海学生争取和平联合会”成立并发表宣言，要求美军撤出中国，永久停止内战，并在全市学生中开展反内战签名运动，组织学生到上海北火车站欢送请愿团代表进京，进行反内战宣传活动等。6 月 23 日，上海各界人民 5 万多人（包含 2 万多名学生）聚集在上海北火车站举行大会，欢送“上海人民和平请愿代表团”去南京。会后由大学生在前面开路举行了大游行，一路高喊“反内战”“要和平”“反对美国干涉中国内政”等口号。在这些游行的学生队伍里，有不少是树群夜校的进步学生们，据粗略统计该校有三分之一的同学大概百余人参与了此次游行。在游行前一晚，夜校的学生们在常熟路一家裁缝店里做旗帜、标语等准备工作，马路斜对面正好就是警察分局，但是学生们并不畏惧，积极准备。第二天游行时候，树群夜校党支部领导人胡德华同志就站在路边观看，看到夜校一百多名学生在游行队伍中精神抖擞地前进，感到由衷高兴。

通过树群夜校的学习，不少学生的思想觉悟大大提高。而且夜校中的党组织也得以将培养教育和发展党员的工作顺利结合起来。在党的领导下，这所学校虽然仅存数年，却在新民主主义革命胜利前夕发展成为一个战斗集体和革命堡垒。当时，树群夜校由史志新、王丽芬、杨文娟、沈曼如、应锡侯等老师先后担任校长，其中王丽芬校长任职时间最长，成绩也最显著。她在担任校长期间，不仅要处理各类管理事务，还要费心谋求捐款，更是在日伪统治和抗战后国民党管理上海期间，巧妙地顶住了各种危险，为中华人民共和国成立前的上海保留了一束革

1946 年 6 月 23 日，上海 5 万多群众举行反对内战的示威游行，把全国反内战运动推向高潮

命火种。经过五年的斗争，在仅有两三百人的学校里一共发展40名左右党员，其中输送9批同学共20余人到解放区、苏北、浙东等地，直接参加武装斗争和革命工作。

1945年抗战胜利之前，夜校的地下党活动由分属几个方面组织领导的党员分别进行，但他们在思想上时刻保持默契，在行动上互相配合。教师中的地下党员有顾留馨、张寿根、王德裕、方扬、陈忠浩、沈家桢六人，他们不直接参与学生的公开活动，而是借教师身份给学生的进步活动以精神上和物质上的支持。张寿根同志当时是地下党大学区的负责人，他通过沪江和之江大学的同学会，动员进步学生和党员来树群任教。学生中的中共地下党员最早的是陆亮（隆武能）同志，他在电信系统工作，由那里的党组织排到树群读书学习并开展活动。他通过深入细致地工作，先后发展了胡宏琪、吴云溥、张耕欣、崔锦昌、高其芳5位同学入党。1945年六七月，蒋文焕又介绍了张雪湖和严红（严金兰）两位同学入党。这些较早被发展入党的学生党员又发挥了带头作用，也介绍了不少树群的同学加入党组织。如严红同志后来介绍了骆引（骆淑娥）、沈兆康、傅方浩三人入党，与胡令升、段镇等同志介绍了陈忠（卢光辉）、姜仪（张福堂）、沈建忠、王德昌、季震鋆等十多位同志。当然还有一些树群的同学们在校外入了党，但依然在树群积极活动的，如孙瑞珍、陈佩瑛、陈厚云等人。还有一部分同志在树群入党后转到其他部门。在这些党员师生中，数名先后成长为党员干部和学者，他们是严红（北京市文化局副局长）、傅方浩（中国军医科学院教授）、陈厚云（中科院研究员）、程立（上海医科大学教授、博士生导师）、陆亮、吴云溥（《上海滩》杂志创办人、主编）、范正华（上海纺织研究院院长）、

《上海滩》创刊号（1987 年 1 月）

孙瑞珍（上海长途电话局政治部副主任）、陈佩瑛（上海市总工会科长、上海市轻工业局工会副主席、顾问，上海市退管会副秘书长）、曹文显（中国民航局驻越局级办事处主任）、张雪湖（二机部副局级离休干部）等。特别是吕飞巡烈士，他的光荣事迹在树群中传扬，成为夜校同学们永远怀念的校友，为他们在解放战争、新中国建设等进程中，挥洒自己的爱国热忱与热血青春，指引着前进的方向。

吕飞巡同志 1922 年出生在一个贫苦家庭，他 16 岁便到瑞丰进出口贸易公司做练习生，抱着对知识的无限渴望，他来到了“树

吕飞巡烈士

群夜校”。在夜校里面，吕飞巡学习刻苦、努力钻研，特别是英文水平进步很快，还因此得到了瑞丰公司老板的器重。除了学习基础文化知识以外，吕飞巡还接受了革命理论的熏陶，课余时间参加地下党领导的各种社会活动。他通过父亲的工作设法获得一间大厦的空房间，将其作为同学们的革命互动场所，还在这里接待想去解放区的同学。虽然他自己也非常向往去解放区的革命生活，但是因为家庭负担，他决定留在上海战斗。1945 年吕飞巡参加了地下党，后来为保护进步青年，不幸被特务逮捕，在 1949 年前夕被杀害时，年仅 25 岁。牺牲后他被安葬在龙华烈士陵园，当年夜校的同学们还时常去祭拜。

从 1930 年代初期开展起来的补习学校学生运动，到 1949 年，走过了十八年的战斗历程。它是上海职工运动的重要组成部分，也是革命文化运动的组织部分，和上海人民的革命斗争息息相关[1]。从树群夜校的开办初衷、主创人员、教师群体、教学方法、参与活动、教学成果来看，该学校虽然只是存在短短数年，但体现出了学习、工作、战斗其中的师生们，将中国传统优秀儒家思想资源转化为红色革命精神的创新品格。在国难当头、风雨飘摇的乱世之中，只要是有识之士，都会不由自主思考“国家往哪里去？社会要怎样变革和建设”等严肃话题，而在张家花园的小小夜校里，一些进步知识分子带领着有志青年们，自发以及自觉地带动同仁接受了马克思主义并用自己的实际行动将其“中国化”，编织谱写着家国情怀、义利观与仁学的新时代序曲。

二、“颐生”中的光明：弄堂里的爱国小学

除了树群夜校直接为革命输送新鲜血液以外，在张家花园的茂名北路 274 弄德庆里的弄堂中，还有一个低调的学校，这就是二弄的颐生小学。该学校主体建筑由 11、15、17 号三幢房子合并改造，其创始人是近代教育家胡颐生女士。由于直接材料的阙如，我们并不得知这位女士的详细生平，只能从其家族人士相关事迹材料中得知她所受到的家风熏染。

1　陆志仁，上海职业补习学校学生运动史（1931~1949）[M]. 上海：上海市委党史资料征集委员会 .

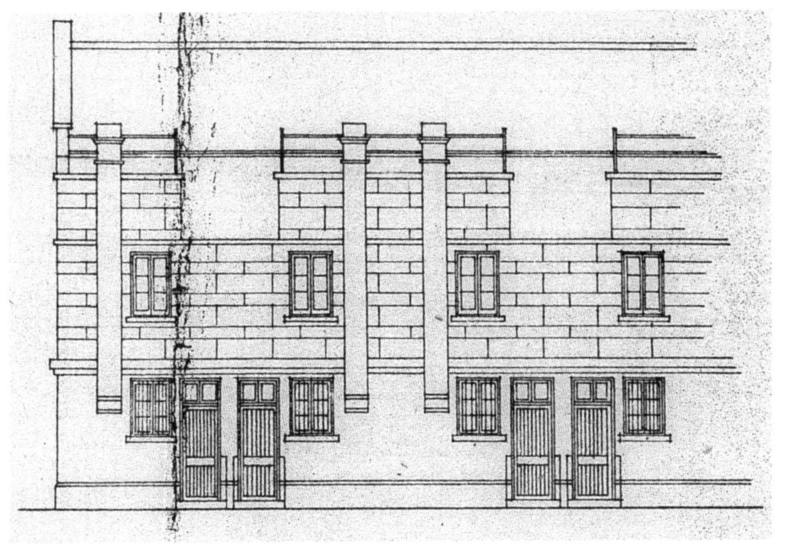

德庆里北立面历史图纸

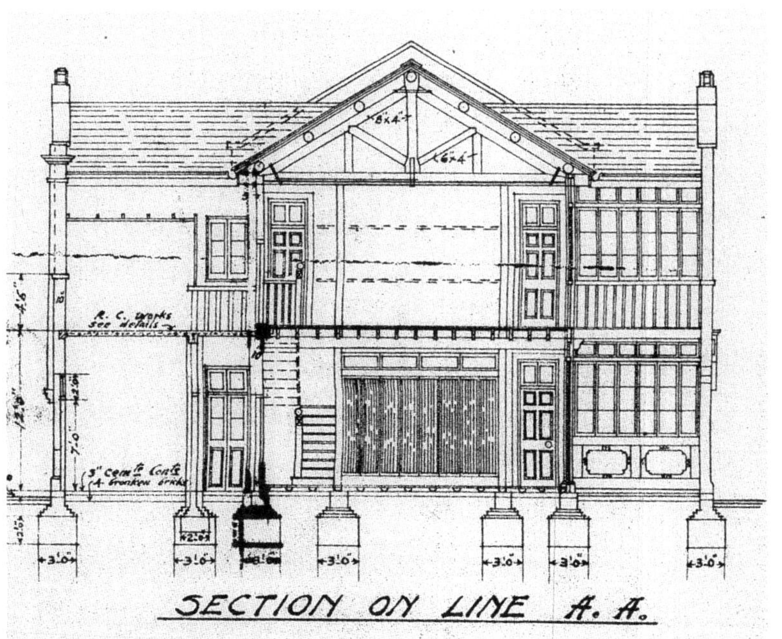

德庆里双开间建筑剖面历史图纸

胡颐生出生于浙江省上虞县丰惠镇，是当代著名革命学者胡愈之族妹，晚清民初上虞文人胡璞山之女。胡璞山（1857—1925）名德臻，字景平，号行璞山，在晚清曾任刑名师爷、副贡生、候补知州等职。他长期游冀皖，一身正气、两袖清风，拒纳不义之财。告老还乡之后，当过两年上虞县商会会长，为家乡做过许多善事。璞山和同族兄弟也就是胡愈之父亲胡庆阶，都提倡新学、注重实科、办女校，主张女孩也要读书，并从自己的子女带头做起。如此使得这个旧式书香门第的学风起了大变化，带来新风尚。从 20 世纪二三十年代起，胡愈之出生的家族宅地敕五堂的子孙辈们，涌现出一大批对国家有重大贡献的多学科人才。如胡愈之和胞弟胡仲持都是著名的新闻工作者、出版家和翻译家。他们的族妹胡颐生毕生从事教育事业，在上海创办私立颐生小学并任校长，中华人民共和国成立之后又把校产全部献给国家。虽然如今我们并不能找寻到有关于胡颐生女士的确切史料，但是从在该小学就读过的学生胡伟民的回忆里，有这么一件事：

一九四一年，我已经念四年级了。十二月八日，阴沉的早晨，我去上学，突然看见一辆辆日本坦克隆隆驶过威海卫

> 路。我赶忙躲到街角，心怦怦地跳。等了一会儿，鼓起勇气奔到了学校。学校里消失了喧嚣，消失了欢笑。校长胡颐生用嘶哑的声音在说话："……同学们，今天不上课了，你们回去吧！"她扭过头，哽咽着。可是，谁也不走。在死一般的寂静中，她强忍住悲痛，又补充了一句："……穿马路……要小心……"就再也说不下去了。[1]

胡伟民祖籍在江苏常熟胡家浜，家中有兄弟姐妹八人，他排行老二是最大儿子，祖父和父亲都曾是地主的长工，此后祖父母来到上海谋生，祖父为资本家看弄堂，即现在的威海路549弄，在大范围内也属于张家花园地界。祖母则在那里做厨师，烧得一手好菜。此后伟民的父母也来到上海，父亲胡云龙在上海东方旅馆做事，母亲姚秀林接替了伟民祖父的工作。伟民随母亲来沪时才六岁，随后进了颐生小学和景德中学读书，在颐生小学开始了自己的艺术启蒙，他说：

> 学校在慕尔鸣[2]路（今茂名北路）的一条狭窄的弄堂里。校址虽小，校长的心胸却很

1　胡伟民．导演的自我超越（增订本）[M]．上海：上海远东出版社，2015：195-196.

2　原文为"慕乐鸣路"，当为"慕尔鸣路"之误。

博大，是个有民族爱国心的人。她重视学校的德育、美育，每当学期结束，学校都要举行师生“同乐会”。选一个大教室，用课桌拼搭个“舞台”，师生共聚一堂，演戏、唱歌、跳舞。

从这段话可以看出胡颐生是一位具有爱国热忱的教育家，正是在这所小学里，颐生校长和老师们的倡议启蒙了幼年胡伟民“文艺报国”的最初理想。在他的记忆里，也许是因为长得比较文弱，级任老师刘先生挑选他扮演一个女角。在一个抗日题材的戏中，胡伟民演一个东北的小媳妇，做了一双鞋子，准备送给在前线杀敌的丈夫。不料丈夫因为想念家里，所以开小差回来了。“小媳妇”气得把鞋子摔出了门外，丈夫呆住了，拾起鞋子哭了，妻子也哭了。这虽然是小学生演的戏，但是因为演太过生动真实，竟有观众止不住流下了眼泪。这是胡伟民人生的第一个角色，也是他梦想的开始。此后，他考取了南京的“国立剧专”，从 16 岁开始正式踏上了专业戏剧的道路，徐晓钟、谢晋、刘华均是他的学长、学姐。回到上海后，他又考取了坐落在横滨桥四川北路上的“上海剧专”。时隔多年，当胡伟民已经成长为著名的戏剧导演，还对自己的第一个角色念念不忘，可见颐生小学的老师和校风给予这位导演的德育、美育、教育启蒙是终生难忘的。

不仅胡伟民，颐生小学还培养了另外一位著名导演——乔奇。乔奇原姓徐，学名徐家驹，乔奇是他参加戏剧工作后用的名字，在担任导演后还用过徐慈的名字。乔其原籍为浙江宁波，1921 年在上海出生，他三个月时父亲去世，靠母亲帮佣供他其读书。在五岁时乔其入学颐生小学的前身美华女塾，在母亲的鼓励下，他在八九岁时曾到明星电影公司做《火烧红莲寺》《刀下美人》《新西游记》等影片的儿童临时演员，1929年还曾在一部叫《大人国》的影片中扮演过一个船长的儿子。当时的电影都是无声默片，但在神奇的摄影棚里，幼年的乔奇能有机会接触到电影拍摄，使其非常开心，给他留下了深刻的童年记忆。1930年乔奇考入了上海工部局所办的育才公学，六年后又转入私立国光中学，1940年在私立华华中学高中毕业，在此期间曾在上海中法戏剧学校选读。

除了培养出胡伟民、乔奇等出色的戏剧家，颐生小学还是新中国第一代女航空员李坚的幼年启蒙之所。李坚童年悲惨，她的祖籍本来在江苏东吕四，亲生父亲跑到上海来拉黄包车，她和双胞胎妹妹1929年5月生于上海，父亲为其取名“彭双玉”。不到五岁的时候，双玉被父母卖给李家，换了四十块大洋，于是她又成了李家的养女“李国珍”。当时这家有一个大两岁的哥哥李国经，1944年17岁的李国经离家出走参加抗日的新四军，直到1949年5月27日上海解放的这一天与家人联系上，原来哥哥所在部队已经进入上海城，占领了蒋经国公馆。阿哥的归来和解放军的进城使得少年李国珍很受震动，于是她产生了要自己找工作、自力更生养活自己的念头。在进入华东军事政治大学之前，李国珍只念过两年书，即从小学二年级下学期念到小学四年级上学期。据她自己回忆，念书的学校正是在张家花园震兴里的“颐生小学”，之后还进入“树群夜校”读了一段时间。正因为有小学和夜校的文化底子，使李国珍较为自信，因为“我也算家里的文化人了，开始帮着家里管账”，此后自己通过坚持不懈的努力终于考取了华东军事政治大学，之后又被挑选加入中国第一批女航空员的学习队伍。在军政大，这个只有小学文化的上海女子，经常“一个人夜里打着手电用功”，艰苦地学习大学的物理、机械等课程[1]。终于功夫不负有心人，1951 年李国珍学成毕业，后来还立了三等功，做了机械长，并于 1952 年 3 月 8 日，参加庆祝第一批女航空员起飞典礼。中国人民解放军总司令朱德、全国妇联名誉主席何香凝、副主席邓颖超、李德全等，在首都西郊机场观礼，毛主席也在中南海观看了飞行。典礼后李国珍进入人民空军服役，1956 年调往哈尔滨军事工程大学空军工程系，1966 年调往中国科学院沈阳金属研究所，1984 年离休，参与编纂辽宁省科协志。1994 年李国珍与自己的老伴也就是当年养父家的“哥哥”李国经定居上海，过着幸福的晚年生活。

因为在颐生小学短暂停留，而给张园文脉贡献浓墨重彩的，又何止校长胡颐生和学生胡伟民、乔奇、李坚！还有一位上海名人有赖于颐生小学，才迈出了自己职业生涯的第一步，这就是当代著名作家茹志鹃。茹志鹃祖籍浙江杭州，1925 年 10 月生于上海。她家庭贫困、幼年丧母失父，靠祖母做手工换钱过活，11 岁以后才断断续续在一些教会学校、补习学校念书，初中毕业于浙江武康中学。毕业后茹志鹃将得来不易的文凭，缝在衣服里，回到日占区的上海，住在四哥的一位姓任的女朋友家里，后来经任家父亲的介绍到茂名北路的私立颐生小学任教。据茹先生回忆，那时候小学教师的待遇极低，然由学校供一顿中饭，另外校长再介绍一两个家庭教师的职务，从早忙到晚，勉强图个温饱。初出茅庐的茹志鹃没有屈服于生活的困顿，而是以“贫贱不能移”的精神观察生活、尝试表达。当时她写作了一篇小速写《生活》，这篇

1　徐锦江，陈启甸 . 上海，我的 1949 [M]. 上海：上海三联书店，2014：263.

作品茹志鹃“自己都忘记了”[1]，因为写完后就奔赴苏北抗日根据地，是别人把作品寄到报馆并获得发表的。虽然当时茹志鹃的学历并非很高，但是从其处女作《生活》中我们仍可见到她深刻的批判性思想与注意细节的描写能力。这篇作品描写了女主人公沁痕作为大学毕业生，因失业困守于灶披间，当她发现某时装公司招聘女职员的广告时，用飞快的速度换上了她“那件顶入时的蓝布旗袍”，拿了她那张曾费尽心血而得到的大学文凭去应聘。怎料时装公司不要大学毕业生，而只要花瓶式的人物，相貌穿着极其平常的沁痕在“肥红绿瘦”的姑娘们中落选了。她极度失望地离开，“在微微的秋风中踯躅着”，终于怀着极大的愤慨把大学文凭撕作片片“白蝴蝶”，跨出了她与旧社会决裂的第一部。基于自己的亲身经历和深刻感悟，十八岁的茹志鹃以特有的敏锐眼光将笔触倾注在妇女命运上，完成了这篇作品。体现了作者的深刻思想内涵，在视妇女为商品的日益殖民地化的都市里，知识妇女是没有出路的，都市畸形繁荣的市场上需要的只是妇女的色相而不是大学文凭。《生活》显示了茹志鹃在平凡日常生活题材中把握严肃社会问题的能力，在写作手法上运用了伏笔、照应等方式，说明初出茅庐的她就十分注意细节描写。

1　茹志鹃．茹志鹃小说选 [M]. 南京：江苏文艺出版社，1983：379.

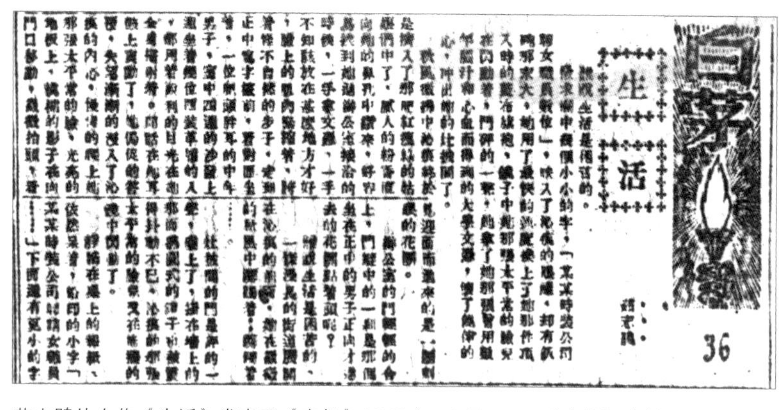

白茅 36

生活

茹志鹃

茹志鹃处女作《生活》发表于《申报》1943 年 12 月 20 日“白茅”专栏

1943 年茹志鹃十八岁，在她的人生道路上这是具有转折性的一年。这年她先在上海颐生小学任教半年，开始了她的职业妇女生涯；也在这一年她奔赴苏北并发表了第一篇作品，开启了革命文艺的道路。大家都知道茹志鹃的女儿是当代著名作家王安忆。几十年后王安忆也是从石库门走向苏北老区，开始其知青生涯，到她返回上海，以《长恨歌》等作品著称于世，堪称“新海派文学”的典范，她的笔触也时时处处关注石库门中的女性生活，可以说这既是“家学渊源”使然，又是某种历史的传承与巧合。

尝新与开新：张园的文明婚礼

“（婚礼后）伯群先生随即带我（保志宁）到静安寺路（现南京西路）张家花园他的母亲处，先祭拜祖先并向其母亲礼拜，这是我初次向婆婆请安”[1]。1931 年 6 月张园华严里开发者，时任南京国民政府交通部长、大夏大学校长王伯群与大夏大学女学生保志宁结百年之好，一时成为社会美谈和舆论焦点。王保二人未采用传统婚礼，而是以文明婚礼结合，保志宁回忆：“伯群先生的母亲和我的父亲为主婚人。伯群先生穿的是中国礼服，我穿的是白色西式礼服，女傧相四人穿的是粉红色西式服装……结婚仪式中，先是伯群先生和我亲自盖章，再由证婚人、介绍人盖章，最后由主婚人盖章。然后交换戒指，由证婚人致辞，就此礼成，我随即换了粉红色的旗袍准备招待客人。”中国作为礼仪之邦，历来将婚礼作为最重要的人生仪礼之一。婚礼，不仅承载着厚重的文化根基，同时也反映出时代的风尚。传统婚礼传续上千年，一般称之为“六礼”婚礼，包括纳采、问名、纳吉、纳征、请期、

1 保志宁，汤涛．保志宁：王伯群校长与我 [J]. 档案春秋，2017（10）.

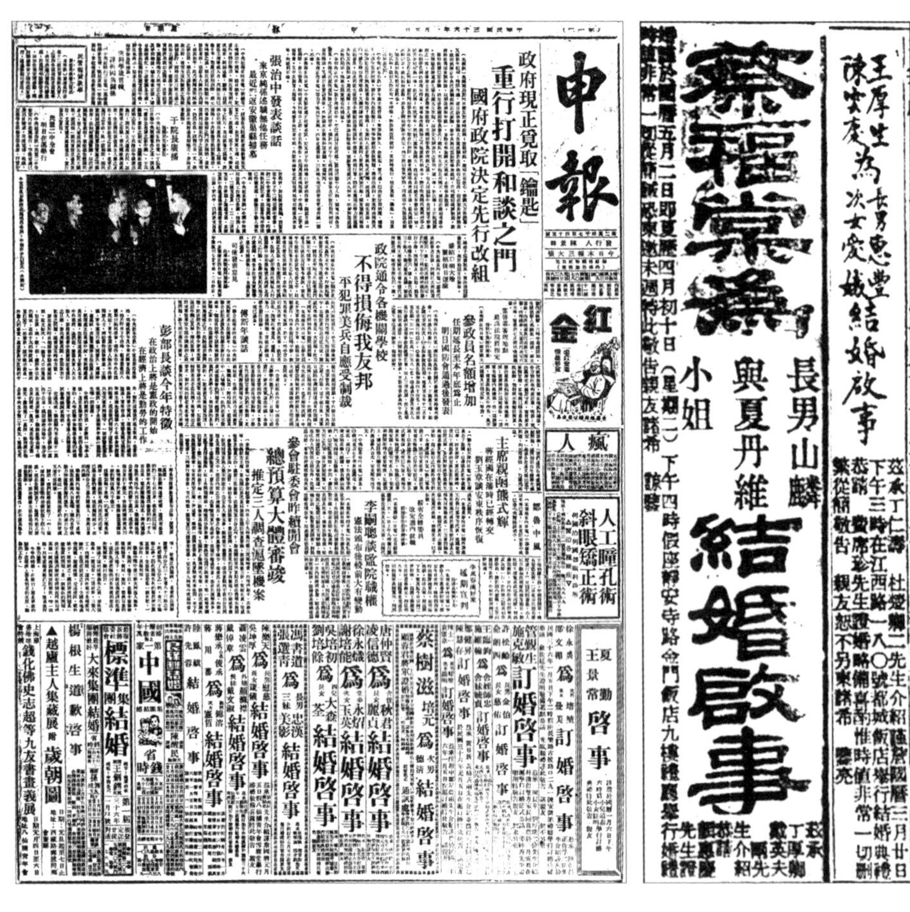

申報

政府現正覓取「鑰匙」
重行打開和談之門
國府政院決定先行改組

政院通令各機關學校
不得損侮我友邦
平犯罪美兵自應受制裁

參政員名額增加

張治中發表談話

彭部長談今年特徵

參會駐委會昨續開會
總預算大體審竣

李嗣璁談監院職權

人工瞳孔術
斜眼矯正術

訂婚啟事

結婚啟事

王厚生
陳安麦 為長男惠豐
次女愛娥結婚啟事

茲承丁仁壽 杜燮卿二先生介紹謹於國曆三月廿日下午三時在江西路一八〇號都城飯店舉行結婚典禮恭請袁席珍先生證婚略備喜酌惟時值非常一切删繁從簡敬告親友恕不另柬諸希鑒亮

蔡福棠 長男山麟
與夏丹維小姐
結婚啟事

茲承丁厚卿 戴英夫 顧□先生介紹 恭請顏惠慶先生證婚 謹擇於國曆五月二日即夏曆四月初十日（星期二）下午四時假座靜安寺路金門飯店九樓禮廳舉行婚禮 時值非常一切從簡恕柬未遍特此敬告親友諸希 諒鑒

左图：吴培初、刘培余为儿女刊登结婚启事（《申报》1947 年 1 月 5 日）

右图：王厚生，蔡福棠为儿女刊登的结婚启事（《申报》，1944 年 3 月 17 日第 2 版；《申报》1944 年 5 月 2 日第 3 版）

亲迎等核心仪节，不仅仪式繁复，而且其仪式的核心内涵在于双方家族缔结契约关系。而清末以来的文明婚礼，又被称为新式婚礼，却可谓中西之际、新旧之间的海派风尚的集中体现，而居住在张园的海派君子们自然要做这风尚的引领者，以彰显他们“尝新”的姿态与“开新”的能量。

一、从王保婚礼透视文明婚礼新习俗

据《申报》《时事新报》的材料来看，早期张园住户和开发者跟上海各地名流一样，喜欢报纸上刊登自己或者子女的结婚启事、结婚申明，如吴培初（基安坊）、王厚生（同福里）、王伯群（华严里）、蔡福棠（威海路590弄）等等都有类似行为。

从这些广告信息来看，这些婚礼仪式均以公共场所（一般是酒店、饭店）作为婚礼礼堂，且要有介绍人、主婚人、证婚人等婚礼见证人群体。这就不同于传统婚礼，却与文明结婚颇为类似。其中由于王保婚姻为当时媒体报道热点，记录也颇为详细，为探讨这一时期张园的海派君子开婚礼之新提供了丰富的材料。1931年6月18日，时任南京民国政府交通部长兼大夏大学校长的王伯群与大夏大学校花保志宁结婚。王保婚礼仪式的记录如下：

> 交通部部长王伯群氏。与保志宁女士订定婚约一节。业由双方互得家长允许。登载启事于各报。惟王保联姻经过情形。各报多未能尽其详。且传闻时有失实。颇引起各方之注意。本报记者。昨特往访与王部长接近之友人某君。据云。此事双方曾经十余月之考虑。始于上月完全成熟。查保女士

南通人。为现任驻美尔钵领事保既同之长女。财政部保既印。前沪市教育局长保君建之侄女。毕业上海大夏大学文学院。平时在校。品学兼优。校中师生咸赞许其为人。去年保氏友人偶谈及保女士婚姻问题。其时适王伯群氏以原配逝世。业已数载。尚未续弦。王太夫人正在为之物色继室。王与保女士之叔本系旧友。乃由张我华。何辑五。两氏提及联姻之事。以为门当户对。人才相称也。当是时保女士之父保既同氏。适由加拿大总领事任返国。对于双方缔结姻亲之议。表示儿女双方。既均有相当地位与学识。婚姻应尊重双方本人意见。惟父母之命及法律之根据。不可忽略。经长久之计商。嗣以王氏既系正式续弦。法律自无问题。而双方意见。亦甚融洽。于月初订定婚约。前外传种种。皆非事实。不足置信。兹闻王保两氏。业经议决。本月十八日在沪徐园正式举行结婚典礼云。按王·保·两氏都系望族。而王部长为党国柱石。保女士系青年俊秀。将来成为眷属。定系一对佳偶。家庭幸福。必无限量。而互谋方会事业之进行。亦尚可不遗余力。想届时举行结婚典礼。必有一番热闹也。

《王保明日结婚·双方意见甚为融洽。家庭幸福必无限量》，《申报》，1931 年 6 月 17 日

交通部长王伯群。与大夏大学毕业生保志宁女士。昨日下午五时。在康脑脱路徐园。举行结婚典礼。贺客盈门。车马塞途。颇极一时之盛。证婚人许世英·张群。介绍人张我华·何辑五。双方家长代表王老太太·保君皞。来宾计有虞洽卿·王晓籁·李仲公·蔡子平·贺耀组·庄智焕·许修直·杜

月笙·张啸林·钱新之·陈希曾·及交通部同人等数百人。外宾亦到数十人。四时三十五分。新人新娘在军乐声中步入礼堂。王氏服蓝袍玄色马褂。保女士服白缎绣花礼服。披长纱。仪态万方。端庄秀丽。笑容可掬。行礼后。证婚人许世英致贺词。略谓。今日伯群先生与志宁女士举行婚礼。伯群先生宣劳党国。执掌交通。故余有一譬喻。今日之婚礼。如新造巨轮之行下水礼。又如邮政局寄第一次包里。举行开包礼。又如电报局开幕之行开基礼。深望保女士辅佐王君。使交通事业。日益发达云云。语极滑稽。众为鼓掌捧腹。次张群致辞。最后由来宾代表王晓籁致贺词。略谓。鄙人因多男多女。故承来宾推为代表。恭致贺词。希望明年此日。可吃红蛋。素闻保女士在学校中。获得演说首奖。鄙人不善辞令。焉敢班门弄斧。兹谨代表来宾请愿。请保女士报告恋爱经过云云。众为鼓掌催请。不料司仪人见机。高呼奏乐。于是此一对新婚夫妇。在乐声中退出礼堂。贺客复蠡拥上楼。纷纷致贺。至晚间十一时许。始陆续散尽。闻新夫妇日内拟赴南通度蜜月云。

王保婚礼志盛，《申报》，1931年6月19日

行礼情状：钟鸣四下，军乐齐鸣，由江苏电讯管理局长郑方珩司仪，证婚人张群、许世英，主婚人乾宅王氏太夫人代表王淑芳，坤宅保女士老父保君嗥，介绍人何辑五、张吾华。及新郎王保群相继入席，新娘于音乐抑扬声中，由活泼伶俐之小童三人，御白色舞衣引导，护以女傧相私人，袅袅登室。王氏御蓝绸长袍，黑绸马褂，态度从容，时作微笑。新娘则

御淡水色礼服，白纱护披，笑容可掬。继由证婚人许世英演说，略谓王部长对于交部事务，努力发展，今日礼成后，希望以发展交通事业之精神，同时努力施诸保女士。许氏又云，今天婚礼宛如新船之举行下水礼云云。继张市长王晓籁等均有演说，庄谐参半，辄令哄堂大笑。礼成后，据王氏家人语记者云，部长以张氏花园华严坊之寓所狭小，故洞房别筑在爱文义路二百号新宅。报载婚后，即赴南通度蜜月云云，并不确实。且保氏家属亦尽居海上，实无即赴南通之必要，并闻王氏离京时，曾向国府请假一月，故将暂留沪上，不即返京云。

王伯群新婚记 《时事新报（上海）》，1931 年 6 月 19 日

从这三段材料来看，王保婚礼包括三个阶段：订定婚约、行结婚礼、婚后礼。订定婚约主要包括自由相识、两家商议、登报通告等环节。行结婚礼阶段主要包括奏乐、就位入席、证婚人演说、行结婚礼等环节。从报道来看，王保二人大婚后会不会立马去南通度蜜月还颇具争议。但结合三四十年代《大公报》《申报》所刊登的各类度蜜月广告可以明确，婚后度蜜月似乎已经成为当时婚礼的新风尚。值得一提的是，作为传统婚礼中婚后礼的重要仪节回门也并没有因为度蜜月的流行而消失，许多新人仍继续遵从，甚至将回门与度蜜月结合起来。如报道所说，保氏娘家在南通，他们娘家人目前全在沪上，所以没必要立马前往南通度蜜月。言下之意是南通老家没人，去南通度蜜月只能是度蜜月，并不能达到回门的效果。

1930 年代，受国际经济萧条环境等因素影响，南京民国政府在力推新生活运动，以提倡简单朴素的新生活、新风气。作为交

通部长的王伯群却举办了一场“贺客盈门，车马塞途，颇极一时之盛”的婚礼，自然是授人话柄的。于是《龙报》在6月24日刊登贺家《王伯群陋室结婚》一文，抓住王保婚礼浮华铺张有违官方提倡节俭的精神，大作批判。此外，自由平等恋爱、文明结婚的思潮和实践也在上海发展了小半个世纪，“结婚文明，文明结婚”已逐渐成为社会共识，而保氏作为王伯群续弦却与王相差近三十岁，自然就容易引发社会有关王保二人“老少配”“买卖婚”的讨论与猜想。《益世报》（天津版）就在王保婚礼第二天发文《王伯群保志宁昨结婚，许世英证婚巧譬耐人寻味》录许世英“王从事教育，办一个良好大学，今日之结婚证书即等于毕业证书”的言论来调侃。种种言论逼得王保二人于6月24日出版的《生活周刊》上刊登声明，否认买卖式婚姻。

由此可见，这一时期张园地区乃至整个上海，人们对传统婚礼的一些观念和做法的鄙弃是旗帜鲜明的，对清末以来的自由平等恋爱和简约文明结婚是十分推崇的。1928年，南京国民政府礼制服章审订委员会、大学院院长蔡元培和内政部长薛笃弼等联合起草《婚礼草案》，制定了一套可以推之全国的体现革新传统婚礼姿态的婚礼仪式操作范本，以助推社会风气变

陳友仁張荔英相差廿七
王伯羣對結婚聲明
◈……否認買賣式婚姻

上海電云、廿日出版之生活週刊登保志寧親筆王伯羣署名之聲明函、否認報載關於結婚事諸消息、中稱本人素尚儉約、備員中央數載、自顧實無此多金、且買賣式婚姻、略具新知、均所反對、伯羣雖愚、尚能認識、保氏世系望族、志寧亦卒業大學、智識階級、人格具在、斷不爲此、至師生結婚、則羅素曾與勃拉分結婚、國內學者、深諒而贊成之、何獨於伯羣則不然、至年齡相懸、則陳友仁與張荔英相差二十七歲云

1931 年 7 月 23 日的《盛京时报》刊登了王保二人于 6 月 24 日出版的《生活周刊》上发布否认买卖式婚姻声明的消息

革。《婚礼草案》中新式婚礼的仪式可以分成四大部分：第一节订婚、第二节通告、第三节结婚、第四节谒见。

订婚包括：①订结婚年龄，按法律规定；②订结婚信物，男女双方在公共场所交换订婚贴。订婚贴分男女，需写好姓名、年纪、籍贯和订立日期，并要介绍人和订婚人签字（或盖章）。通告是结婚一月前由男女家双方同意订定结婚日期，并订立婚期贴。结婚包括：①结婚地点可在公共礼堂或者家庭；②结婚关系人包括介绍人、主婚人（双方父母或监护人等）、证婚人（本地有资历威望的人）、傧相（男女家自行邀请）、司仪（男女家共推一人）；③要求结婚时必须穿着礼服；④结婚礼节包括就位：司仪入席、奏乐、来宾入席、介绍人就位、证婚人就位、主婚人就位、新郎新娘就位；致敬：全体向国旗和孙中山遗像三鞠躬；行结婚礼：证婚人读证婚书（结婚证书）、证婚人分别询问新郎新娘是否愿意结婚、新郎新娘答复并在证婚书上签字或者用章、证婚人介绍人主婚人在证婚书上盖章，新郎新娘互行三鞠躬并交换戒指；致辞：证婚人致辞、主婚人训词、来宾贺词；致谢：主婚人致谢词，新郎新娘谢证婚人、介绍人、来宾各三鞠躬；奏乐礼成。谒见包括：①新郎新娘谒见男女双方父母，行三鞠躬；②

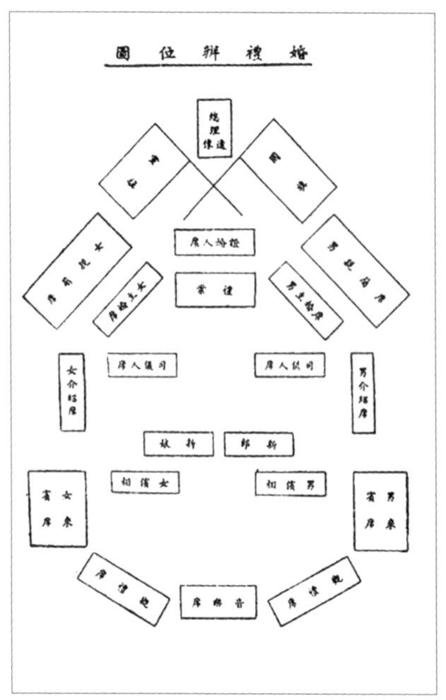

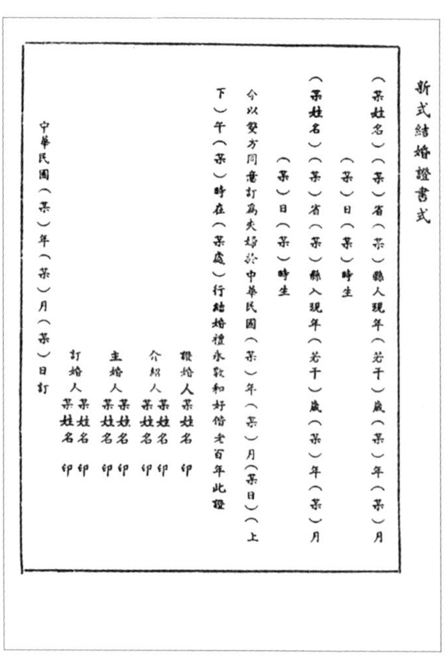

新式結婚證書式

(某姓名)(某)省(某)縣人現年(若干)歲(某)年(某)月(某)日(某)時生

(某姓名)(某)省(某)縣人現年(若干)歲(某)年(某)月(某)日(某)時生

今以雙方同意訂為夫婦於中華民國(某)年(某)月(某日)(上下)午(某)時在(某處)行結婚禮永敦和好偕老百年此證

證婚人 某姓名 印

介紹人 某姓名 印 某姓名 印

主婚人 某姓名 印 某姓名 印

訂婚人 某姓名 印 某姓名 印

中華民國(某)年(某)月(某)日訂

左图：《婚礼草案》新式婚礼辨位图（林轶西编，应用文教本，汉文正楷印书局，1933.07，第 102 页）

右图：《婚礼草案》新式婚礼结婚证书样式（林轶西编，应用文教本，汉文正楷印书局，1933.07，第 103 页）

新郎新娘谒见男女双方亲长，行三鞠躬；③新郎新娘向平辈行相见礼，一鞠躬；④男女亲戚全体行相见礼，一鞠躬；⑤礼成。

对比王伯群和《婚礼草案》的婚礼仪式来看，王伯群婚礼在订定婚约阶段的经介绍人介绍、征求双方家长意见、订定婚期通告等环节上与《婚礼草案》的内容颇为相似，结婚阶段的结婚关系人体系、大致仪节等也基本与《婚礼草案》相同，婚礼服饰也呈现出融合中西的特点。可见，王保二人作为新派知识分子，以文明婚礼彰显其对自由浪漫爱情的追求，以及敢为人先、引领风尚的勇气和姿态。

二、张园新式婚礼的精神蕴含

1920 年代南京国民政府推出《婚礼草案》也是响应社会需求，再以官方文件起到倡导和规范的作用之行为。一般来说，1902 年蔡元培与黄世振的杭州婚礼被作为文明婚礼的诞生。而沪上文明婚礼的兴起也可追溯至 20 世纪之初，且与张园有着千丝万缕的联系。彼时的味莼园已是摩登人士首选的“结婚礼堂”。

1905 年 1 月 1 日（农历十一月二十六日），无锡廉先生与桐城姚女士于上海味莼园（张园）举行了婚礼，这位廉先生正是前文提到的吴芝瑛女士丈夫廉泉的弟弟廉隅，而证婚人正是园主张叔和。《女子世界》杂志则称其为“创新婚礼”，撰文记者赞其为“我国文明之花胚胎”，上海《时报》则称之为“文明结婚”更是连刊三文报道。其中《结婚新礼式》《结婚新礼式续》两文较为详细地记录了这场文明结婚的内容，主要包括“行结婚礼、行见家族礼、行受贺礼”。

第一，行结婚礼。结婚礼是文明结婚的核心仪式，包括就位、展读婚书、用印、交换信物、对立鞠躬、读颂词、答谢等仪节。

就位，指新郎由男客（类似今天的伴郎）、新娘由女客（类似今天的伴娘）伴送至礼堂，面向正北方站立好。展读婚书，指主婚人面向西南站立，将新婚夫妻的婚书打开并宣读。用印，指婚书宣读完毕后，主婚人、介绍人在婚书上相应位置盖上个人印章；然后主婚人为新郎新娘交换信物，信物可以是戒指、时计（手表）等。对立鞠躬，指信物交换完毕，新郎新娘对立鞠躬。此后，主婚人宣读颂词：既举嘉礼，各守婚约。五福骈联，百年和合。寿考康强，子孙有谷。谨至祝词，我心孔乐。宣读完毕新郎新娘鞠躬答谢主婚人，再谢介绍人。谢毕，主婚人、介绍人退离，宾客拍手欢呼祝贺。

第二，行见家族礼。结婚礼毕，新郎新娘需要谒见亲长，称之为见家族礼，主要包括谒见尊长族亲和授受礼物两大内容。新郎新娘先谒见尊长行叩头礼；然后见平辈行鞠躬礼，平辈回以鞠躬礼，再见下辈小辈行鞠躬礼，小辈回以鞠躬礼。谒见毕，尊长授以新郎新娘金银牌或者饰物，平辈下辈送新郎新娘鲜花（鲜花于礼堂中提前备好，插在花瓶中）。第二日，新郎新娘再带礼物回谢诸位亲长。

行受贺礼。见家族礼后，新郎新娘要接受前来观礼的宾客的祝贺，是为受贺礼，主要包括鞠躬祝贺、读颂词、插花、读答词、鞠躬答谢等仪节。

男女客先排列好向新郎新娘鞠躬祝贺，然后男女客代表分别出来读颂词祝福新人。男客颂词：嘉日良辰，祥光淑气；元吉在上，和乐且耽。惟某某君与某某君，合两姓之好，偕百年之老；既谐伉俪之情，永守婚姻之约。凡我宾僚式亲典礼，敬颂某某君敦嘉耦之欢，得贤媛之助，轨仪中壶，福祚德门，比委蛇于山河，协穆邕于家室，子孙有谷，寿考大齐，颂祝同声，欢喜无量。女客颂词：嘉日良辰，祥光淑气；元吉在上，和乐且耽。惟某某君与某某君，合两姓之好，偕百年之老；既谐伉俪之情，永守婚姻之约。凡我宾僚式亲典礼，敬颂某某君敦嘉耦之欢，得贤夫之助，内仪相翼，家政宣勤，偕挽鹿以同功，赞弋凫之成绩，子孙有谷，寿考大齐，颂祝同声，欢喜无量。[1]

诵读完毕，男女客代表各拿一朵花，男客代表给新郎衣襟插花女客代表给新娘插花并鞠躬，以表祝贺。新郎新娘站出来读答谢词：嘉宾欢集光宠已多复承，颂词过奖，实不敢当，不佞夫妇二人，谨当交相勖励，守夫辅妻齐之谊，以副诸君之雅意，还祝诸君，康乐吉祥，同臻寿考，谨谢。[16] 并向所有宾客行鞠躬礼表达感谢。礼毕，所有宾客欢呼祝福，继而宴饮，其间可高举酒杯自行前往新郎新娘所在表达祝福。

1905 年 9 月 1 日《申报》报道，刘驹贤也在张园举行了文明结婚礼，礼堂在安垲第。据《上海县续志》（民国七年刻本）记载：（张园）有高楼曰碧云深处，有广厦曰安垲地，皆十一年开放以后所筑也。安垲地尤宏敞，具馔可容千人。这就使得宽敞明亮的安垲第成为张园里容纳能力最强的空间，是当时张园里承接集会、演说、宴饮的重要空间。自然安垲第也称为文明结婚礼的主要仪式礼堂。文明结婚的礼堂布置是有一定讲究的，新郎新娘、主婚人、介绍人、亲友来宾的站位是需要设计的。如《结婚新礼式》所刊：

1　结婚新礼式续 [N]. 时报，1905-1-4：第 6 页 .

扬州女子公学里的文明结婚（《时报》，1913 年 5 月 17 日第 15 版）

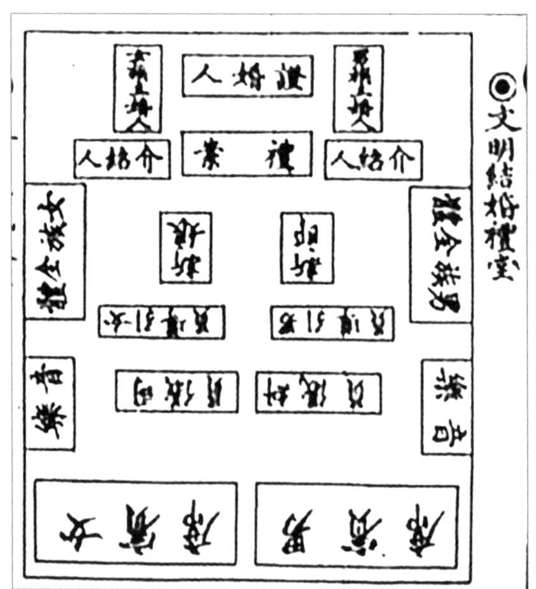

《国民快览》刊登的文明结婚礼堂图

新郎新娘“北面立定”，主婚人“西南面立”。遗憾的是，该文无其他人员的站位介绍。好在民国初期，整个上海已经颇为流行文明结婚，全国各地的大都市都开始时兴文明结婚，且仪式内容与张园的十分类似，所以可以借助别地的材料做参考，拟构张园文明结婚礼堂布置。

从1913年《时报》上扬州的文明结婚报道与插图中可以看出，文明结婚的礼堂应当有两部分空间，一部分为婚礼仪式举行的“舞台”，一部分是来宾观礼的“看台”。在1926年上海《国民快览》中有关文明结婚礼堂布置图，详细绘制了婚礼仪式“舞台”上的空间分布，包括礼案、证婚人、主婚人、介绍人、新郎新娘、男女族亲、男女引导员和司仪员的位置。这幅图反映的文明结婚礼比张园文明结婚礼的人员更复杂，多出了证婚人、司仪员等，但是整体分布十分具有参考价值。综合这些信息，本文尝试拟构了张园文明结婚礼堂位置图如下：

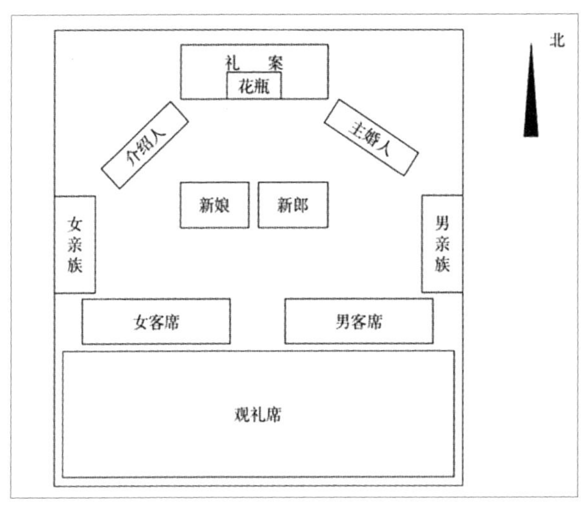

拟构的张园文明结婚礼礼堂站位图

1906 年 5 月 2 日，《申报》刊登了仇少泉与陆巧云在张园举行文明结婚的消息。此后几年，张园主人张叔和第六个女儿张霭墨的婚礼、李玉臣与孙琴书的婚礼，以及“中华民国”第一任总理唐绍仪的婚礼也都在张园举行。1911 年上海《时报》甚至刊文道：近来文明结婚者日多，以张园为结婚之所，实为不美，因张园为一大茶馆而已，为流氓妖女勾引之处，以此污秽之地，岂可容一对新人行文明结婚乎？ 1912 年《申报》刊龙门居士《以园为国说》一文，提及“在沪诸要津，则日在戏园茶园，尔我同车则偕到愚园，文明结婚则在张园”。这两则信息一反一正，都说明了在当时的上海文明结婚必在张园，张园也自然成为当时文明结婚礼的代表性空间。此后，文明结婚礼也从张园一园扩展到上海一城，并逐渐在全国都市掀起婚礼改革的风潮。

一直以来，张园的海派君子们将身体力行推动文明与进步为己任，在这里发生的文明婚礼、新式婚礼，甚至 1949 年之后社会主义建设时期体现工农兵政治身份的新式婚礼，在仪式结构、表现形式和内容等方面都与传统婚礼不同，且在不断拥抱新的变化，不断推动新的发展，具有“尝新”与“开新”的精神蕴涵。

首先，从追求新形式，到追求新思想，张园里的文明结婚、新式婚礼不断在尝试新事物，这种尝新的精神是敢为人先，是勇于尝试，是一种流淌在张园里和上海人身体里的创新精神。

从仪式结构来看上海地区的传统婚礼与全国其他地区的传统婚礼一样，婚礼分为定婚礼、结婚礼、婚后礼三个阶段，每个阶段又有数量繁多、形式繁杂的仪节，可谓“俗礼纷繁甚”[1]。此外，传统婚礼所谓“父母之命，媒妁之言”，不尊重男女婚姻意愿，

1　繁华杂志：文明结婚歌（歌曲），锦章图书局.1915（5）:286.

婚姻不自由，男女不平等。面对这样的境遇，文明结婚对传统婚礼发起猛烈冲击，称其“胡闹看新人”[1]“旧俗真堪嗟”“依赖性养成种劣弱”[2]等。于是在西风东渐的大背景下，西方的婚礼形式和精神内涵也逐渐在中国落地生根，诞生了近代的文明结婚礼。文明结婚礼抛弃旧俗、简化婚礼，仅保存“行结婚礼、行见家族礼和行受贺礼”三个仪式，不再有定婚礼和婚后礼阶段，与传统婚礼的仪式结构发生断裂，形成了以结婚礼为主要内容的新式婚礼仪式，传达出挑战传统，勇于尝试，敢为人先的精神。而张园恰恰成为这种新式婚礼的代表性仪式空间及勇于尝新的精神承载地。

文明结婚不但在婚礼仪式结构上创新，也在仪式形式、用品等方面勇于尝新。传统婚礼需要穿红色婚服，而文明结婚则主张女子穿戴白色头纱，甚至穿着婚纱成为20世纪三四十年代官方举办集团结婚的规定[3]，后来则变成民众结婚的标配婚服，一直保存到今天。此外，传统婚礼男女行结婚礼，核心的仪式是交拜、合卺等仪式，文明结婚则一并删去，改为交换信物（如戒指、手表等）、宣读结婚证书和盖章。这种大胆的创新，已经成为我们今日之日常，所以感觉不到其震撼。但如果回到当时，当所有人都认为只有交拜合卺才叫结婚时，你却以交换戒指、宣印证书作为结婚礼，时人不但会觉得你离经叛道，更会质疑仪式的意义。

除了对新形式的勇于尝试，文明结婚及新式婚礼还勇于追求新思想。自由结婚、男女平等思想是传统婚礼不提倡的，文明结

---

1 夏晓虹,《女子世界》文选：自由结婚（歌曲）[M].贵阳：贵州教育出版社,2014（7）:294.

2 自由结婚纪念歌[N].复报,1906（5）:27.

3 结婚新礼式续[N].时报,1905-1-4:第6页.

张霭墨婚礼照（《自由结婚纪念歌》《复报》，1906 年）

唐绍仪婚礼照（《前国务总理唐绍仪君与吴维翘女士结婚摄影》，《妇女时报》1913 年第 10 期）

●結婚誌盛

海圻副艦長李玉臣君與孫琴書女士於前日行結婚禮於張園安塏第男女來賓有千人之衆尤以海軍人員爲多數即薩鎮冰君亦在座觀禮并聞李君於海軍學識甚爲優美去歲因公歷游英美深得彼邦人士歡迎孫女士前曾肄業育賢女學文學極優且秉具熱心凡慈善事業無不竭力贊助如去歲哈同園之義振會今夏張園之賽珍會女士咸出其所製之手工品列在會場銷售得資助振蓋一慈善家也

《申报》1912 年 7 月 28 日刊登李玉臣在张园文明结婚的消息

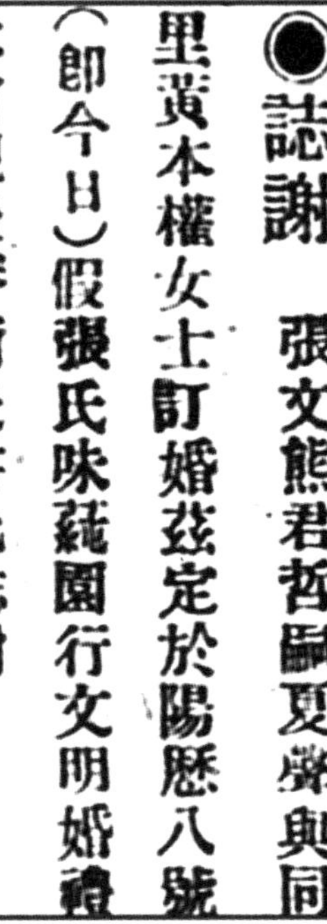

●誌謝　張文熊君哲嗣夏榮與同里黃本權女士訂婚茲定於陽歷八號（即今日）假張氏味蒓園行文明婚禮承贈觀禮券兩紙書此誌謝

《时事新报》1912 年 6 月 8 日所刊有关文明结婚礼的致谢

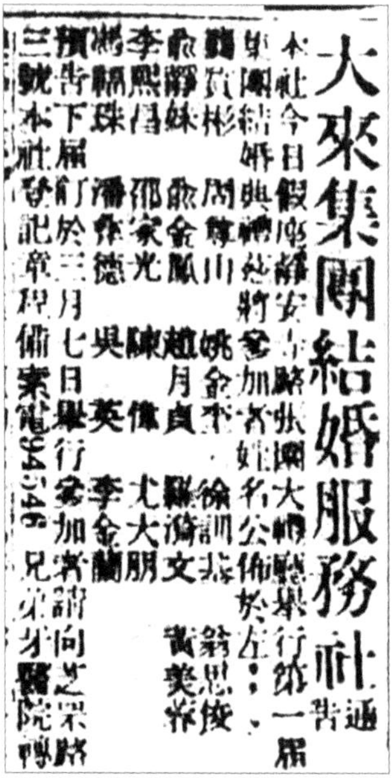

《申报》1942 年刊大来集团结婚服务社借张园大礼厅举行第一届集团结婚典礼的公告

婚则宣扬“谁谓婚制莫可更……愿大家共进文明，焕然风俗新”[1]，“改造出新中国，要自新人一起，莫对着皇天后土，仆仆空行礼……如今是婚姻革命，女权平等，一夫一妻，世界最文明”[2]，倡导婚礼改革与思想改革、社会改革紧密联系，呼吁新时代的新人要勇于追求斗争，勇于新思想。到三四十年代，受国际经济形势影响，民国政府力倡节俭、朴素的新生活，各地兴办集团结婚，在朴素简单中感受庄重的仪式。张园也积极参与其中，成为举办集团结婚的重要场所。可见张园里的文明结婚、新式婚礼将婚礼从传统

1　结婚新礼式续 [N]. 时报，1905-1-4：第 6 页.

2　自由结婚纪念歌 [N]. 复报，1906（5）:27.

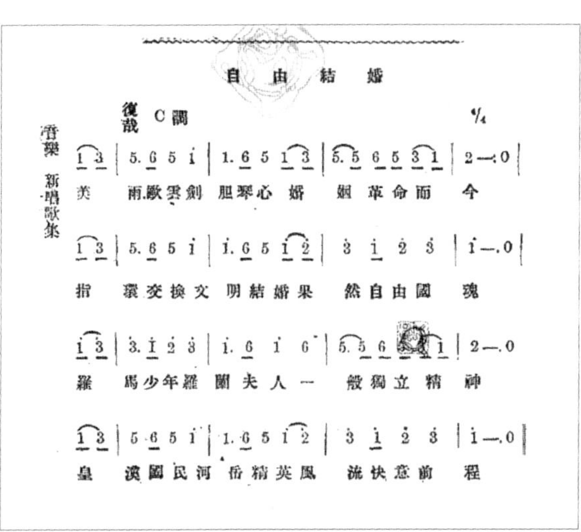

《复报》1906 年刊《自由结婚》歌词

的追求“合二姓之好”、传宗接代等旧思想，带到追求自由平等、社会改革的新思想里。

其次，张园中发生的文明结婚、新式婚礼，不仅仅意味着摒弃旧俗，追求新事物、新思想，它同样在坚守优秀传统，在优秀传统和自身实际的基础上融合新事物、新思想创造出一种既不同于旧社会，也不同于西方社会的新的存在。

文明结婚和新式婚礼虽然在仪式结构与仪式形式上做了诸多改革，但是在婚礼要表达的精神内涵上还是有诸多内容与传统婚礼一脉相承，并因时制宜地有所创新。孝亲敬长是中华民族的传统美德，也是传统婚礼仪式中一直传达的精神内涵之一。无论是先秦婚礼的庙见礼，还是宋代朱熹《家礼》中的见姑舅、婿见妇之父母、庙见，抑或是明清的见礼、见家族亲长等，无不透露着婚礼仪式对孝亲敬长的重视和对男女双方家族、家庭整合的重视。

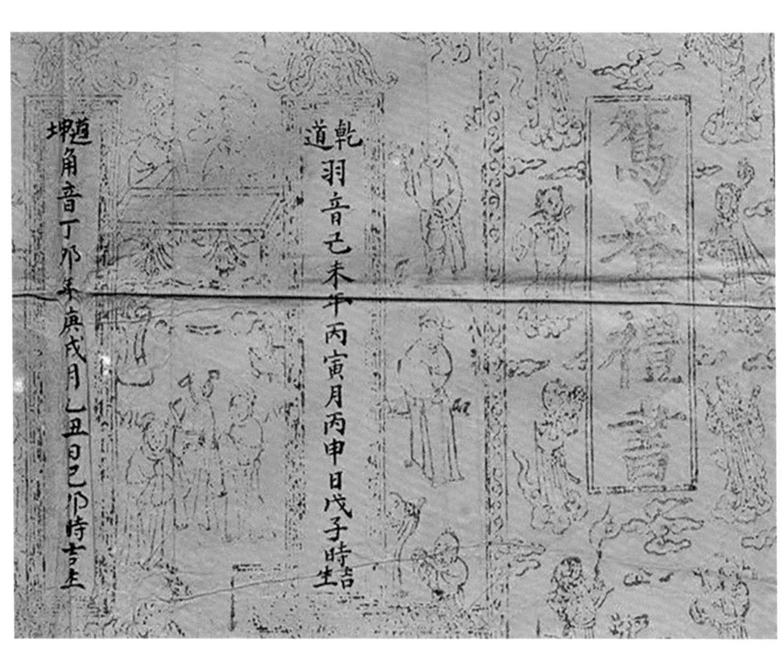

清代北京旗人婚礼中的门户帖、八字帖示意图（林加，近代以来北京地区婚礼仪式的变迁，北京师范大学，2017 年）

在张园举行的文明结婚礼仪式中，尽管删除了诸多仪节，却保留了“行见家族礼”并详细地介绍了新郎新娘如何与长辈、平辈和小辈行见礼。根据王保婚礼的相关史料，婚礼结束后，二人第一时间便到居住在张园的王伯群母亲处请安与祭祖，“（婚礼后）伯群先生随即带我到静安寺路（现南京西路）张园花园他的母亲处，先祭拜祖先并向其母亲礼拜，这是我初次向婆婆请安。伯群的母亲是一个极慈祥和蔼的人，她看见了我们，非常高兴快乐，赐给我们一对金如意，并赠给我一副美丽的金手镯，祝贺我们吉祥如意、百年偕老、多子多孙的意思”[2]。这一阶段的新式婚礼几

清代龙凤帖：咸丰郑锡辉立乾坤书[1]

文明結婚證書
附儀式說明書

近來所用文明結婚證書花色不一求其正當合用者殊不一覯本局此項結婚證書特照內務部頒定國徽圖式用彩色精印堂皇華貴極壯觀瞻且中華國民用中華國徽之結婚證書尤至相宜每張一元有精緻紙筒可便裝置並附結婚儀式說明書一冊將會場儀節帖式禮服圖等參酌中西風尚分圖列說其詳其盡且撰有訓詞頌詞用者備拾即是可免臨時預備

結婚論 一冊 定價二角

母道 一冊 定價五角

胎教 一冊 定價三角

中華書局發行

文明结婚结婚证书广告（《新闻报》1916 年 5 月 18 日第 13 版）

乎与蔡元培等人制定的《婚礼草案》的婚礼仪式类似。《婚礼草案》中第四节为谒见礼，内容是新郎新娘谒见长辈、平辈，相见小辈和宾客的礼仪。可见，张园里的文明结婚、新式婚礼都很好地传承了婚礼孝亲敬长的内涵，还创造性地结合时下社会风气和观念，用鞠躬礼替代叩拜礼。既不是粗暴删除或任性创造，也不是一成不变照搬旧俗，这正是守正创新精神的体现。

1　周正庆 . 清末民初闽东民间婚书的演变及原因初探——以新发现民间婚书为中心 [J]. 暨南学报（哲学社会科学版）,2019,41（02）:112-123.

2　徐锦江，陈启甸 . 上海，我的 1949 [M]. 上海：上海三联书店 ,2014 :263.

結婚證書

馬智吟湖北省武昌縣人
民國十四年二月十五日巳時生
徐燕壽湖北省武昌縣人
民國九年九月廿三日卯時生
今由
劉國材
馬邁舉
先生介紹謹詹於中華民國
廿九年十一月一日下午四時在
巴黎飯店結婚恭請
宋棣逵先生證婚兩姓聯姻一堂締
約良緣永結匹配同稱看此
日桃花灼灼宜室宜家卜他
年瓜瓞綿綿爾昌爾熾謹以
白頭之約書向鴻箋好將紅
葉之盟載明鴛譜此證

結婚人 馬智吟 徐燕壽
證婚人 宋棣逵
介紹人 劉國材 馬邁舉
主婚人 馬禮銘 馬姬鉞

中華民國廿九年十一月一日訂

咸宁市档案馆馆藏民国时期结婚证书

除对传统婚礼优秀内涵的创造性继承以外，张园婚礼的开新精神还体现在利用传统优秀资源创造新事物、新样貌。传统婚礼的“三书六礼”过于繁杂，文明结婚和新式婚礼则改为一张婚书即结婚证书。结婚证书作为婚礼中出现的新事物，没有直接照搬西方相关的形式，而是结合中国优秀传统婚姻与爱情文化资源，保留传统婚书上新人的名讳、出生日期、籍贯等内容，去除门第、三代等信息，将传统婚书中的美好寓意和传统诗文对爱情、婚姻的美好祝福融合起来，充分利用传统资源创造性发明了具有时代特色的婚书。

从“拿来”到创造，张园里的文明婚礼、新式婚礼坚守传统婚礼中的优秀基因，深知真正的开拓创新绝不只是拿来主义，而是结合自身优秀的传统去创造。这样的创新更容易让民众接受，使新式婚礼得以生存发展。这些也从另一个角度反映了我国优秀传统文化的独特韧性，给我们当下进行改造创新提供了一种可行性思路和实践经验。

总而言之，张园里的文明结婚、新式婚礼所体现出来的创新有两个层面。其一是尝新，是勇敢地接纳新事物、新思想，给明天以希望和可能。其二是开新，意在指明张园婚礼的创新不是简单的挪用外来新事物、新形式，而是站在自身优秀传统的基础上，因时制宜的改造、开拓和创新，以创造新的、符合时代与民众需求的婚礼形式。这种尝新与开新的创新精神，既是文明婚礼的，也是张园的，更是属于上海精神的一个缩影。

第四章

井井有条、恒产恒心：海派君子之德的绵延蓄积

茂名北路 200 弄 11 号，摄于 2017 年

抗日战争后期，上海处于“孤岛时期”，地处公共租界内的张园成为战争中的难民们迁移的主要目标社区，于是此地逐渐结束了一家一户的高档石库门社区的居住历史。尤其是1949年中华人民共和国成立以后，张园居民持续增多，社区逐渐步入“七十二家房客”时期。居住面积紧凑和人员流动的减缓，使这里逐渐形成一种类似于熟人社会的生活社区。拥有着较高知识水平和文化素养的居民们，在狭小的居住环境中，秉持和而不同的相处哲学，脚踏实地、守望相助，展现了海派君子之德在张园社区的绵延蓄积和蓬勃昂扬。

这里的家居生活，大都井井有条、邻里和睦，共享着上海石库门社区特有的日常生存惯制。虽然从20世纪30年代以来此处生活空间越来越拥挤，然而住户们在现有环境下尽可能利用空间，不但形成“物尽其用”的空间利用习俗，还培育了谦和忍让、与人为善的邻里之道。由于很多搬迁而来的早期居民属专业人士或文化精英，很多人家1949年之后仍居此地，他们的后代也大多传承了较高的文化素养。在拥挤杂乱的生活秩序和各类不便的生活条件下，张园的数代居民们将“有效利用”的生活智慧与和而不同的相处哲学传承下去，使社区充盈着精致讲究的日常生活美学特质。

在这里居住的人们，服饰衣着一般紧跟时髦潮流，而又不失江南美学本色；日常饮食方面也从江南本土特色，逐渐转变为都市的现代科学饮食观。更有意思的是，张家花园早在味莼园时期就不断出现在最新技术的影像之中，进入石库门住宅社区时期的张园也依然时常与影视作品勾连，“张园中的镜头”与“镜头中的张园”显示出张园与影视镜头的特殊缘分。总之生活在这样一个“石库门博物馆”的社区中，张园居民的生活中不仅有“百姓日用即为道”的日常，更有与影视接轨的艺术氛围，并处处展现出生活的日常与恒常之美。

此处的家庭教育多数充满着爱与科学的滋养，满载和传承着甘心奉献的劳动品格。张园早期住户中不乏知识分子，他们大都对中西文化、专业技能等具有强烈的尊重和热爱，并通过家庭教育，“润物细无声”地灌注于子孙辈的身心成长过程，由此其第三代、第四代大都从事与知识劳动紧密相关的专业工作，体现了家庭中文化资本的代际传承与更新发展。勤勉认真、吃苦耐劳与自强自立，是张园的家族们一直传递传承的家教门风。

本章主要呈现如下内容：中国传统儒家讲究井井有条的生活氛围与恒产恒业的社会理想，在 1949 年以后的张园获得都市实践与生活实现。正因此处居民所具有的专业精神，加之社会主义建设的时代氛围，使社区持续展演着海派君子之德的蓬勃活力，并凝结成温文尔雅、人文之美的独特生活美学资源。从张园的生产者、劳动者、奋斗者的事迹中可见，正因他们对这个国家、这座城市、这片土地具有深沉之爱，才能鞠躬尽瘁并为之奉献终身，而他们的生活生产故事，或可歌可泣、或点滴平凡，都是时代洪流中的朵朵浪花，汇聚成美好与波澜壮阔的“魅力上海”。

从事室内设计的胡瑜和张园结缘于2004年。刚刚大学毕业的她在江宁路工作，张园是她每天上下班的必经之路。犹记得那时吴江路还没改造，整条街都是小吃，其中最有名的就是小杨生煎。胡瑜和朋友买了生煎馒头没地方坐，就捧着冒热气的生煎跑到张园里边，在弄堂内穿行游走，找一辆黄鱼车或者自行车，坐在上面吃。“朋友还端了一点儿醋，问我要不要蘸醋。”这是胡瑜记忆中最具烟火气的张园时刻。

充满热腾腾生活气息的张园，会让胡瑜回忆起自己童年无忧无虑的弄堂生活。下课了，放下书包叫上隔壁家的同龄人就开始打弹珠、跳橡皮筋。外婆在屋外的水斗里洗菜，准备晚餐，孩子们就在黑漆门上用粉笔乱涂乱画，还爬上天台用玩具水枪捉弄路过的骑车人……

从事了十多年室内设计工作，出于职业习惯，胡瑜日常很爱观察建筑，寻找灵感。业余时间，她喜欢拿着画笔记录上海老房子的烟火气。胡瑜坦言，自己画的张园场景会加入自己的遐想。“绘画和摄影不一样，摄影是尽量做减法，绘画可以加入很多代表自己情感的东西。可以自己调整画面和构图,绘画是情感和现实的融合。”

胡瑜最喜欢的是一幅看似平平无奇的“水斗”小场景：“水斗这个空间其实承载了上海人从早到晚的生活，承载了上海人多少代的记忆。早上大家刷牙，外婆洗衣服、晾衣服、洗菜、淘米。摆个凳子在上面吃饭，夏天男人们穿着短裤在那里冲凉……这么小的一个公共空间，是餐厅，是厨房，也是浴室……”[1]

以上是 2022 年 12 月 22 日《新民周刊》官方账号发布的一篇文章《住在张园的日子》中的一段话，记录了一个“80 后”青年胡瑜租住在张园期间的美好生活，从她朴素的话语中可以看到作为居住社区的张园，拥有着“见人、见物、见生活”的日常美学资源，这里的居民从家居日用到生产日用，皆保持着温文尔雅、勤勉讲究的生活态度，在长期生产生活和家庭教育中散发光芒，凝结成这一区域独特的生活美学。

1 杨维格.《住在张园的日子》，《新民周刊》官方账号，2022-12-22.

和而不同：拥挤空间的生活哲学

作为上海“石库门博物馆”的张园，从民居建筑形式而论，拥有着花园洋房、老式石库门、新式石库门等各类形式建筑。在建造初期，有很多住宅都是给一家一户的大家庭居住的。然而由于租户的融入，人口逐渐增多，本来开始住一两户人的房子，大多数衍生为后来一幢中居住五六户、七八户人的情况。如住户庄元强先生描述：

我家在张园的居所是典型的三上三下石库门房子，是现实版的“七十二家房客”。“文革”前我们一家七口，住在一楼 70 多平方米的前厢房、后厢房和客堂间。我成家后住客堂间，母亲一人住后厢房，姐姐一家住前厢房。除我家外，我们这幢楼里还住着七户人家。一楼西厢房是玻璃厂老板娘。后边小间里是小吃摊营业员夫妻一家。客堂间楼上，是外国使馆翻译一家。二楼东厢房是小业主。东后厢房是一家工人。

弄堂生活的拥挤空间

二楼西厢房是唱戏人。后楼亭子间是菜市场营业员一家。[1]

庄先生描述的这种情况是1937年以后张园的居住常态，且在某些时期还有愈演愈烈之势。这种情态最直接的结果就是此地居住形态的拥挤。根据建筑学学者的调查，张园弄堂中公共空间的占用情况较为严重，户内由于面积的限制，各部分功能的使用存在相互干扰的现象，且室内公共空间占用情况也较为严重[2]。而这似乎也是20世纪中叶以后上海大部分石库门建筑居住之常态。在这种空间情态之下，每个居民都想要拥有更多、更大的空间，却忽视了对石库门建筑的维修和保养，使得七十二家房客时期的大多数石库门客观上陷入拥挤、杂乱的环境，张园亦不例外。然而，在拥挤、杂乱的环境与不便的生活条件下，张园的住户们根据现有环境，创造出了在拥挤空间的生活智慧与相处哲学，即在空间利用等方面的生活智慧，家户和睦、邻里守望的生活哲学。

由于空间的拥挤和生活的不便，大部分居民在居住生活过程中，衍生出了尽可能利用空

1　上海市静安区文史馆，上海石库门文化研究中心．张园记忆[M]．上海：上海文化出版社，2017：120．

2　王彦，秦丹妮，卢琦．传统石库门建筑群张园户外空间使用状况的调查与研究[J]．华中建筑，2016（5）．

间的生存智慧，诸如置换、借用、搭建等行为，都是对“物尽其用”传统习俗的空间实践。上海民俗学家蔡丰明先生将之命名为隔拦习俗、搭建习俗与扩占习俗，并认为“这反映了上海都市人在居住生活上的各种酸甜苦辣，也体现了上海人由于住房困难所造成的许多独特的心态和需求”[1]。如沈碧锦老人说：

> 我们在张园的住房是一间客堂间，位于一幢两层楼单厢房石库门的底楼，面积将近22平方米，还有一只约8平方米的独用天井，前有四扇落地长窗，后有一扇门。房门开出去同向后门和后天井，旁边放一只煤炉，马桶就放在楼梯间。房间原来是打通的，哥哥常住朋友处，结婚后住在嫂嫂家里。我结婚时祖母把房间隔成了两间，前面是我们的新房，她睡在后面。那时张园的租金不便宜，祖母盘下房子用了不少于两根的金条，幸而当时我家的经济状况尚可。

这种“一间变两间”的例子并不少见。出生于1990年代初的张园居民叶博艺，多年后

1 上海市静安区文史馆，上海石库门文化研究中心．张园记忆[M]. 上海：上海文化出版社，2017:72.

回忆自己家里在1993年左右刚装上空调的情景，由于是一匹功率带不动整间房屋的制冷运转，于是就把家里的一间房装上铝合金门，一分为二。

除了分隔空间，石库门中还有一种空间利用行为较常见，这就是“搭建习俗”。这种情况从20世纪早期就已产生于石库门的居住习惯中，当时有一些二房东将楼上楼下的客堂间分割成为两部分，再在上面分别搭两个阁楼，这样一间房子便成为四个房间，可以租给四户人家。这种情况在人口密集的大城市是极为常见的，如当代大城市的“群租房”、香港的“ ǔ ”等。即使是自住房子的居民，也会因为住房紧张和想要改善居住条件等，存在大量搭建行为。如庄元强家就曾因为儿子的出生搭建了阁楼：

> 1993年，儿子出生后，我们夫妻俩连保姆四人挤在放满了家具的18平方米的客堂间，四个人一不小心转个身都能碰到鼻子。于是，我只能硬着头皮实施“向空间要平方”的改建工程，在老房子净高2.9米的高度下搭出一个1.2米的能供我们夫妻俩睡觉的“空中阁楼”。这睡在阁楼里真不是味儿，晚上要搭梯子爬上阁楼，再弓着背钻进去。加上楼板薄，一到夜深

庄元强家的“阁楼”

人静时，拖鞋声、讲话声交相作起，最受不了的是楼上“小河流水哗啦啦”声，淅淅沥沥直落头上。

除了隔拦、搭建行为，如果对自己住的房子交通动线不满意，也会有很多人选择置换来解决问题。置换行为大概有两种，一种是社区内（包括同一幢房子内）置换，还有一种是调换到别的社区，甚至同市跨区域调换。内部置换，是说在一个社区内的房屋置换行为。如沈培桢老人回忆当时自己家从一楼和二楼，调换到三楼的原因和过程说道：

1 号共有三开间房屋两进，第一进是私立光明小学的教室，后面一进就是我们住的地方。我婆婆一家解放 1949 年前就住进来了，当时公公赵庆元是用“小黄鱼”顶下来的。我们最初的时候是一楼有一间，二楼有两间。厨房、吃饭在楼下，吃好饭了就到二楼房间里去。一楼东厢房还住有一户教室人家，二楼西厢房也住有一户人家，亭子间还住了两个老师。后来学校为了扩大规模，就跟我们商量，请我们搬到三楼。三楼一共三间，我们一直住到现在。家里的家具也都是老的，一部分是我的嫁妆。搬到三楼后，我们把一楼烧饭的煤炉也搬到三楼的走廊里，这样省得跑上跑下。90 年代通煤气后，我们就向街道提出，别人家拿衣服到晒台去晒的时候，都要从我们家的煤气灶前走过去，我们让来让去不方便，能否把街道在晒台上放杂物的一间木屋给我们用来做厨房，街道同意了，我们就把厨房搬到了晒台上。

不仅一个社区内部有房屋调换，从1950年代起，由于城市的扩张和交通的不便，还由于房屋买卖市场发育不全，上海还有一种独特的跨区域房屋置换现，这就叫“调房”。调房是体现弄堂居民居住灵活性和适者生存性格的一种行为方式。民国时期石库门中的房客只是租赁其屋居住，只有使用权，不存在所有权。要想解决居住困难，搬家是主要途径之一。尽管大家住房条件都不好，但加上个人情况的考虑比较起来总归会有差别。有人愿意放弃一些居住面积，换取一定设施设备如卫生、煤气之类，或倒过来以设备求面积；有的想把两处小房间换成一处大的；还有的为了解决上下班路程较远的问题，宁愿放弃市区中心地段换取自己认为合适的住房。在各有所需现实条件和国家住房政策渐宽松的社会环境下，交换住房一时成为沪上较为热门的行为。起初调房还在小群体范围内进行，只是熟人介绍，个别成交。后来有需求的人越来越多，便形成了专门的调房市场，如有人统计1980年代末上海就有换房“自由市场”十多处，如徐汇区上海跳水池附近、虹口塘沽路、闸北河南北路、七浦路小花园、杨浦区宁国路桥堍、静安区威海路及沪西地区的长宁、曹杨电影院附近等地，都有规模大小不等的换房“自由市场”。不论是白天还是晚上，这些区域总是聚集着一群群洽谈换房的居民，少则几十人，多则数百人。据当时在淡水路、太仓路一带的调研者观察，“这里的墙壁、电线杆上贴满了调房小纸条，竟有几百张之多。有人在自己的自行车车架上挂起了调房广告。更引人注目的是路口有几排用长绳串着的、书写整齐且有编号的调房小广告，这些是专做调房生意的‘经纪人’的摊位”[1]。可见当时已经出现了专门的经纪

1　华学彰.换房“经纪人”浅析[J].上海企业,1989（12）：41-42.

人和中介组织，俗称“调房红娘”。因为掌握大量的房产信息，为了提高调防的成功率，“调房红娘”们搞起了“串换”：甲的房子给乙，乙的房子给丙，丙的房子再给甲……如此这般，大家皆大欢喜，皆得偿所愿。如此生存智慧，也只有在上海这样拥挤紧凑的生存居住条件下才能催发和生长。如在张园居委会工作和服务了多年的屠慧敏，从小得以住在张园，就是通过调房到这里来的。

值得称赞和学习的是，在石库门房子里居住的大多数人，虽然顶着生活的各种不便，但是只要能有居所，便能安居乐业、家庭和睦，把自己辛辛苦苦利用来的空间，收拾整理得整整齐齐、井井有条。2016年上海交通大学建筑学硕士研究生王彦，曾经对张园几个家户进行入户调查，发现有些住户即便在人均几平方米的空间内，也是将物品整齐摆放[1]，更展现一种“螺蛳壳里做道场”的珍视情节和空间智慧。共享的厨房、天井、阳台、走道，也成为石库门里小型的公共空间，孕育出了上海人的契约精神和精明性格。“亲兄弟明算账”，邻居之间会把仅有的一点公共空间划分得清清楚楚。在生活各种不便利和空间拥挤的情况下，住在张园里弄的邻里间生活时有冲突，但在居委会等居民组织的调节下，本着契约意识，以及“抬头不见低头见”“退一步海阔天空”的原则居住相处，体现出中华传统“和而不同”的生活思维与处世哲学。这种生活思维是在现实环境下对传统哲学的亲身实践，也是在长期岁月中邻里之间守望相助的家园情结。

1　王彦.传统石库门居住区户内外空间使用状况的调查与研究——以张家花园为例[D].上海：上海交通大学，2016:52.

沈培桢老人在2015年接受口述史采访时，对邻里之间的互助友爱如数家珍：她和有的邻居之间已经相处了长达半个甲子以上的生活岁月，彼此产生了类似于“拟亲属”的相处方式与情感。尤其是在21世纪以来，张园年轻一代都逐渐搬离时，这种情感更弥足珍贵。由于她和爱人吴金发都是热心助人之人，因此邻里也“投桃报李”，关系融洽，特别是当这些老人在病痛期间的互相照拂，更是体现出一种“命运共同体”的老龄关怀。这一点在王彦的调查也获得客观证实，他到张园对居民的日常行为进行追踪调查后发现，该住区中有着非常亲密的邻里关系和社交网络，居民在户外活动中普遍存在着如闲坐、交谈等休闲娱乐行为。这样的生活习惯及行为的形成与保持，是因为长期共同生活在同一地域空间的邻居们，在彼此的日常相处中已经充分形成了“我们感”“地方感”等认同，更重要的是形成一种共同的价值观。而这种价值观与每个家户中的家风传承与家庭教育是密不可分的。

爱与科学的滋养：张园居民们的教育文化资源

出生于张园72弄3号，并在此生活了几十年的上海本土作家和记者庄元强先生，就曾通过自己的观察与归纳做出分析：

> 张园的原住民可分为四种人。“文革”前主要有两种人：一种人是第一代居民。他们多为殷实的中上层人士，通过投资房产，在张园买地造房，一部分用来自住，另一部分用来出租。另一种人是第一批租户。他们一般是所谓的自由职业者，或开公司，或经营店铺，属于小康阶层。目前（2015年）的张园也有两种人：一种人是“文革”前两种人的后代。他们虽然成了新时代的业主，但居住空间经过“文革”已大为缩水，不过职业和素养都还不错。另一种人是租客……

由于张园石库门房屋日渐破旧，有条件的居民都到外面买新房，改善居住条件，所以空出来的房子就都租给了来沪务工者，他们大多是附近的保安人员，或者是在附近公司、商店干活的打工者。庄先生的观察基本无误。然若要找寻张园的“我们感”或共同价值观，须主要从原住民的生活经历入手，从他们的身份、阶层、职业、性格中找寻属于张园的“海派君子之德”。纵览张园大部分居民们的教育历程，可以发现这一“城市文化元空间”，已不仅仅是一个居住地方，而是一处饱含丰富内涵与意象的综合空间。

一、言传身教：职员阶层的家庭教育

张园的第一代住户多为家族居住，虽然此后在岁月流逝中经历了家族的衍生和迁徙，但是一直住在这里乃至三代以上的也并不占少数。根据庄元强先生的描述及事实分析，一开始居住在这里的大多数家庭都有着良好的家教，并且注重家风传承，也无形中铸成了张园地域的文化传统。在这里居住的家庭大多数关系和睦，如沈培桢回忆她婆婆在分配五个孩子读书时候说道：

> 五个孩子要读书，婆婆说只能供一个读大学。我爱人是大儿子，老二也是儿子。两人没差几岁，没有办法，我爱人就读中专，毕业后做税务工作，拿的工资就供老

二读大学，后来自己也读夜大学，退休时做的是宝山税务局局长。老二的大学毕业后，到大理机车厂，一直做到了总工程师。老三虽然是女儿，不过婆婆让老二供老三读大学，老三毕业后就去了云南昆明。老四是儿子，在扬州。老五是女儿，在上海做教师。就这样每个孩子都读完了大学。

在艰苦、动荡的岁月里，居于一起的家族成员间，相互扶持，体现出家庭和睦的良好家风。这里的人善良而温和，充分体现出温文尔雅的君子之德，同时也将这种精神和家教传递给自己的子孙后代，为社会建设贡献家庭力量。

张园石库门社区的早期住户中不乏具有专业技能的知识分子，他们大都对中西文化、专业技能等具有强烈的尊重和热爱，并通过家庭教育“润物细无声”地灌注于第二代、第三代成员的身心成长过程。其中最为典型的就是丁婷婷家族的“知识情结”。她的父母都是1940年代财经大学的大学生，因此对丁婷婷给予了宽严相济的爱之教育。在丁婷婷的回忆中，母亲是一位典型的上海知识女性。她出生于同里古镇、毕业于“国立商学院”（上海财经大学前身），后进入上海石油供应站计划科成为部门骨干、高级工程师。她对儿女的教育是在物质生活上不宠惯，而且非常重视精神教育，如给低年级的孩子征订《小朋友》《儿童时代》《少年文艺》等儿童杂志。事实上，弄堂里很多五六十年代出生的孩子都读过这些书，如沈培桢、沈碧锦的儿女们。而庄元强和他的哥哥姐姐们也出生在高学历、专业人士家庭中，他们的父母大都从事着教师、工程师、会计师等职业，在 1949 年之前的上海属于“中产阶级”或专业人士。现代意义上的中国城市中产阶层，大约产生于 19 世纪末 20 世纪初，并且在 20 世纪上半叶有了一定程度的发展，其中以上海为代表的现代大都市成了中产阶级萌生的摇篮。

中产阶级在近代上海的产生，是早期全球化作用于近代中国的体现。根据学者们对近代上海中产阶级群体性格的描画，他们大都具有讲规则、讲理性、崇拜西方[1]、敬业、勤勉、精明、谨慎求稳[2]等性格特点，同时又具备传统文化“克己复礼”的儒家思想。这一点从丁婷婷母亲利贞女士的言行中得到很好的证明。丁婷婷和儿子叶博艺对丁妈妈（利贞女士）的脾气好、对人和气、礼貌、谦让、通情达理、清高和处世智慧具有深刻感受与一致认同，并且也在自己今后的人生道路上传承和践行了这些原则与哲学。如丁婷婷从幼年到成年，不论在“文革”的逆境还是改革开放后的顺境下，一直保持着读书和学习的好习惯。她的儿子叶博艺自然也接受来自外公外婆和父母两代知识分子出身的家风熏染，最后成为一名旅欧博士，且在言谈中体现出思辨能力与独立人格精神。在丁婷婷和儿子叶博艺的回忆中，丁妈妈有两句“至理名言”，

1 江文君 . 都市社会的兴起：近代上海的中产阶级与职业团体 [M]. 上海：上海辞书出版社 ,2017:2.

2 杨东平 . 城市季风：北京和上海的文化精神（修订本）[M]. 北京：新星出版社 ,2006:240-243.

一是“己所不欲勿施于人”，这是“文革”时期丁婷婷和哥哥看到一些打砸抢的行为，不能理解时，妈妈对他们说的话，意思是做人一定要设身处地为他人着想。仔细品味这句话，其中体现出“仁者爱人”的世界观和价值观。而张园的大多数知识分子及其后代也都共享着相似的价值观，如沈培桢说：“祖父（沈炳荣）教我们从小要爱劳动，要善良，所以我从小到老没和别人翻过脸。祖母还帮助穷人买棺木……”可以想见，正是因为大多数张园原居民都有这样的价值观，并将其传递给子孙后代，张园才能保持一百年的邻里氛围。丁妈妈的另一条处事原则“凡事都有商量的余地”，也深深地影响着后代，这是一种自尊和自立的高贵品质。她经常告诉外孙，不要羡慕有钱的同学们，而是要相信只要好好读书，日子总会过得不错。在这样的精神指引下，女儿和外孙才能一路向上，“总是会自己想办法解决问题”，走上知识的神坛和拥有满足自洽的精神世界。

光明小学旧址（张园大客堂）照片

二、弄堂学校：张园人的集体记忆

在张园里，还有一些后天的教育场所滋养着张园的儿女们，这就是开在张园里的初级教育学校如托育园、幼儿园、光明小学、泰兴路一小等，这些低龄教育机构和弄堂一起，承担着每一代张园孩子们的社区化童年教育，成为其人生的重要起点。

从 1940 年代生人，到 1990 年代的张园一代，大都有就近就读张园里的初级教育机构的经历。其中最为著名的，就是旧称“私立光明小学”，后改名为“泰兴路一小”的一所小学。这所学校的原址在威海路 590 弄 72 支弄，这本来是同一个老板造的房子，其中 1 号由一位校长买下来做了学校，也就是私立光明小学。这所小学是典型的弄堂小学，原本它的教室分属于不同的楼层，为了便于教学，最后都换成了一二层楼里面。对于当时的教学场地，在这里读过书的屠慧敏女士的记忆里：

> 泰兴路一小本部的教室分布情况是：前面（张园大客堂）是大门，大门上面有每天升旗的旗杆。旗杆旁边靠弄堂、主路的地方是三个竹竿，学生体育锻炼用的。靠那面一边的是沙滤饮水池，可以直接饮用的，但只有冷水没有热水。一边是篮球架、半个篮球场，在围墙里面。在围墙外面是开放的边门，边门里面有个小亭子是传达室，接待用的。在边门上边，楼上二楼是广播室，这个后面就是一个夹楼，就是 30 米跑道。天井里面进来有三间房……，一般这三间房是作为我们的礼堂。平常的时候把它关起来就是乒乓房，把乒乓桌翻起来就是大礼堂。

在屠慧敏女士的回忆中，除了以上基本建筑，学校还有储藏室、广播室、财务室、文印间、教室、厕所等功能性房屋，体现出这一小学麻雀虽小、五脏俱全的基本建置。

1956年，上海市教育局决定将所有的中小学设为公办学校，私立光明小学就和另一个私立小学合并为泰兴路第一小学，校长、行政人员全由国家委派。光明小学地处张家花园中心区域，极盛时期有几百个小学生，而且还在茂名北路、石门一路设有分部，称为二部、三部。弄堂里很多居民的孩子都在这里读书，特别是“50后”“60后”这一批张园原住民，都是这所小学的学生。对于这所小学的教育制度与学校生活，家住在72弄3号楼一楼的庄元强回忆道：

我家和它有着割不断的情缘，因为我家五兄妹都是从这所小学毕业的，它不但是我们的母校，也是我们童年永久的记忆。我家住72弄3号一楼，与它仅一墙之隔。当时这所小学没有操场，早上升旗和做操都是在校门口的一条大弄堂内完成的。早上7点半以后，高音喇叭就开始播放进行曲，然后是升旗仪式和做广播体操。可以说，我是天天听着国歌声、广播声，和光明小学一起成长的。最有趣的是，有一次听到上课铃声，我一看来不及要迟到了，就赶快拎起书包，从厨房间的窗户里翻了过去，直冲教室而去。

家住在72弄1号三楼的吴珏说：

平时天好，我们一定要排队进校。遇到雨天，我就不出去排队。到时间了，铃声一响，我就自己到教室里去。忘带东西了，跟老师说一声，我就上楼去拿了。有时候老师没带雨伞什么的，都会问我们借。平时做运动时，我们每个班级都会到指定的弄堂去。8点钟到9点钟是我们做早操的时间，只要一放音乐，居民都很配合，都不出来活动了，因为他们知道这个点是我们要出来做早操了。上体育课时，我们就在弄堂里跑步、跳绳、打篮球、跳橡皮筋，活动内容很多。

从很多当时在这所小学读过书的张园孩子们的回忆中，可以窥见这一当时并不多见的弄堂小学中“团结、紧张、严肃、活泼”的办学风格与教育氛围。基本的学校课程制度自不必说，这是所有制度教育体系中应给儿童教育最初期的纪律规训，做早操、排队入校这样的行为模式塑造了他们最基础的纪律意识。更难能可贵的是，这所学校的老师们，用爱的教育滋养着张园孩子们的身心，这些“爱”是作为幼儿教育者们最基本但又是特别珍贵的。在很多孩子们的回忆里，这所学校的老师们既有爱心又有耐心，如丁婷婷回忆教语文的老师们让他们好好写字。当年的光明小学学生、之后当了大学老师的林贤征也对她的语文老师印象深刻：“那个时候我们的班主任是语文老师，大概30多岁，对我们非常负责，在她的带领下，我们班各个方面都很好，大家团结友爱，成绩优异。我们老师特别看重写字，如果谁的作业字写得不够端正，就会被罚重写。”20世纪八九十年代，是电脑和打印机等印刷设备尚未普及的年代，拥有一手好字，无疑是职员生活中的一抹亮色。此外，光明小学的老师还以学生写日记的教学方式，练好语言文字基本功，这为很多学生以后的深造和职业生涯打下了良好基础。如林贤征就回忆道自己的语文老师还鼓励他们写日记，“这让小小的我开始留意生活中的方方面面，也得到了老师很大的肯定，觉得我不像很多别的小朋友没东西可写。我写日记的习惯就是这么来的，后来的很多作文也是以这个为基础”。

特别是“50后”这一代，在刚上完小学时候，就是“文革”的开始，很多人虽然继续在此期间完成了初中教育，但当时的社会环境决定了初高中教育效果并不良好，因此可以说“50后”在张园弄堂小学泰兴路一小的教育，成为其一生中教育的重要起点。如丁婷婷女士回忆道：“徐老师很注意写字的笔顺。我的一个同学考试时‘忽然’的‘忽’，第一笔撇没有碰到后面折勾，就被扣一分。我们当时是 5 分制，她得了 4 分。我们的语言基础就是这样打牢的，拼音、笔画都是教得极其详细。” 基础知识是一方面，学生们更学到了做人做事的本领和知识。林贤征女士回忆起她当时的大队辅导员杨存瑞老师，说当时 30 多岁的杨老师对学生们非常好、视如己出，手把手教会学生如何组织活动，使其各方面能力得到充分锻炼。在学生们的心中，老师对他们的意义远不止于此，其一言一行对年幼的学生们“都是一种潜移默化”，启蒙着孩子们对世界、对人生的最初的认识。由于当时这所小学的很多老师都住在弄堂里，因此与学生建立了深厚的师生情谊，有很多同学在毕业之后还经常与老师联系和走动。以上种种说明泰兴路一小这所弄堂学校，在基础知识培育的同时，又将爱的教育融入其中，为幼童们创造了一个最初的爱心社会图景。

诚然，对于一所弄堂小学来说，其办学场地依然显得有些逼仄，这是由里弄先天空间所限决定的。然而学校和在此就读的学生们并未局限于弄堂街道的小小天地，反倒利用这一块天地为自己“生产”出了更多的空间。吴珏说：“上体育课时，我们就在弄堂里跑步、跳绳、打篮球、跳橡皮筋，活动内容很多。过去弄堂里没有其他车子停放。”这是正式教学过程中运用除了校舍以外更多的弄堂空间，除了这些更多的教育空间体现在课外时间对弄堂的利用。如庄元强回忆小时候，“张园大大小小名堂多，所以放学后，大弄堂便成了男孩子的天地，我们会在大弄堂里踢足球，把几个书包分两堆放在一起，作为足球门框，然后踢到一身臭汗才结束。而小弄堂则是小姑娘的地盘，她们会在那里玩跳绳、跳橡皮筋、跳房子等各种游戏。因为这些小孩子都住在张园，离家很近，所以每到放学后，都会在弄堂里玩到天黑，一直要等到大人叫才去吃夜饭”。

这样的情形，不但所有在张园长大的小朋友们记忆犹新，而且可以说代表了当时上海大多数弄堂孩童的童年记忆。在离张园大约 1.8 公里的苏州河南岸的成都北路上，有一座非常有特色的公园——为当地居民所熟知的“九子公园”。该公园内坐落着 20 世纪五六十年代上海弄堂中的九类儿童游艺项目雕塑，即打弹子、滚轮子、掼结子、顶核子、抽陀子、造房子、跳筋子、扯铃子、套圈子。其实弄堂孩子们的游戏项目又何止这些！在庄元强先生的诉说中，男孩子们还有“斗鸡、撑骆驼、挂豆腐格子”，据笔者现在所能见到的资料来看，弄堂儿童游戏大小至少应该有 50 种以上[1]，当然这还只是保守估计。弄堂里居民不但人口众多，还有着职业、原生地等方面的复杂成分，因此上海儿童的弄堂游戏也十分多样，尤其是在石库门弄堂这个现代与传统结合与过渡期间的民居而言，此地的儿童游戏也呈现出海纳百川、兼容并包之明显特征[2]，原汁原味的弄堂游戏具有方便简洁、因地制宜、就地取材、易学易玩、样式繁多等特点，孩子们在游戏中释放情感，在了解自然的同时适应着群体的生活，从中学会人与人之间的交流、交际、协调谈判、妥协等社会交往技巧，在遵守游戏规则的同时懂得约束自己，遵守行为规范。可见，弄堂游戏也在青少年儿童的人格形成、道德品质的培养、社会角色的建立方面起到了一定的积极作用。

1　彭祖基先生在《昔日上海风情》（上海人民出版社，2011 年）中提及上海弄堂游戏数十种，陈勤建、尹笑非两位学者在《白相喽！经典老上海游戏》（华东师范大学出版社，2015 年）所记述上海弄堂儿童游戏大概有四十余种，综合起来统计，上海的儿童弄堂游戏应达到五十种以上。

2　俞成伟 . 卢湾弄堂记忆 [M]. 上海：上海辞书出版社 ,2009:119.

百姓日用即道：生活美学视阈下的张园里弄日常

明代嘉靖年间，儒学泰州学派中心人物、王阳明弟子王艮阐发出“百姓日用即为道”的著名思想观念，这在儒学史上具有的一定的突破意义，盖因这是第一次突破了“道”为“君子之道”的传统认知，拓展和丰富了“道”的内涵和形式，也第一次将儒家的“入世之学”以明确表述展现于世人眼前。“日用”观念的提出，不仅是社会矛盾错综复杂、历史转折时期的时代产物，更是儒家世俗思想的积累与发扬。

早在王艮之前，“百姓日用”作为社会生活的基础向来为儒家思想所重视。理学家们为使儒学更为贴近世俗之学，经常引用“百姓日用”之道作为说教资源。宋代大思想家李侗就告诉学生朱熹，应该重视“日用之学”。但在这些思想家眼中，“百姓日用”并不具有“道”的本体地位，而只是落实的对象，若要理解它需要通过“理一分殊”才能获得意义。王艮的老师、著名大儒王阳明也提出了“不离日用常行内，直造先天未画前”的思想，但仍未从根本上凸显“百姓日用”的本体地位。直到嘉靖年间，王艮开始有较多地对“百姓日用”的阐发，才使古代知识界逐渐重视这一思想。此后在罗汝芳提出“捧茶童子却是道”基础上，明末大儒李卓吾（李贽）还提出“穿衣吃饭即是人伦物理”的主张，这些思想观念都进一步将生存之道世俗化、生活化。明清的百姓日用观念资源给予当今文化学者以重要研究启示，即民生与世俗生活永远是传统思想资源之基底所在。作为入世的哲学，儒学一直以来所信奉的民生思想在明清得到发扬与凸显，这并非偶然之论，而是千百年传统文化的知识凝结。冯达文先生认为：“……以发展着的市民社会为背景的‘百姓日用’是最杂乱、最琐碎、最平庸、最无理性与最无意义的，因之，历来为贵族社会所鄙弃。在这种情况下，王艮以其‘道’认同于‘百姓日用’而使之俗化，无疑为把平民的感性生活、感性欲求升格为社会本体开辟了道路。”[1]因此，王艮所提出的百姓日用理论给正在研究张园的我们重要启示，“日用之道”值得研究，且在当代哲学视阈中，它已经升华为日常生活审美理论，逐渐承载了重要的美学思想与生活指导意义。

1　冯达文. 中国古典哲学略述 [M]. 广州：广东人民出版社 ,2009.

一、从精致讲究到大众时髦：张园居民的衣食日常

近代以来，与明清儒家一样将“百姓日用”放置于重要道统地位的，还有从西方启蒙主义时期导源的日常生活审美化思想。这一思潮从康德的审美超验化、经由黑格尔、尼采的继承与发展，在当代马克思主义哲学家卢卡奇、马尔库塞、列斐伏尔等学者的阵营中日渐成熟。总体而言他们认为20世纪的哲学和科学实践在科学与日常生活中均可挖掘出不同形式的审美体验，至此审美逐渐成为20世纪哲学反思的重要维度。在法国著名社会学家列斐伏尔看来，资本主义加剧了日常生活的贫困，人们不再自由享受自己的劳动成果，为此他针对现代社会这一异化特征发起了猛烈的批判。他力图在文学作品的艺术化反思过程中，借助于审美、感性回归、节庆和狂欢、奇迹、休闲等因素使人们从过去的牢笼中解脱出来，最终回归“总体的人”的思维上，这开辟了具有新浪漫主义特性的审美化批判道路。他以人们对审美性质的理解为基础，为我们偏离日常生活的行为进行辩护，直至我们对现代日常生活有了更为全面的理解。列斐伏尔的日常生活审美化思想与其空间生产理论一样，在中国当代社会得到更多的理论支持与实践回应。如美学家周宪认为，后革命时代在无处不在的社会进步、文化民主和传播技术演进的道路上，艺术已经不再是少数人的特权，而是已经开始走向日常生活之中。这意味着新的生活范式的到来，美化生活已经可以作为文化日益民主的一个标志。对于本书研究对象张园社区来说，从看似繁复琐碎的日常生活中探求世

明代哲学家王艮

俗美学，是极具文化资源与空间生产理论意义的，由此本节尝试从服饰、饮食、家用、节日等几方面展开讨论。

所谓“穿衣吃饭亮家当”，在世俗大众的日常生活中，衣与食永远是位居前列的，这既是人们的基本生存需求，也是社会化需求。作为石库门社区的张园，住在其间的人们的穿衣风格是如何的？也就是张园人们的穿衣打扮，受到何种因素的影响，呈现出怎样的风格面貌？时代、地域、职业……可谓是解答这一问题的主要框架内容。从 20 世纪初到 2019 年重整迁出之前，作为社区的张园已历经了超过百年的生活历史。由于服饰文化颇受时代环境与社会文化影响，因此我们可以从不同年代居民们的口述和影像，结合其人生经历基本情况，去推测这里人们的日常服饰风格。需要说明的是，这里展现出来的是一种类似于考古地层学的“服饰地层”，虽不能代表张园人的服饰生活全貌，但确可作为时代、地域、职业、身份交织下的张园服饰文化断面。

阿奶有一双小脚，俗称三寸金莲。……阿奶有着典型的浦东女人长相。长长的大盘脸，蛮福相的。她每天早上会拿出梳头家什，先用刨花水梳头，梳得一丝不苟，的溜丝光，再用黑丝线网罩在脑后，挽一个发髻。我最喜欢的是阿奶的耳朵上总是戴着一对珠圈，煞是好看。忙完家务后，夏天她会穿一件对襟的香云纱衫，衣襟上插一块手绢，手里摇一把蒲扇，坐在客堂间的藤椅上；冬天，她有时会把两手镶在一副袖笼里，还是坐在客堂间的藤椅上。

这是丁婷婷女士回忆起奶奶大约在1960年代的装束，然而仍可想见丁奶奶的装束大约是从年轻时就开始这样的。丁婷婷爷爷丁掌千可谓是张园的第一代住户，当年是藤条店老板。她的爷爷奶奶都来自浦东，奶奶的三寸金莲、刨花水、发髻、珍珠耳坠、对襟香云纱衫、袖笼……的确是浦东传统女性服饰的代表，也展现出殷实之家的服饰审美。清末民初有一首《看潮歌》这样描述：

八月十八看潮头，陆家嘴上闹稠稠，红男绿女满街头。有位姑娘廿岁头，家主乔佳琪杆头，小名唤他阿多头。闻得某处有看头，一心打扮出风头，更好衣衫梳好头，轻轻移步出房头。扬州脚老苏州头，苗条身老小块头，金手戒指银镯头，玳瑁木梳珠枝头，几朵鲜花插满头，胭脂点满嘴唇头。前后披是荠菜头，金墨描是眉梢头，雪白衬衫小袖头，花缎罩衫高领头……

除了像丁奶奶那样的江南传统女性，张园的第一代中亦不乏民国时期的现代女性，如沈碧锦就这样形容她的祖母：

> 我的祖母叫王佩清，出生在安徽旌德的一户大户人家，是家里最小的女儿，人很开朗，精明能干，通情达理，如果活到现在有 130 多岁了。她从小就很有主见，母亲给她缠小脚，她硬是扯掉裹脚布；家里请先生来教哥哥读书，她就天天跟着哥哥，读到小学四年级。哥哥从苏州来到上海，她也跟着到了上海。

从以上描述中可以看出王佩清老人是一位没裹小脚的、识字有主见的现代女性。在张园第一代住户中这样的女性很多，沈碧锦还回忆“住在隔壁厢房间的邻居徐家阿婆喜欢金饰，老太太皮肤白皙，戴着一副金丝边眼镜，手上戒指手镯，头发吹得锃亮，一看就知道是大户人家出身”。

从张园住户们口述他们先人的生活情态可见，住在张园的第一代住户虽然职业各异，但大多数可以归为殷实人家，因此其服饰穿着等体现出晚清民国时期上海市民的典型特点，这就是介于现代与传统、中式与西式之间。在这一代张园居民身上，西装与长衫并存，小脚与天足各异，但其共同的特点就是精致而讲究。

从出生世代来说，张园第一代住户大多数生于清末民初，他们的下一代和下下一代大都是民国时期出生，且身份大多数为职员类知识分子，因此其服饰穿着呈现出较为现代的风格。总体而言，当时的成年女性以旗袍、时装等为主，而成年男士以西装为主，这一服饰习俗甚至延续到1950年代。如沈碧锦的回忆：

> 我年轻的时候，女性基本上多喜欢穿旗袍。我的旗袍大多数是棉布的。当老师没有很高的薪水，我有时间就自己动手做旗袍。逢到过年过节，或者要去吃喜酒，也会难得到绸缎店定做一件丝绒旗袍。那时很少买时装店现成的衣服，常常买了布料到店里去量身定做。到两个孩子读小学了，过年之前我就会请一个裁缝师傅到家里来做，给全家每人都添置一两件新衣服，款式大多是中式棉袄和外面的罩衫。到长寿路第一小学做教师。一开始上班时，我喜欢穿旗袍，可那个地方都是穿短裆的工人。我穿着旗袍，拿个包走进去，洗衣服的人停下来了，讲话的人也停下来了，他们都停下来看着我。哎哟！我当时怕得不

得了，不知道他们为什么看着我。我以为我脸上脏了，可我揩揩没什么呀。我就问他们，你们怎么都停下来了呀。他们说，你穿了旗袍，所以大家都要看你呀。我怕了，旗袍也不敢穿了，星期天赶紧到淮海路去买了件中山装，穿着长裤去上班，旗袍只能在家里穿了。

鞋子方面，我年轻时也穿高跟鞋，方头的，不是尖头的。平时拎着小包和同事们逛逛马路买点东西，很平常也不乏时髦。上海气候比较潮湿，除了黄梅天，皮鞋就要拿出来晒了，这个时候我女儿最开心了，套着我的高跟皮鞋，在天井里走来走去白相。

不仅是沈碧锦，张园住户沈培桢也在年轻的时候穿过旗袍，也同样经历过 1950 年代以后逐渐弃之不穿的经历，说明小小一隅张园在服饰生活上也很受外界环境影响。这是因为这一社区的成年人都有自身职业，具有高度的社会化特征。当然在 1949 年以后的中国集体经济体制下，这种趋同性更为明显。从丁婷婷女士、庄元强先生所提供其父母照片，都可以看出大多数属于职员和中产阶层的张园第二代居民，在 1920 至 1950 年代初期打扮都是相同风格的装束，即男子西装为主，凸显其专业性和职业风格，而女子则以时装和旗袍为主，体现出当时“新时代女性”是集理性与柔美于一身的衣饰风格。因为“1930 年代起旗袍几乎成了中国妇女的标准服，民间妇女、学生、工人穿它，达官显贵的太太在交际场合和外交活动时穿着的礼服也是旗袍”，具有高度职业化和社会性的张园女性们自然也是如此。旗袍独领风骚的日子大约在中国大地上盛行了二十多年，到了新中国初期这种服饰还是当时较为重要的女性服饰，但是后来随着种种原因被污名化，被认为是“资产阶级”的象征，于是穿的人就越来越少了。上述沈碧锦女士描述她年轻时穿旗袍上班、被穿着工装的同事们“行注目礼”的情景，是十分生动而真实的。就整体而言，1940 年代的服装文化发展到 1950 年代产生逆转，人们感到旧时的服装（包括用料与款式）已经与新的时代产生非常大的差距，或者说 1940 年代的服装文化在1950年代已经基本不适用，需要用新的服饰来替代旧的服装，直接的办法就是借鉴苏联的服装，于是如布拉吉、列宁装等款式进入了上海人的视野，成为一种主要的日常服装形式。而这种服装形式不仅较为干练、简洁，符合当时的革命和生产的时代劳动生产主旨，更重要的是对于张园里原来是中产阶级阶层身份的职员家庭来说，在“新社会”语境下服饰“随大流”，能为他们提供向劳动人民身份转化的标签感与安全感。在20世纪六七十年代，特别是“文化大革命”的时期里，这种标签化的安全感又以张园的第三代人主动“上山下乡”和穿着军装，得到进一步强化。对此，沈培桢老人回忆道：

1968年，上山下乡运动开始了。我女儿是1966届初中生，按照当时的所谓政策，有机会进工厂，但是她和班里的几个要好同学看了很多苏联开发西伯利亚的小说，受“英雄主义”和“理想主义”影响，一定要去黑龙江军垦农场，还咬破指头写了血书。我们尊重她的选择，同意她去黑龙江。1968年8月，她们作为上海第一批奔赴黑龙江建设兵团的知识青年去了北大荒。在这一批同学里还有独生子女，这些孩子真是很单纯。1972年女儿从黑龙江回来后继续读书，1976年分配到我家附近的民立中学工作……

我儿子是1969届初中生，轮到他们分配的时候，全国上山下乡一片红，上海工矿一个不留。因为姐姐已经在黑龙江，我们为他争取到了去黑龙江兵团农场的名额，这样总比一个人去农村插队落户好。但是分到了一个新建连队，生活条件艰苦。1979年我退休，他从黑龙江顶替回上海。[1]

上海是1960—1970年代“上山下乡”运动知识青年的重要输出地，当时居住在张园的青年们的政治热情和建设激情亦不会少。当他们身披红花、敲锣打鼓到新疆、黑龙江等农垦地的时候，

1　上海市静安区文史馆，上海石库门文化研究中心．张园记忆[M]．上海：上海文化出版社，2017:205.

由于当时国家的兵团制度，其身份是军人，因此在服装配给上主要是军装，由此可以想见当时上海知识青年的主要服饰的确是军装。除了军装，当时上海还流行着各类服饰，如工装服、“老三色”等，还有一些年轻人改制的“小脚裤”“三包裤”等，体现出处于旧日摩登之都的上海青年们的一丝服饰反抗。然而，这样的日子并不会太久。“文革”结束之后，新一轮的摩登热潮很快在都市中卷土重来，从1980年代以来上海女性接续“文革”前的发型传统，又去闹市区烫发可见一斑，沈培桢老人描述道：

> 那时的女性比较流行长波浪，头发都吹得很高，我头发少，理发店的师傅就用硬纸板卷一卷塞在里面。“文革”前，快要过年了，我们这里的家庭主妇，大都会带着女儿到延安中路一家叫作丁香理发店的店里去烫头发。大人用电烫全烫，头发就这么吊起来烫，女孩子就烫辫梢和刘海，也是吊起来烫的。

改革开放以来的上海，逐渐恢复了其轻工业中心和时尚之都的位置，从1980年代以来，人们的思想、观念逐渐发生变化，服饰文化也跟着发生巨大改变，而且一年比一年发展更快。张园亦不例外，在经历了八九十年代都市服饰的重新时髦、时尚化特征之后，新时期以来居民服饰逐渐以休闲化、大众化为主，也由于2000年以后张园老居民住户的陆续搬迁和离开，张园住户职业、身份等进入多元化状态，因此服饰也趋于多元与自由。

总体而言，张园居民中不论是清末出生的第一代，还是民国时期的职员阶层、知识分子，亦或是由他们抚育的子孙辈们，从他们的只字片语口述和留存影像中，并不难窥见他们一以贯之的讲究、精致，而又不失独特个性的穿衣风格。归根结底这是由于这一社区人们的物质底气决定的，就像丁婷婷的妈妈利贞女士对外孙的教诲那样，她说“我们家以前也是殷实人家”。而这种底气在日常饮食生活中也得到了不同彰显，呈现出不同于其他阶层的饮食态度与生活实践。这一点我们从利贞女士在对外孙的抚养历程中，略得张园居民日常饮食行为与观念之大端。她的外孙叶博艺回忆道：

> 母亲（即丁婷婷）刚生产时奶水不足，外婆就想方设法买来了进口的惠氏奶粉。与现在铺天盖地的代购相比，那时候想要搞到进口奶粉可着实要费一番功夫。外婆是老上海的大学生，深受西方文化影响，在饮食上讲究营养均衡、荤素搭配，对急需长身体的我更是用心，经常给我做各种鲜榨果汁喝、西式小点心吃。
>
> 到了我上学的年纪，外婆也算真正退休下来，自然承担起了大部分接送我的任务。那时候每当放学时分，校门口和弄堂里就会涌现出大大小小的摊位小铺，售卖孩子们喜爱的各色物件。其中最受欢迎的，自然要数形形色色的街头美食。从小浣熊干脆面、大皮哥、香菇肥牛，到铁板上、油锅里香喷喷、热腾腾的小肉串、小年糕、肥香肠、油墩子，甚至是现已加入肯德基豪华午餐的大鸡腿、大鸡排，每天都在抚慰着保守学生午餐摧残却又囊中羞涩的孩子们的胃和心。然而，我几乎是与这些“美食”无缘的。很长一段时间里，我只能从同学口中听到，或偶尔从同学手里尝到此等街头美味，因

为外婆从不让我吃这些东西。那时候自然没有地沟油、苏丹红的概念，但外婆的理由依然简洁明了：没营养，不卫生。为此，她还绞尽脑汁地编了一些顺口溜，诸如“干脆面，干脆不吃！”“小年糕不好吃，排骨年糕才好吃”等等，还试图在我同学中传播，却总能引来小伙伴们的阵阵哄笑。

当然，我也并不总是空着肚子回家。事实上，我有更好的去处。当年的张园附近，集中着许多上海滩的“顶级美食”。外婆总会牵着我的小手，走街串巷，到吴苑饼家吃生煎、到王家沙吃蟹粉小笼和虾仁两面黄、到美心吃两个汤团，亦或是到凯司令买个小小的栗子蛋糕。那时的我不懂得分享，总是霸占着食物，埋着头狼吞虎咽，可每当我不经意间抬头看向外婆，她总会对我微笑，然后说：“小年糕不好吃……”。如今，除了王家沙经过多次转型仍然屹立不倒之外，吴苑饼家已经搬迁，早已远离了闹市中心；凯司令被周围众多的85度C和宜芝多们打压得了无生气；而美心汤团店除了每年冬至时节会火一把以外，平日里卖出的盖浇饭应该比汤团多得多。[1]

以上不到一千字的记忆，为我们勾勒出张园丁家人的饮食观。这是一位在民国时期接受了大学教育的江南知识女性，在大都市生活几十年以来，将自己的科学饮食观投入到儿孙辈饮食教养中的鲜活描写，她的饮食观也反映了张园人在大都市中代表的一种较为科学合理的日常生活方式。这种现代科学的生活方式，早在

1 上海市静安区文史馆，上海石库门文化研究中心．张园记忆 [M]. 上海：上海文化出版社，2017:203.

《繁花》拍摄的外景，摄于 2021 年

20 世纪三四十年代就已经形成，那时可谓是上海职员阶层发展的酝酿期。这些职员们大都原籍为江浙沪一带区域、有着大致相同的江南传统饮食习惯，到上海又接受了高等教育，思想中被植入了“科学”“现代性”的观念基因，特别是上海近代以来各类妇女杂志中对育儿、营养学知识等的推广与传播。张园的第二、三代们，在民国时期就拥有了如此健康而科学的饮食观念，是极为难得的。而从利贞女士为外孙叶博艺精心安排的“零食”，也可以看出张园人家的饮食结构，是集合传统与现代于一身的生活模式。其传统之处在于，这里居民的籍贯原生地决定了他们的饮食习惯是传统江南形式的，也就是以米食为主食、各类新鲜菜蔬和优质蛋白质为副食的结构模式，而生煎、蟹粉小笼、虾仁两面黄、汤团等都是著名的江南小吃老字号，是深受上海市民钟爱的美味点心。这些食品恰好也符合现代营养学对人体健康的主要成分需求，因此受过高等教育的张园外婆、妈妈们，总能在传统小吃中选择适合自己儿孙辈的营养健康食物，不得不说这是从新旧之间、中西之际走来的父母辈们，在基础物质生活层面对后代的潜移默化影响，以及言传身教，可谓“中国式现代化”在日常生活方式中的实现。

二、艺术与生活的交互：“镜头中的张园”与“张园中的镜头”

自味莼园开放时期至今，张家花园就不断出现在最新影视媒体技术的影像中。正如前文所述，张园在晚清民初时期就经常出现在记者们的笔下、镜头中，此地还以放映电影等公共活动成为城中热门地标。进入石库门住宅社区时期的张园，依然时不时地与影视作品有所勾连。如此种种显示出，张园与影视镜头似乎有着特殊的缘分，下面就让我们一睹“张园中的镜头”与“镜头中的张园”。

张园中的镜头有哪些呢？从1950年代开始，张园就不断有影视剧组出现，著名导演谢晋的《女篮五号》就专门到张园内徐家花园的兰花圃进行取景，短短几分钟的镜头展示了居住在这一社区居民的日常生活与意趣品味。20世纪八九十年代改革开放时代大背景下急剧推进的现代化，将人们带进一个陌生的“美丽新世界”，唯有依赖记忆的质感方可创造出一个“怀旧”的空间与之相抗衡，由此掀起了一股“怀旧潮”。在这股怀旧浪潮引领之下，越来越多的影视剧导演将剧组和镜头引到了上海石库门弄堂，在留存记忆的时候重新书写着摩登上海的影像文化认同。由此在八九十年代，上海电影制片厂的谍战悬疑片《开枪，为他送行》（以下简称《开枪》）、黄蜀芹导演的《围城》、陈逸飞导演的《人约黄昏》、潘虹主演的《走过冬天的女人》《股疯》等影视剧在此取景，以张园为代表的石库门向全国观众展现着摩登上海的不同时空面貌。

《开枪》《围城》《人约黄昏》这三部影视剧主要体现了20世纪三四十年代的上海城市生活，那时候上海处于抗日战争的“孤岛时期”，因此整体而言孤独、颓废是这一时期上海城市生活的主要色调，张园也不例外。虽然它作为石库门弄堂生活空间始终不变，但又呈现出不尽相同的影视叙事风格。1990年，黄蜀芹导演的电视连续剧《围城》热播，这部改编于著名学者钱钟书同名小说的电视剧，主要内容展现了抗日战争时期的知识分子群像。该剧第10集在张园如意里拍摄，在剧中张园的石库门房子是作为方鸿渐（陈道明饰）的家庭而展现的，主要故事是方鸿渐带着新婚的妻子孙柔嘉（吕丽萍饰）来这里拜会父母、家人的生活事件。其具体场景为，两个人先穿过长长的弄堂来到了一座石库门房子里，这里住着方鸿渐的父母家人，方鸿渐、孙柔嘉先拜见父母，然后又参加了家宴。由于孙柔嘉没有守着传统礼仪那一套，被方家人所挑剔，最后两个人很不开心地告辞，出来后两人在张园的弄堂里走了好长的一组镜头。可以说，剧组选择张园作为主角方鸿渐父母的居所，是极为贴切与成功的。首先，剧中所选取的张园石库门为一幢老式石库门房屋，体现出方家作为大家族的人口繁多，聚集而居。其次，这一集的核心情节是孙柔嘉拜见公婆，一家人在房子的客堂间等待方孙二人的跪拜，客堂间当中悬挂着方家的祖先画像，体现了江南富户的传统家风传承。然而在这些传统中也有现代因素，如孙柔嘉拜见公婆时不行跪拜礼而坚持行鞠躬礼，引得本来要跪拜磕头的方鸿渐也只能随着一起鞠躬，这便引来方家人的第一层不满。紧接着，一家人又在这个客堂间里宴席，因为方鸿渐的侄子们年幼无知、没有规矩，所以场面十分尴尬。方孙二人悻悻而归，他们一边走在长长的弄堂里，一边互相抱怨……以上就是电视剧《围城》在张园拍摄的全部场景，虽然张园只是作为故事的一个小小场景，但在这里大家庭、江南富户、传统现代的冲突等，都体现得淋漓尽致。张园石库门房子所代表的大家庭给知识分子夫妇的“围城”困境效应，在剧中得到了精妙地展现。

如果说《围城》中的张园作用为展现抗日战争时期知识分子的困境，那么《开枪》和《人约黄昏》中的张园则作为营造“孤岛时期”上海颓废、阴森气氛下的一抹日常亮色。 特别是《人约黄昏》这部影片，因为其主题氛围是恐怖、凄美和悬疑的，所以男主角徐记者（梁家辉饰）早上在张园热闹的春阳里小弄堂买了早点就赶去报社上班，这场戏为整部影片融入了一丝人间烟火日常，似乎预示着片中女主角虽然自称是“鬼”，但实际上只是扮鬼的人而已。与《人约黄后》相比，《开枪，为他送行》的背景虽然也是抗战时期的上海，然而后者是一部抗日谍战片。而张园的石库门房子作为剧中女主角张孝兰（惠艳娟饰）的家，与张园这一真实社区本来就有的红色背景（如树群夜校等）形成了呼应。

1990年代以来，由于国家改革开放政策由农村向城市的倾斜转移，更因为“浦东大开发”，上海的当代改革开放与城市化进程也获得了“时空压缩”般的加速。1990年代似乎是一个特别快速的年代，因为上海在改革开放的起步上已经晚了先行一步的广州等城市，因此在这一时期上海人“备感失落又不甘落后的文化心理”更多地呈现于此阶段的上海影像中，且“通过精明世俗的市民形象得到了展现”，由李国立指导，沪港两地影星潘虹、刘青云、王华英等主演的《股疯》就是其中优秀的一部。这部影片以夸张、喜剧的姿态反映1990年代股票市场重返上海，在里弄市民中所唤醒的金钱欲望。这部片子的主要拍摄地就是张园，这里不仅是潘虹饰演的女主角公共汽车售票员阿莉的家，也是香港人阿伦的租房居所，更是他们邻里生活的主要场所。虽然导演李国立来自香港，但他对于上海弄堂市民性格的准确把握也可见一斑，如影片中展示的公共厨房中阿莉“偷水”的情景、阿莉一家人吃饭时小孩子要在马桶大便的桥段，还有弄堂中的邻居们消息传播、疯狂炒股的情景，都是1990年代上海弄堂生活的真实展现。

作为上海出身的国际影星，潘虹参演的很多作品都展现了石库门里弄生活。与《股疯》大约相隔两年上映的《走过冬天的女人》，也是其中的一部。潘虹似乎与张园很有缘分，不仅她主演的《最后的贵族》因为“太平轮”题材与张园有一些关系，她的另外一部代表作《走过冬天的女人》也有在张园拍摄的场景。和《股疯》一样，《走过冬天的女人》也表现了1990年代的上海，不同的是，前者展现了当时上海在改革开放纵深发展后的繁荣、动荡与迷茫，而后者的主题则是下岗女工再就业的艰辛苦难历程，寓意弄堂中的上海普通劳动者们坚忍不拔、自强不息的生活奋斗品质。这部剧里的张园“出镜”的主要是威海路72号小弄堂的两个阳台，住在弄堂对面的画家谷凌（肖荣生饰）跳进下岗女工阿珍（潘虹饰）房间里，向她表示爱慕追求之意。张园的这个“爱之阳台”为一个现实主义题材的电视剧加入了一丝浪漫情愫。

值得一提的是，不论这些影视作品具体内容、主题如何，其中在张园拍摄完成的段落整体上都在试图展现一种人间烟火的日常感，如叶辛的《孽债》《有房出租》等电视剧、王全安导演的《团圆》及《我和我的祖国》之《夺冠》等，特别是后面两部影片为张园的里弄日常生活重新注入一种传统美德与家国情怀。

王全安2010年导演的影片《团圆》讲述了一个极具东方色彩的家庭故事，这部影片获得第60届柏林国际电影节最佳编剧银熊奖。影片的所有内景都是在张园41号大院里拍摄完成，淋漓尽致地展演了张园代表的石库门房子生活的点点滴滴。基于真实故事改编成的《团圆》，情节极为动人，一个国民党老兵刘燕生（凌峰饰）晚年重回上海找寻失散多年的妻子（卢燕饰）的故事，老兵的到来打破了妻子一家平静的生活。故事在上海这座新旧共存的城市里发生，通过一户普通的上海家庭的视角展现了中

张园 41 号建筑，摄于 2023 年

华民族亘古不变的“团圆”主题，寄托着中国人美好的家庭观。由于大部分内景都在张园拍摄，因此这部片子里不但展现了公共厨房、卧室等石库门里弄人家的生活场景，更重要的是片中的三个大全景完整地留存记录了原生态的里弄风貌。这三个全景式为，“全家人到 41 号后门弄堂口迎接台湾客人的到来”，还有张园“大弄堂里的一个老太坐着轮椅车，在弄堂里慢慢摇过”，以及“41 号后弄，全家人吃分手饭时，凌峰要唱歌，天却下起了大雨，他们只好躲到了 41 号的后门口去避雨”[1]。

如果说的《团圆》给张园带来家国情怀的艺术气息，那么《我和我的祖国》之《夺冠》则以体育历史事件强化了这种集体记忆与家国认同。《我和我的祖国》七个篇章中唯一一个以儿童视角作为切入点的单元，由上海籍导演徐峥指导完成。上海石库门里一个正在过暑假的普通男孩，在为好友小美送行和帮邻居们助力转播女排比赛这两个矛盾的抉择面前，在一次次的来回奔走、顾此失彼中，终于对女排夺冠的意义有了荣誉认同感，最后主动转身冲向阳台，身披床单，手举天线，为大家带来了女排获胜的画面。作为一部新主流叙事电影，选景在张园，一方面导演将女排夺冠的光辉时刻设置在一个狭窄拥挤的集体观赛现场，弄堂里各个年龄、不同身份的居民们都共同见证了这场赛事，体会着普通人对国家强烈的集体荣誉，具有“寄伟大于日常”的艺术隐喻；另一方面，也隐喻了小小一隅对于排球的非凡意义，这就是来自华严里排球队的钱家军，对中国及上海排球发展的贡献。《夺冠》篇可谓是新时期以来的一部成功的主旋律怀旧影片，法国著名人

1　上海市静安区文史馆，上海石库门文化研究中心．张园记忆 [M]. 上海：上海文化出版社，2017:392.

文学者皮埃尔·诺拉对“怀旧”有这样的阐释：“‘怀旧’是一种对回忆、记忆的深层渴望，而这些所谓的记忆是基于断裂的全球后现代文化情境的到来，而产生的对过去传统家庭、社区、生活形式结构的认同。”在这部影片中，人、家、国等各类记忆熔为一炉，共同生产和强化着时代记忆与集体认同。而在此时，张园作为集体认同凝聚点的元空间功能再度得到强化。

从1980年代以来张园就有“影视基地”之称，张园居民对于影视剧拍摄也已经是司空见惯。非但如此，大量影视剧的拍摄使住户们还生出了对居住社区的认同感与自豪感。“张园处处是戏”，大量的密集拍摄使得张园的住户们都能对在这里拍摄的影视剧聊上两句，有的居民经常围观剧组的拍摄，有的居民房屋还被剧组租用拍摄，甚至有的居民还充当了“临时群众演员”。许许多多的拍摄故事在张园住户们身边发生着，在茶余饭后传扬着，哪条街拍摄过哪些影视剧，其具体场景如何，有什么趣事等，都逐渐成为张园社区独有的“地方性知识”，具体情况不一定有什么文字记录，但是张园的老住客们都一定能如数家珍、津津乐道“嘎讪胡”。可见，在此地发生的艺术实践对于社区居民的地方认同感具有正向的塑造作用。

旅游学家基于幸福主义理论将旅游地居民

生活幸福感分为物质幸福感、情感幸福感和自我发展三个维度。从三个维度出发观察作为影视基地的张园，为在影视剧组频繁进入下的张园居民的主观感受，提供了适宜的理解框架。若将一些当代居民回忆张园影视取景的口述文本稍做分析，即可看到：首先，剧组进驻张园为社区和居民带来了一定的经济收入。如进入这里的剧组很多时候都会付一些费用给居委会，居委会将其用于改善社区环境和居民生活，还有如果剧组到哪一家借地取景，或者居民作为群众演员，也有一定的收入，这使得作为影视拍摄地的张园社区居民拥有了一定的物质幸福感。其次，影视剧组的进入对张园居民的地方社区依恋有所提升，《张园记忆》口述史团队采访的几乎所有张园住户，他们都会对剧组的拍摄情况津津乐道、如数家珍。如庄元强先生回忆：

> 20 世纪 80 年代初期是张园拍戏的鼎盛期。记得那时，我还在上港五区翻三班。白天早班回来时，我能看见石库门大弄堂里格外热闹，墙上贴了老刀牌香烟广告，以及 20 世纪三四十年代看花柳病的老上海广告；弄堂两边摆出了馄饨挑子，停了几辆黄包车，还挤满了闹哄哄的群众演员。

今天，他们全部身着黄颜色的日本军服；明天，他们就会摇身一变成了灰不溜秋的国民党兵团，那我就知道又有几部好戏要开场了。晚上下中班回来，我能看到张园的大弄堂地面上被水龙头浇得湿答答的，那是准备拍摄夜景了。有时候，能看到边上停着几辆美式军用吉普车；有时候，能看到那种20世纪20年代才有的黑色囚车一直开到弄堂里来，那是专门拍摄国民党捕捉地下党镜头的；有时候，还能看到这种场面，一大群身着长衫、参加游行的青年学生手挥标语，高喊口号，举着“团结就是力量”的横幅，唱起振奋人心的歌曲，在风雨中勇敢前进的场面，最后则是学生游行队伍被国民党消防队的水龙头冲散的镜头。[1]

再者，从居民的口述话语我们也能看出，由于张园中镜头的频繁出现，部分居民逐渐萌生出一些自我发展意识，也就是说由于张园成为“影视基地”使得一些住户生发出个人成就感，甚至对其职业生涯有所影响。“张园刚锋摄影工作室”就是其中的典型代表。作为生于斯长于斯的老居民，王钢锋的幼儿园、小学、中学学习都在此完成。1975年中学毕业后，他到崇明农场工作了六年，开始对摄影产生兴趣。在1981年顶替父亲位置，在上海水产局工作期间，他拍的一幅名叫“街上的柔道”的照片在《人民日报》体育版上发表刊登。当意外得到了20元稿酬后，王刚锋下决心要在摄影这条路上走下去。经过了坚持不懈的学习和努力之后，1980年代末，他终于实现了自己的摄影梦，应邀去加

1　上海市静安区文史馆，上海石库门文化研究中心 . 张园记忆 [M]. 上海：上海文化出版社，2017:387-38.

拿大举办个人摄影展并开启了他的广告摄影生涯。1995年，他将自己在多伦多的摄影棚搬到了上海，重圆自己的“上海影像梦”。从这时候也开始萌生出“私人摄影定制”的拍摄理念，于是将上海的老外们发展为潜在客户与摄影对象。由于观察到上海对外开放加快后，欧美高级管理人员的大量进入，以及他们合同到期之后离开上海的时段性规律（一般在每年春末夏初），王刚锋逐渐摸索出一套私人订制摄影的工作模式，这就是为生活在上海的外国家庭拍摄具有上海特色的全家福。由于他所居住的张园地区所具有的得天独厚摄影环境，再加上摄影者的高超技术与精益求精的艺术态度和工作热忱，王刚锋给外国家庭们拍摄的摄影专辑逐渐打开了知名度，多年来“到刚锋摄影室拍全家福”也成为许多欧美高管家庭离开上海时的最好纪念。从王刚锋先生的经历足以看出，作为“影视基地”的张园对社区住户们的职业生涯与理想的一定程度的影响。

总而言之，生活在这样一个“石库门博物馆”的社区中，张园居民的生活中不仅有“百姓日用即道”的日常，更有与影视接轨的艺术氛围，并处处展现出生活的日常与恒常之美。

张园建筑细节，摄于 2021 年

甘心奉献：张园所见上海居民的劳动品格

两千多年前，儒家思想的代表孟子在会见滕文公时说道："民之为道也，有恒产者有恒心，无恒产者无恒心。苟无恒心，放辟邪侈，无不为已。"他认为百姓社会生活中有这样一条规律，有固定产业的人会有稳定的思想，没有固定产业的人就没有稳定的思想。如果没有稳定的思想，就会违背礼数，违反法纪，为非作歹。清代著名学者焦循在《孟子正义》中解释道："产，就是生产，生业，财业[1]。"然而随着现代社会的发展，"恒产"已不仅仅指孟子当时所谓的"田地树畜"等恒定的生产生活资料，也应包括恒定的赖以生存的职业，尤其是对当代公民来说，后者的意义更为重要。

原始儒家民本思想为百姓的民生发展实践行为奠定了传统文化的合理性，现代哲学思想中的马克思主义唯物史观也具有民生思想的深刻内涵，著名的"经济基础决定上层建筑"的论断，就是这一思想的精华体现。可以说大到上海，小到张园，近代以来

1 〔清〕焦循撰，沈文倬点校.《孟子正义》.中华书局，1987:93-94.

城市精神和社区意象的形成与凝结，其最基础依靠理所当然地是近代全球化经济发展的累累果实。在现代化、全球化的历史洪流中，张园居民们恒产恒业、休养生息，为社会发展作出自己的应有贡献，他们的生产劳动品格也是上海城市精神中“生生不息”的一朵浪花。

一、从“中产阶级”到“知识分子”：张园居民的劳动品格与专业精神

作为有着百年聚居历史的上海城市中心社区，张园的居民在职业身份、经济条件、生活方式乃至精神气质等方面，在特定时段内具有一定趋同性，这一特性虽无精确的人口统计学数据支撑，但已在当地居民印象中成为“不刊之论”的地方性知识与既定印象。前文提到生于张园、长于张园的庄元强先生通过自己的观察与归纳将张园原住民所划分出了四种人及各自特点。通过近年来相关研究调查工作团队对张园的“一幢一档”及“口述史”调查记录，庄先生的结论也得到了一定的证实。正如庄先生所说，在张园居住的第一代、第二代人中，大部分属于有一定资产的人士，因为只有这些人群才能支付得起张园在当时的高额地价或者房租。那么，他们的职业大都是什么？具有怎

样的特点？是怎样的家风传承，使得他们的下一代都如庄先生所说的“职业和素养都还不错”。在张园长期居住过程中，这些居民们的何种职业素养和为人处世风格可称得上张园的精神品格，是否称得上“海派君子”的基本特质？为此本节着意选取了五个在张园居住三代以上的家庭，即王佩清家族、赵元庆家族（威海路 590 弄 72 支弄 1 号）、丁婷婷家族（张园 56 支弄 10 号）、庄元强家族（张园 72 弄 3 号）和陈雪中家族（泰兴路 84 弄 7 号，现威海路 590 弄 84 支弄 7 号），通过仔细阅读这五个家族的相关口述史档案留存，探寻他们在张园繁衍生息的家族历史，以期抽绎出特定地域及特定时代下的张园居民在职业生涯、处世哲学以及精神气质中的“我们感”。

在确定了个案对象以后，首先我们要解决的是通过这些家族或家庭的历史，抽绎出他们在职业生涯等方面的一些共同特质。仔细阅读表格即可发现，四个家族中在张园的第一代，大都是从上海以外而来的、有一定经济实力的家族和家庭，他们在张园买下房子，以供自己的家族成员居住与使用。这些人大都出生于 20 世纪之前长江三角洲的富裕地区，而他们的第二代，大多在上海出生或者在上海接受了高等教育，毕业后从事金融、法律、教育等相关职业。

读者论坛

倡議整頓新開銀行之業務

莊頤年

年來本埠一地，新開銀行之畸形繁榮，自表面觀之，似爲本埠工商企業之勃興，故亟需大量資金融通機關爲之供應調節，然考諸實際，則新開銀行之中，固有一部份維持正常的銀行業務者，但意圖漁利，謀發一「銀行財」者，亦復比比皆是，且因其業務之悖理反常，已有若干銀行淪於週轉呆滯或虧蝕浩繁的地步，決非一般人所能想像。

筆者因職務關係，於檢查若干新開銀行之營業情形及財務狀況，發覺此種銀行之賬面記錄不盡不實之處尤多，溯其原因，無非意圖隱瞞業務狀況之真相，或隱蔽一般股東與關係人之察覺。例如：聞有某行者，其董事長及總經理，均係掛名，從未到行一日；其開業時實收資本，僅有一百十數萬元，而開辦費支出計有行址頂費四十四萬元，生財裝修文具印刷等支出五十元萬元之鉅，收支相抵所餘無幾；其主要業務則爲本身從事囤貨，及買賣證券。又有某行者，其內部辦事人員之多，幾與活存項下之客戶人數相等，營業清淡，終

庄颐年发表在 1943 年 4 月 21 日《申报》“经济界”“读者论坛”专栏上的文章《倡议整顿新开银行之业务》

连连在其著作《萌生：1949 年前的上海中产阶级——一项历史社会学的考察》中，曾以米尔斯的新老中产阶级概念对上海中产阶级进行界定，认为可分为由小企业主、小店主、小商人等构成的“老中产阶级”，与职员、科层制管理人员、政府公务员、知识分子等构成的“新中产阶级”两大类。从我们所关注的五个个案来看，张园的第一代多为老中产阶级，而第二代多为新中产阶级。其中第二代新中产阶级由于大都出生于 20 世纪二三十年代，高中或大学毕业于四五十年代，他们的身份在 20 世纪五六十年代发生了从“中产阶层”，到“知识分子”，再到“劳动人民”的身份归属转变。在本文的五个个案家庭中，如沈碧锦老师与其丈夫吴金发老师、赵灿南及其妻沈培桢、丁婷婷的爸爸和妈妈，还有庄颐年与其妻子等，随着当时党和国家对于阶级阶层的政策认定与划分，虽然职业并未发生大的变化，但是身份认同上却发生了一些转变。

表 4-1 五个家族经历口述史[1]

	第一代	第二代	第三代	第四代
沈家	沈碧锦祖父在钱庄做襄理，1944年其妻王佩清（约1880年左右生，安徽旌德人，读过书）用两根以上金条盘下张园房子。	沈碧锦（口述者）1925年生，高中文化，退休前为民治幼儿园教师。 丈夫吴金发，中学老师，毕业于上海东吴大学社会学系，翻译家。	吴珏，1950年出生，1966届高中生，1972年读大学，1976年到民立中学工作直至退休。 吴昕，1953年出生，1969届初中生，曾到黑龙江插队，后回沪去日本求学打工。	顾思雨，环境设计师，后进西门子公司中级管理层。 外孙女硕士毕业，从注册会计师转型为高中英语教师。
赵家	赵元庆（江苏江阴人）原为兴盛织布厂主，用金条买下威海路590弄72支弄1号后面一进房子。公私合营后被派到广州橡胶厂做私房厂长，特长为打算盘。妻子为江苏无锡人。	老大赵灿南，读中专，毕业后读夜大，后来当上宝山税务局局长。妻子沈培桢（口述者）高中毕业，到长寿路第一小学做教师，退休后返聘。二弟大学毕业后到大理机车厂一直做到总工程师。三女大学毕业后去了昆明。四子大学毕业后去扬州工作。五女大学毕业后在上海做教师。	赵灿南、沈培桢有两个孩子，大女儿叫赵维琪。	
丁家	丁掌千，浦东洋泾人，农民出身，到上海河南中路一家藤店做学徒，得老板获赠遗产。丁婷婷奶奶和爸爸及叔伯1937年从虹口天潼路搬到张园56支弄4号一楼的前厢房和后厢房，爸爸结婚后搬到了4号一楼的前厢房。“文革”期间，又搬到了56支弄10号二楼前厢房。	丁婷婷爸爸是国立上海商学院学工商管理专业毕业。1949年毕业后到国棉十五厂，50年代在质检科做科长。妈妈利贞女士1928年出生于苏州吴江同里镇，10岁到上海避难，后考上沪江大学、上海商学院。1950年从会计系毕业后在浦东高桥上海石油供应站计划科工作，退休后返聘。	丁婷婷（口述者）1955年出生于张园，高中毕业后进合作编制单位工作数年，1977年恢复高考后考取上师大大专班，1980年毕业后到上海外贸职工大学做老师。之后又继续读专升本、复旦大学进修班等课程。	叶博艺（口述者），1990年出生于张园，2008年搬离张园，2012年从复旦大学本科毕业读欧盟联合硕士，之后继续留在欧洲攻读博士，为西班牙加泰罗尼亚理工大学和法国南特中央理工大学双博士。

1　本表主要资料来源于《张园记忆》（上海市静安区文史馆、上海石库门文化研究中心. 上海文化出版社，2017年），赵李娜根据以上资料整理。

续表：

<table>
<tr><td>陈家</td><td>陈雪中祖父母因为儿子（陈雪中父亲）结婚，全家搬来此居住。祖父是宁波人，与大儿子等在安远路53号开设中华帽厂（后改为上海第一制毡厂），有轿车和专门的驾驶员。</td><td>1945年陈雪中（口述者）父母结婚，在张园定居泰兴路84弄7号，现为威海路590弄84支弄7号。父亲、叔叔都在家里的帽厂上班。父亲圣约翰大学金融专业毕业，毕业后到家里的帽厂所财务，每月工资为123.5元。母亲在教会学校学医，大学读了一半就结婚。1951年又出来到厂校做老师。还有一个叔叔同济大学毕业，一直在外地，现在杭州。另一个叔叔在武汉造船厂，后来到重庆、番禺。</td><td>1946年陈雪中在张园出生。有兄妹四人，两男两女。陈雪中是老大。1968年10月开始到崇明农场，1974年回上海后到机电一局技术公司工作，一直到退休。弟弟云南大学毕业后去了美国，妈妈也在那里。后来妹妹也去了。</td><td>陈雪中女儿先到张江上班，现在石门二路街道工作，被派到张园居委，专门负责就业相关工作。</td></tr>
<tr><td>庄家</td><td colspan="2">庄颐年在1930年代后期和哥哥从常州来到上海读大学，毕业后经过打拼哥哥成了律师，庄颐年当了在张园开业的会计师。后来在家乡父母资助下，都在张园72弄3号成家。庄颐年在1949年以后曾任上海财经大学教授，1966年自杀。其妻也为会计师。</td><td>庄元强（口述者）有兄妹五人。姐姐庄文丽后成为工程师。庄元强1972年中学毕业，在崇明农场三年后回沪，先到上海港第五装卸区当工人，后调入港务局机关做宣传干部，此后一直做记者、高级新闻主管等职务。</td><td></td></tr>
</table>

具体来说，在中华人民共和国成立初期的十年时间内，他们的职业依然没有大的变化，有的人工资还比民国时期高一些，在身份上被划定为“知识分子”。1956年周恩来总理在中共中央召开的关于知识分子问题会议上，对全体知识分子做出明确的定性，他们中的绝大部分“已经是工人阶级的一部分”，党和国家对知识分子的方针是团结、教育和改造[1]。自此1949年的“中产阶层”中的大部分人，尤其知识分子，在政治身份归属上是作为工人阶级的一分子在新的社会里生存、发展和定位，他们的职责是“为广大人民服务”。尽管作为“中产阶级”的历史已经结束，但他们特有的职业品格却早已深刻内嵌、渗入并传承于这座城市的血脉之中。正如上文所述，这些人群大都具有讲规则、讲理性、崇拜西方、敬业、勤勉、精明、谨慎、求稳等价值观，而这些观念在1949年以后的历史洪流中，仍适应着上海的社会主义现代化建设，并形塑为现代上海城市集体性格。知识分子们带着属于这一群体的职业精神及其特有品格，踏入新社会，贡献自身力量，他们的下一代大都是有着高学历的职业人士。由此文中所关注个案家庭的第三代、第四代大多数还都从事着诸如教师、记者、企业管

1　周恩来．周恩来选集下卷[M]．北京：人民出版社，1984：162.

理层等专业工作，体现了家庭中文化资本的代际传承与更新发展，其深层原因当然是长期耳濡目染、润物无声的家庭教育及家族风气对知识崇拜及专业精神的传递，从他们的口述中也大致可窥见聚居于张园的大部分家庭都所拥有的共同精神气质。

从五个个案家庭所传递的立命之本与职业取向来看，家庭教育中大都有着知识崇拜甚至文字崇拜的成分，这体现了由家庭的“经济资本”转化为“文化资本”，之后再完成“文化资本”代际传承规律[1]。也正由于这样的家庭背景所拥有的经济资本，他们的下一代才能考入大学或读到高中，可以选择教师、会计师等职业，在 20 世纪 40 至 60 年代职业生涯的初期，就拥有较高的工资。如丁婷婷的爸爸“50 年代在质检科做科长，工资 108 块，当时算有钞票的”；而妈妈利贞女士“1950 年从会计系毕业后，就在浦东高桥上海石油供应站计划科工作，工资 82 块”，两个人的月工资当时能有 190 元，是比较多的。沈培桢老人也回忆：“刚工作时，我的工资才 60 元，20 世纪 60 年代涨到了 70 元，在那时已经算高工资了。”[2] 在经济资本保障下

1　连连，萌生 .1949 年前的上海中产阶级 一项历史社会学的考察 [M]. 北京：中国大百科全书出版社，2009:197.

2　上海市静安区文史馆，上海石库门文化研究中心 . 张园记忆 [M]. 上海：上海文化出版社，2017:83.

的富裕生活中，张园的第二代们将祖辈或父辈的知识崇拜贯彻到底，对下一代的教育也体现出浓郁的知识情结，从他们对子女的智力投资便可略见一斑。如前文所举沈碧锦老人回忆自己两个孩子小时候，“舍得花钱给他们买书订杂志。《小朋友》《儿童时代》《少年文艺》三本杂志伴随着他们长大”。无独有偶，丁婷婷的童年也经常读这些课外读物。不止于此，她在学生阶段还得到家中文化艺术氛围的浸染，为之后成为大学教师奠定了基础。而其子叶博艺，由于父母为高中和大学教师，因此从小也受到知识和文化的熏陶，从复旦大学毕业后到欧洲留学，成为两所国外著名大学的双博士。

从丁婷婷自身经历可以看出，张园的早期住户也就是作为“老中产阶级”的第一二代住户们，在上海站稳脚跟后，将自己的经济资本和社会资本通过文化资本的形式，在第三代以后的子孙身上转化与延续，也体现出这些家族将原生地江南地域传统儒家观念与上海现代城市社会中的知识、智力、专业崇拜等观念融为一体，并在家族中进行传承。这一崇拜不仅以知识崇拜为核心，在具有现代化良好教育环境的大都市上海，更具体体现为“文字崇拜”，如沈培桢老人多年从事语文教学工作、吴金发先生对翻译情有独钟、丁婷婷从小喜爱文学长大后又做了大学语文教师、庄元强成为著名记者及作家……五个家庭中四家从事与文字相关工作的成员，可见在张园第一代的根基奠定和苦心经营下，大多数家族成员到了第三代甚至第二代，就已经从“职员阶层”成了“职业化的知识阶层”。虽然两者都以“职业化”为立足之本，但在思想的自主程度上来讲却有一定区别。具体来说，职员阶层主要集中在科层管理广泛运用的工商企业界，职业获得主要依据其不同的专业知识和技能，如沈碧锦的祖父、赵元庆、庄颐年及妻子、丁婷婷父母、陈雪中先生从祖父到女儿四代人等，他们基本上属于这一阶层，其特点是“职业上有明确的分工，工作相对稳定”。而知识阶层“主要从事于文化教育科学事业的研究和传播，及创造和传播文化价值，是‘以思想和传授其思想为职业的人’”[1]。

勤勉认真、吃苦耐劳与自强自立，也是张园的家族们一直传递传承的家风家教品格。这首先表现在，张园落户的第一代人士大多数并非传统意义上的“贵族”中产阶级，仅是从外地迁移至上海，经过个人的勤苦劳动获得人生的“第一桶金”，而在上海立足的发展型移民者。如沈碧锦的祖父、赵家在张园的第一代赵元庆、丁婷婷的祖父丁掌千、陈雪中的祖父伯父等，都属于这样的早期“创业者”，他们或开设小型工厂，或由学徒而致富，都体现出作为“老中产阶级”身份的第一代张园住户，移民上海“闯世界”时的勤奋精神。连连认为：“上海中产阶级两代人的职业流动，主要是表现为父辈职业与子辈职业性质的不同，如果说后者是以各种新兴职业确立自身的社会身份和社会地位的，那么前者则多从事于传统社会里的各种职业。”从表 4-1 及上文我们的初步分析中可知此言无误，但其实不论是何种职业，勤勉严谨、吃苦耐劳、自强自立的职业精神在这些家庭中传承不断，从每个家庭的口述者所回忆和表述的日常生活中，处处皆得呈现。

若仔细分析本节个案对象之一的丁氏家族发展史，便清晰可见该家族中的勤勉家风传承脉络。丁婷婷回忆他的爷爷，也就是丁家住进张园的第一代丁掌千老人，本为农民出身的浦东洋泾人，当年在河南中路的藤店做学徒，由于“干活勤奋”获赠老板遗产，

1　周恩来 . 周恩来选集下卷 [M]. 北京：人民出版社 ,1984:162.

并成为新的藤店老板。经过勤奋工作获得一定经济资产后，其子得以到国立上海商学院读书，认识了丁婷婷的母亲利贞女士。到丁婷婷父母这一辈，虽然他们的身份已然不属于老一辈中产阶级，而具有“新型中产阶级”及职业身份，其工作行为中仍有勤勉敬业的成分因素。丁婷婷回忆说：“爸妈平时不大管我们。当时的人工作老认真的，有时候晚上还要开会。”这固然是与中华人民共和国成立之后，百业俱兴背景下国家积极号召、民众热烈响应所展现出的热忱工作态度等现实社会风尚相关，然而从五个个案家庭的日常生活口述史中，仍能见其家教家风对这些新中产阶级转型来的职员人士的帮助，他们的工作观念被注入传递着勤勉敬业的精神基因。丁婷婷父母的爱岗敬业和工作认真等态度自然也对下一代产生了深远影响。丁婷婷高中毕业后，因为“文革”的大环境和当时“学工学农”的职业教育体制，进入合作编制单位工作。尽管她出身于知识分子家庭又高中毕业，自然“不希望在店里做一辈子”，但“还是认真踏实地干活，连续五年被评为静安区烟糖公司先进工作者”，充分说明了在她身上所拥有着的逆境生存、自强自立等良好品质。这样的品质在张园的居民住户中也是普遍存在的，如赵灿南的母亲当时想出来的用“滚雪球”方法，让大点的孩子供养下一个读书的办法；庄元强的母亲在丈夫去世后，独立拉扯大了五个孩子……这些从其他江南地方来上海“打拼”的移民及其后代们，不论是在“顺流”还是“逆流”中，都能保持良好心态和拼搏精神，知识崇拜、文字崇拜、专业精神。蕴藏在这些张园居民们坎坷人生中的坚定信念，正体现出他们“海派君子”的特质。

二、现代化大工业生产的一分子：张园中的弄堂工厂

作为中国的工业发源地，近代上海工业经济发展为城市留下了丰富的工业遗产。其中弄堂工厂作为上海工业化进程中的一个特殊现象，不仅见证了近代上海弄堂的百年发展历程，更见证了中国传统民族工业的崛起和发展。虽然自1990年代以后，这些坐落于城市里弄中的工厂陆续被关停，但它们在近代上海城市乃至中国工业发展中的作用及其文脉资源意义不应被忘记。长期寄身于张园99号的上海半导体器件四厂（根据当地人习称，以下简称），就是近代上海弄堂工厂中的普通一个，它的存在对于张园社区地方文化，有着特殊的价值与意义。

元件四厂发展历程，与绝大多数弄堂工厂不太一样。弄堂工厂的研究者左琰、安延清在《上海弄堂工厂的死与生》一书中，将上海弄堂工厂发展阶段分为发展早期（1843—1895）、扩展时期（1895—1911）、大发展时期（1911—1919）、发展末期（1942—2007）这四阶段[1]。如果按照这一框架来看，元件四厂的成立和发展处于发展末期。然而笔者认为，该论著将1942至2007年作为上海弄堂工厂的发展末期，应有继续探讨的空间。首先是因为这一段时间跨度较大，不能准确涵盖当时弄堂工厂的真正发展情态；其次是这一划分并未充分考虑到1949年之后，在随后对原来一些私营企业和手工业等的社会主义改造中，取而代之的里弄生产组和街道工厂对于社会发展所起到积极作用，理应对其进行更为准确的评价和估计。这些都是左琰先生的相关著作中较缺失的一

1　左琰，安延清. 上海弄堂工厂的死与生 [M]. 上海：上海科学技术出版社，2012

元件四厂旧址——张园 99，摄于 2022 年

部分。实际上，根据“复旦大学政治经济学系街道工业调查组”在1980年发表的《上海市街道工业调查报告》[1]中的相关成果可知，当时上海街道工业分布范围很广，“有冶炼、机械、电子仪表、纺织、服装、针织、工艺品美术、日用小商品等各种行业。1979年，上海街道工业共有1029户，232,452人，总产值达到37,340万元，全年盈利9,366万元，上交国家税收5,710万元”，该调查组认为“街道集体工业已经成为整个上海工业的一个不可缺少的重要组成部分”。并且，“从1965年到1979年，街道工业总产值从5600万元增加到37340万元，14年内增加了五倍半以上”。可见街道工厂并不像左琰先生所说那样，在这一时期处于发展的末期阶段。笔者认为至少在1950年代至1990年代，伴随着现代工业发展和改革开放初期的蓬勃社会氛围，上海街道工厂恰恰处于其进程的辉煌阶段，因此其在1949年以后的四五十年内发展进程及其意义不容忽视。

厘清了上海弄堂（街道工厂）发展史概要之后，理解张园中的元件四厂的生命历程也变得水到渠成。与其他街道工厂从一诞生于弄堂中，之后在里弄一直默默发展不太一样，“元件四厂”虽也诞生于弄堂，“是在当时加工零部件的妇女生产小组的基础上发展起来的”，但是由于“产值高、效益好、税收好”，因此逐渐被国有工业体系“收编”，成为“区政府重点扶持工厂”。于是在1966年，响应区政府号召，搬到了此处的“元件四厂”扩大生产规模，级别也提高到区里，归静安区手工业局管理。1976年，根据行业对口原则的调整，该厂归市仪表局管，享受

1　复旦大学政治经济学系街道工业调查组．上海市街道工业调查报告[J]. 复旦学报（社会科学版）,1980（4）:5—10.

和国有企业一样的待遇。1985 年改革开放后，“元件四厂”又被划归国家安全局，成为他们的“三产”[1]。

2015 年 5 月 29 日下午上海半导体器件四厂原厂长钟德群接受口述史访谈。从他的回忆口述可以得知，尽管出身于弄堂工厂，但是钟厂长对于自己供职多年的这座企业，拥有着强烈的主人翁意识与自豪感。

钟厂长的归属感与自豪感，必然来源于元件四厂生产业季的辉煌历史，因为这才是一个工厂的立足之本。关于这个工厂的辉煌业绩，在此略举一二。第一件是 1969 年政府把海港宾馆所在地划归元件四厂，于是他们新建了一个集成电路车间，“当时这个车间非常好，产值非常高，曾是静安区手工业局的第一块牌子，也曾参与我国第一颗卫星——东方红卫星的设计制造工作，这是非常荣耀的一件事。”第二件则是，在改革开放后这个厂子虽然“只生产二极管，但产品质量过硬，是国家免检产品”。第三件是在改革开放初期的 1984 年，该厂“通过补偿贸易的方式引进了日本的先进设备”，也就是说日本合作方给他们设备并帮其销售，用销售款来抵扣设备款。“当时的销路非常好，可以远销到日本、新加坡、欧洲等国以及香港地区，一个月就能销售几百万”。当 1994 年与日方全面停止合作、补偿贸易结束后，元件四厂全盘接收了设备与客户，从这一阶段该厂“开始尝试自主管理”，这也是厂子最辉煌的时期，因为当时“管理层可以拿到一千多元，而工人更可以拿到两千多元”。从钟厂长的回忆讲述中可以管窥元件四厂发展的辉煌历程，更可以了解到从 20 世纪 60 年代末到 21

1　上海市静安区文史馆，上海石库门文化研究中心．张园记忆 [M]. 上海：上海文化出版社，2017：278-286.

世纪的前十年，弄堂街道工厂之所以能在改革开放经济大潮中屹立不摇，技术过硬才是根本，而这也正是上海大多数街道工厂生存的不二法则。

上海史学者熊月之先生曾在《上海居民特性与城市精神》[1]一文中，分别对“计划经济时代上海城市精神”和“改革开放以后上海城市精神”进行总结，具体来说前者为“艰苦奋斗、追求卓越、循规守纪、服务全国”，后者为“开明睿智地恢复海纳百川传统，在艰苦奋斗中追求卓越，与时俱进地服务全国”，非常容易想见其中的“艰苦奋斗、追求卓越”是计划经济和改革开放以来这两个时期，上海城市精神的固有文脉传承与延续。这两个成语用来形容上海工业发展而来的城市精神与市民品格，也是恰如其分的。虽然熊月之先生在描述这一特性的时候，采用的例证主要是上海国有企业的辉煌战绩，但诚如上文所及，弄堂工厂也是近代以来上海工业的重要组成部分，说这些企业具有“艰苦奋斗、追求卓越”的精神和传统，也并不违和。像元件四厂这样的弄堂工厂，身处闹市中的僻静一隅，以并不算很大的办厂规模，却不断地打磨技术、追求品质，可以说是“追求卓越”的最好行动注解。虽然在21世纪以来的金融危机、产业结构调整等大环境下，该厂也不得不面临关停和工人下岗的命运，然而我们更应该认识到张园里弄中“元件四厂”的曾经存在，给这块社区的记忆、文化、地方精神带来的积极意义。

正如前文所述，中国传统儒家讲究井井有条的生活氛围与恒产恒业的社会理想，1949年以后的张园社区正秉承着这样的生活态度与专业精神，加之社会主义建设的时代氛围，海派君子之德

1　熊月之. 上海人解析 [M]. 上海：上海教育出版社，2019.

得以在张园绵延蓄积。从张园的生产者、劳动者、奋斗者的事迹中，我们可以想见，正是因为对这个国家、这座城市、这片土地具有深沉之爱，才能鞠躬尽瘁并为之奉献终身。在张园的奋斗故事中，有可歌可泣者，更有点滴平凡者，都是时代洪流中的朵朵浪花，为这片土地更加美好发光发热。

王安忆感慨道："都说上海是风花雪月的，那是它的外衣，骨子里是钢铁与水泥铸成的。人们总是渲染上海的享乐，可谁了解它的劳动呢？"她特别强调上海空间的"钢铁与水泥"的内在气质，因为这座城市的心声并非只有华美和轻快，"它是负荷沉重的，多少代的文明史压缩在短短的百年之中，它必得是坚韧的，经得起击打和变故，它就变得粗犷并且豪放，带着一股血汗的浓郁气味。可它绝不因此而是麻木和迟钝的，它甚至是特别善感的，包含着人家的冷暖"[1]。不论是原来身份为"中产阶层"，1949 年之后转换成为"劳动阶级"的知识分子们，还是他们的下一代抱着社会主义热忱投身于社会建设中，亦或是从 20 世纪五六十年代开始的街道工厂里，多少生活在这里的人们在新的时代氛围中，贡献出自己的专业知识与辛勤劳动，他们或在各自单位兢兢业

1　王安忆，寻找上海 [M]. 上海：学林出版社 .2001：123.

业，或将一个小小的街道工厂建设为成为产值高、效益好、税收好的“区政府重点扶持工厂”。甚至连奉献了一辈子革命热忱的退休人士，如沈碧锦老人、屠慧敏等同志，退休后充当楼组长、居委会干部等，为张园的一方平安发挥余热。如是种种，使我们相信，正是在这片拥有着无限传统与现代人文之美的土地上，人们恒心恒业、生生不息，用自己的光和热、真善美，筑牢着属于张园特有的意象精神，也塑造着属于他们共同的特有地方感。而这种对土地爱得深沉的地方感，就像一把火炬，一直照亮人们的日常生活及其前行道路。

第五章

文化复兴、中国之美：海派君子之德的蝶变跃升

张园公共活动，摄于 2023 年

2022 年 11 月 27 日，上海现存规模最大、保护最完整、建筑风格最丰富的石库门建筑群张园的核心区域张园西区焕新开幕，以文商旅综合体的姿态重新与公众见面。140 年前的时空反转，1882年“张氏味莼园”开业，成为风头无两的“海上第一名园”，“张园”开始扬名天下。1919 年，“张氏味莼园”停业，原址建起连片的石库门里弄，承载起几代沪人的生活史，“张园”之名却从未中断。2018 年 9 月静安区启动对张园地块的保护性征收工作，“征而不拆，人走房留”，张园城市更新项目不仅是上海首个超高难度的保护性征收改造项目，更是历史街区整体性活化利用、开发运营的高品质案例。在完整的街巷肌理、原初的建筑风貌中，沉浸式体验海派美学为基底的吃住行游购娱，街区可漫步、建筑可阅读。预计 2026 年，张园东区将完成建设并开放，届时将以更大的规模、更丰富的体验内容、更全面的海派景观与世人见面。

对于张园城市更新项目，不论从旧改搬迁、民生改善，还是历史建筑腾退、保护、利用，或是历史街区功能更新、常态化运营的任何一个角度来看，它都凭借先行先试的姿态、扎实落地的方法和思考总结的意识，逐渐积累、沉淀为可资深入分析和广泛参考借鉴的张园模式。张园模式是一次美学经济的探索实践，将上海城市文化、海派美学、张园文脉转化为经济要素、商业资产，通过文化要素注入推动供给侧改革，以产品创新满足民众的审美消费需求，最终朝向实现城市人民的美好生活，即“既美且善、既美且富”的生活这一目标而努力。张园项目得以落地和顺利运行是无数位今日之海派君子创新实践的成果。在社会主义新时代这一社会背景中，在张园城市更新的具体行动中，绵延百余年的海派君子之德实现了蝶变跃升：人文之美奠定了高扬美学价值的基调；义利兼修支撑着文化传承的责任使命与管理经营的落地实操相匹配相统一，才会有社会效益和经济效益的平衡；和而不同是创新驱动发展的理念源头；而生生不息则是张园人的存在哲学，“天行健，君子以自强不息”，开拓和创造便是一以贯之的生命状态。

今日张园的蝶变新生，不仅仅是一次城市更新、历史风貌区保护利用的实践，也不仅仅是一个历史街区的商业化开发、运营项目的探索，更重要的是，它昭示着一种经济发展新范式和城市演进新路径，由具有突出的连续性、包容性、创新性的中华文明作为源动力，以中国之美驱动美好生活的创造为目标，借由元空间所渗透的城市文化、在地美学完成人与城市之间的情感链接和感性观照，借由“城市文化会客厅”的具体形式，面向全球呈现了一种传统与现代和谐互补样态下，人与城市和谐发展的全新可能。

在本章内容中，深度参与并且全面执掌张园城市更新项目的管理者系统性梳理和介绍了项目运行幕后的思考和方法，其中不乏技术性标准与实施方案的详细描述。而正是这些看似枯燥，甚至有些琐碎的经验和方法才为张园各类历史遗存得以完整、完好保留提供了前提，才为张园的文化元空间功能得以实现做出了保障。在信息化智能化时代，如何利用科技手段提高历史遗存的保护、利用效率？在审美经济时代，如何将海派美学转化为城市消费新动力？海派君子之德在张园焕新的叙事中，为中华文化的当代表达增添了怎样的丰富内涵，谱写出“中国式现代化”的生动实践？想必在本章内容中能够获得诸多可贵启发。

上海阿姨黄敏是张园原住民，一家六口在 30 多年间蜗居在一处 38 平方米的老房子中，和楼内另外 11 户人家共用一个卫生间和一个厨房。后来在天井中搭建了一套厨卫，实现了厨房独用，却还是摆脱不了门内是马桶、门外是厨房的尴尬。2018 年 9 月 30 日，张园旧改启动。黄敏一家在签约首日就完成了签约，夫妇俩置换到张园附近一个小区的小两居公寓中，生活环境发生了巨大变化。2022 年 11 月 27 日张园西区开放这天，她穿着红色毛衣喜气洋洋地来到老居住地，一起见证张园焕新。面对《中国经济周刊》记者，她讲述了自己一家在张园旧居中的辛酸和无奈，以及通过旧改搬迁改善了居住环境的欣慰和轻松，而更多的是焕新后的张园带给她的惊喜：“今天我们一进来就觉得耳目一新，但这种‘新’是在原有基础上的改变。以旧焕新，你看这里门窗的钉子、墙上的砖瓦都有保留，和我们当时走时一模一样。”

保护为先、文化为魂、以人为本：建立城市更新的全新思维模型

在城市发展的不同阶段，基于不同的更新理念指导和更新模式驱动，每个城市更新项目都可能呈现出独特的样貌。张园地处上海市静安区南京西路风貌保护区的核心位置，是上海里弄街坊中形式最为丰富的珍贵遗存，其历史文化遗产是最具识别性的价值增长点。中心区位与独一无二的历史文化魅力使其成为张园城市空间更新的战略发展点。在这一认知前提下，上海静安置业集团（以下简称静安置业）作为张园保护性征收的主体机构，和张园综合体运营管理公司的投资方，协同静安区政府，在“保护为先、文化为魂、以人为本”理念指导下，树立张园街区历史文化核心价值的发掘、保护和应用这一初心使命。并在从腾退征收、修缮建设到商管运营的城市更新全生命周期管理的每个环节中都充分彰显海派文化、张园文脉，以尊重历史、尊重文化、尊重人文为出发点，以实现社会效益与经济效益的双效统一为目标，逐渐形

成深度更新、有机更新和协同整合的全新思维模式和工作方法，并自觉地总结、延伸出对其他同类项目具有启发和借鉴意义的经验、成果。

一、张园历史街区的核心价值

历史街区与其中的历史建筑是城市遗产的重要构成。历史建筑是融合文化与实体两方面的复合遗产形式，对其核心价值的发掘、保护与应用是城市历史街区更新最重要的课题之一。张园历史街区的核心价值具体体现为物质的文化遗产及非物质的文化遗产两类，需要对其进行更有针对性的发掘、保护和应用，并发挥二者的融合性作用。

物质的文化遗产主要包括城市肌理与街巷格局，历史建筑及其特色构件和里弄生活遗存。三类物质性文化遗产各具特色，缺一不可。其一，在城市肌理与街巷格局方面，张园留存部分的街坊格局完整，风貌完好。张园因地块析产分割出售，里弄地块众多且面积各不相同，再点缀以独立式住宅，街区肌理较单一里弄社区而言更为丰富，每个里弄还设有装饰丰富的门楼，形成竖向空间特色。因此，张园的街巷布局整体层次分明，错落有致，曲径通幽，形成上海不可多得的特色空间肌理。

其二，在历史建筑及其特色构件方面，张园罕见的小地块开发模式造就了街区内类型各异、形式多样、艺术特征丰富的历史建筑群。张园内多开间布局且围墙高耸、西式装饰特征明显的成规模高规格里弄在上海已非常少见，颂九坊还包括一幢五开间的石库门住宅，是街区最重要的价值所在。而且，张园建筑风格总体为中西合璧式，细部体现了古典主义、新古典主义、装饰艺术、巴洛克等各类艺术特征。联排山墙与门楼因不同里弄风格形成了较为丰富的展示面，一步一景，提供了较为珍贵的建筑景观与文化体验。

值得关注的是张园的石库门因不同里弄而形式各异，其中的一些石库门还设有四字吉祥额批、中式年号落款与书法家提名，是张园珍贵的文化遗存。张园室内特色装修体现了历史建筑的“精、气、神”，赋予了内部空间以历史韵味。独立住宅的装修更是精致豪华，用材高档，设计精巧，反映了当时富裕阶层对住宅的高品质追求，以及设计与施工精益求精的工匠精神。

其三，里弄生活遗存主要是张园部分原住户保留了原始里弄生活痕迹的物品，包括老式家具、老式生活用品、文书信件等。这些老物件是里弄文化生活的承载，为张园的文化特色与地区记忆提供了真实而充分的内容，也是上海宝贵的城市记忆。

张园百年来所经历的社会变革、世事动荡是一部珍贵的城市文明史，这是张园独特的非物质的文化遗产，与张园的历史空间交相辉映，构成一幅幅美丽的记忆画面。张园非物质的文化遗产主要包含海派文化精神风貌、人文历史典故，以及里弄建筑营造技艺等。

首先，在海派文化精神风貌方面，在张园，不同里弄地块里中外设计师所表达的审美取向与风格偏好，体现了中西合璧的整体性城市风格与艺术特色，是中西交流、百花齐放的最好见证。这与张园众多开发者的中西教育与工作背景密切相关，正如前文所述许多原住户同时经历过旧时的西式教育、生活方式和良好的中式传统文化素养学习。这种建立在江南传统文化基础上，又借鉴了西方新理念、开放包容的海派文化已成为张园原住户普遍认可的文化体系，从更深层次体现了上海特殊的人文社会背景与城市精神。

其次，在人文历史典故方面，张园的每座石库门里弄名称也是反映上海城市地理、历史及市民祈愿和平吉祥、崇尚传统道德理念的重要载体，例如“福如里”“如意里”“修德里”等。这类里弄名称不仅为当时的文化气氛提供了丰富的历史线索，也表现了开发建造者的深厚文化底蕴。石库门上的匾额文字，如永宁巷的“紫气东来”“人杰地灵”“福履绥之”等，也是张园传统文化的内涵所在。这些里弄名称、匾额文字也是彼时张园君子们对自我价值观的外化表述。此外，那些在张园发生的人物故事也张园记忆最丰富的构成，从晚清园林时代到访张园的中国顶级社会贤达，再到里弄社区时代在张园居住的老上海各行业精英及文人雅士，组成了一部异常丰富的史话，在本书前文的内容中也已撷取其中的杰出人士、精彩故事加以详细描述。

最后，在里弄建筑营造技艺方面，里弄建筑营造技艺脱胎于中国传统营造工艺，又吸收了当时上海建筑业流行的西洋风和新技术、新材料、新理念，带来了中西并存的多元化的近代营造技艺变革。张园内不同里弄的建造年代跨度达十余年，且拥有不同的营造商，建筑构造、使用材料、施工工艺等不尽相同，是里弄建筑营造技艺的丰富体现。2011 年，石库门里弄建筑营造技艺被列入第三批国家级非物质文化遗产名录，被保护被铭记。

二、张园历史街区核心价值的发掘与记录

对遗产的记录与建档是一切保护传承工作的基础，为更好把握张园历史街区的核心价值，静安置业以建立“一幢一档”历史建筑全覆盖建档系统和进行数字化、信息化建设为两个重要抓手，对张园历史街区的核心价值进行发掘与记录。静安置业作为张园地区直管公房的管理者，对街区的历史风貌保护负有使命，至 2018 年 12 月，已通过“一幢一档”工作完成张园 44 栋共 170 幢历史建筑的全覆盖建档工作，形成了完整的“张园历史建筑资料库”。

同时，建档也是对文化遗产所承载的价值进行探索与发掘的过程。在建档过程中，对张园历史建筑所具备的历史、艺术、科学、社会与经济价值进行研究，对推动张园地区的遗产保护和再利用具有较大的现实意义。张园历史建筑在近百年的变迁中，其

本体的完好状况与原始风貌都已经历了不同程度的改变。因此，对每幢历史建筑进行细致的摸底查勘、测绘与研究，将为每一幢建筑的现状评估与干预方案决策提供依据。静安置业从现状记录、历史原状考证和人文历史挖掘三个方面开展建档工作。首先，通过资料梳理、现场踏勘、建筑测绘、影像拍摄等方式对每幢建筑进行客观的现状记录，全面记录保护性开发前的未干预状态，作为后续历史建筑活化利用的原始基础资料。而后，通过研究历史图纸等文献资料，以及现场查勘，发掘并考证建筑原始风貌、原始构件、原始材质及工艺，记录建筑原貌及特色部位的留存情况，为历史建筑艺术科学价值的评估及保留保护策略的制订提供翔实的依据。最后，通过居民访谈及史料研究，全面挖掘有特色的人文历史元素，充实张园精神内涵，为城市更新的品牌建设及地区认同感提供价值增长点。

基于上述有力保障的工作，现阶段，张园历史文化遗产发掘取得了三方面主要成果，包括历史建筑本体及其特色构件、人文历史和里弄建筑营造技艺。其一，“一幢一档”除对建筑整体艺术与历史特征进行研究外，在微观层面的主要价值是对建筑原始特色构件（即重点保护部位）保存情况进行全面摸底。张园历史建筑的“风格各异”，即体现在这些极其丰富的原始细部构件与材质和工艺的多样性方面，如外墙装饰、门窗及五金件、楼梯、特色地坪、花式平顶、细木装饰、原始设备设施、石库门及额批、界碑石等。这些原始特色部位构成了张园的“硬件资源库”，是张园独一无二的特色，用实物支撑了张园“石库门艺术博物馆”这一品牌主题概念。“一幢一档”对每栋建筑所留存的重点保护部位做了全面的文字、图纸与影像记录。未来，将通过数字化平台进行量化统计与价值发掘，为有针对性地活化利用提供重要依据。其二，在人文历史方面，“一幢一档”通过文献研究以及张园征收前抢救性的居民访谈，挖掘了民国时期原住户的人文历史。目前，已收集大量具有价值的一手人文资料，包括地块原始业主与大房东、各细分领域的“名人故居”和“历史纪念地”等信息。当然，张园部分原住户对家族历史也具有强烈的使命感，非常期待张园在今后的保护性开发中能将他们的祖宅作为名人故居进行宣传推广与活化利用，并提供各方面的支持。如此丰富的人文汇集对今后张园的品牌建设与地区认同感的塑造具有十分重要的意义。其三，“一幢一档”对张园历史建筑的营造技艺进行了全面梳理，从各传统工艺的材料、规格、施工流程与工序等方面进行了论述，撰写了《保护、保留建筑（张园地块）房屋特色部分工艺描述》这一里弄建筑营造技艺传习资料。

数字化、信息化建设是发掘与记录张园历史街区核心价值的重要抓手之一。张园的历史文化元素较为丰富，有效地分析与管理这些具有核心价值的历史建筑基础信息对于遗产的保护传承与活化利用至关重要。因此，“一幢一档”工作引进了数字化、信息化系统，主要运用 GIS 地理信息系统和 BIM 建筑信息模型，以提升对张园历史文化遗产的科学化、精细化管理水平。其一，基于 GIS 地理信息系统，张园地理信息平台通过“一幢一档”中对建筑、历史、人文信息的收集，以及与地图信息的对应，建立了涵盖整个张园的历史建筑与环境要素空间数据库，并可进行精准查询、分析与结果展现。其二，对张园历史建筑进行 BIM 建模。历史建筑遗产除建筑三维尺寸外，还包括多个层面的信息：构件客观物质层面的基本属性描述；构件随年代产生的各种变化与完损情况；构件历年的修复保养记录；根植于建筑本身物质体系中的人文典故等社会文化信息。这些蕴含张园丰富历史文化的差异化信息都可在 BIM 平台中得到动态记录、统计与分析。现阶段，已对张园内所有 43 栋历史建筑进行了 BIM 建模，实现了多角度自由漫游、信息获取、分类显示、重点区域展示等功能，并可与管理需求对接，与 GIS 和 OA 办公软件有效联系，形成建筑遗产保护管理的综合系统。未来，将通过 BIM 平台对“一幢一档”信息进行深化分类、量化统计与分析，形成科学的决策依据。BIM 平台中的信息也将在后续的修缮与活化利用阶段持续更新，做到全生命周期管理。

三、张园历史街区核心价值的留存与保护

系统性、全方位地记录历史街区核心价值，为下一步开展保护与开发工作提供了有力支撑。在张园历史建筑保护性征收与开发的不同阶段，静安置业采取了针对性的保护措施，以更好地实现对其核心价值的留存与保护：

第一，张园历史建筑过渡时期的“人防 + 技防”看护管理。从征收到正式开发，张园的历史遗存可能遭到各种自然损害或人为破坏。静安区政府对《对张园历史建筑（过渡时期）采取积极保护的建议》提案作出批示后，静安置业通过“人防 + 技防”的精细化管理手段对张园征收基地实行严格的封闭式管理，最大限度地留存与保护张园历史建筑的原始历史风貌。人防措施通过门岗、巡更、重点建筑驻点看护的安保配置，确保张园征收基地与历史建筑的基本安全。技防措施通则过张园信息化管理平台的建

张园征收评估公司投票结果公布，摄于 2018 年

张园居民集中搬场，摄于 2019 年

设，以 BIM+GIS 系统为数字底板，融合张园建筑状态监控报警（温度、湿度、烟雾、建筑倾斜、震动等传感器）、巡查任务管理、监控视频一体化平台等手段，实现高科技与信息化智慧管理。

第二，征收验房与历史建筑重点保护部位验收。征收验房是上海历史风貌区保护性征收的领先做法，自 2019 年 2 月 22 日张园居民集中搬迁起首次开展，以防止居民私自拆除或收旧货人员向居民收购建筑特色构件。验房人员由张园“一幢一档”工作班底组成，在居民退租前对每一户的历史建筑原始构件保存情况进行验收并拍照记录。若发现有严重故意损坏历史建筑重点保护部位的，则暂缓办理退租及后续手续，由专家及专业资质单位鉴定后，按照相关法律法规，通过行政或司法途径予以解决。

第三，征收后房屋空置期间的保护性看护。这一工作从三方面开展，一是垃圾清理阶段的老家具、老物件收集。为最大限度地保留张园的里弄生活遗存，在对空置房屋进行垃圾清理前，由“一幢一档”工作组先行对房屋内居民遗留的、具有历史人文价值的老家具和老物件（各类旧式生活用品、书信、证件、奖状、老照片、日记等）进行编号、拍照存档、转移存放等收集工作。二是历史建筑及特色原始构件看护。张园历史建筑的重点保护部位种类丰富，数量众多。根据价值评估，主管单位确认了 6 栋 11 幢需重点保护的历史建筑，由保安进行 24 小时驻点看护。其他历史建筑依托基地的全覆盖视频监控，由保安进行 24 小时巡更看护。“一幢一档”工作组通过对每幢建筑的原始特色构件进行编号、贴保留保护标签、拍照、制作《历史建筑重点保护部位清单》，对重点保护部位进行清点存档，作为看护单位的责任依据。若发现建筑构件被盗遗失，则及时上报管理单位，以便各方协调及时追回被盗构件。其中，原始木门窗的铜质五金件、壁炉（含铁艺炉罩、火栏、灰抽屉等全套构件）、原始卫生设备铜配件等是偷盗“重灾区”，属于看护期间的特别重点保护对象。三是历史建筑看护性修缮。张园历史建筑在空置期间将进行通风透气、白蚁防治、消防安全、防台防汛等日常维护保养。此外，为确保建筑在较长空置期间的安全性，2019 年 5 月 16 日，专家评审会研讨确定应以“最小干预原则”对张园历史建筑进行看护性、抢救性维修。张园看护性修缮的主要目标有：排除结构和使用安全隐患；保障外立面门窗可基本开关；修补渗水漏水部位，保障有组织排水系统基本完整；对除此之外（暂）无安全隐患的破损部位，原则上不予干预。将由具有资质的查勘设计单位对张园每一幢历史建筑进行查勘，确认隐患部位，核定损坏面积，明确每处隐患的具体修缮内容与工程量。

第四，总结保护性征收经验，推动保护管理标准化。作为看护具体实施单位，静安置业为了更加科学有效地进行看护管理，对截至今日张园的看护工作经验进行了总结，明确各项看护内容的标准体系构成、具体要求与基本特征，汇总形成了张园《历史风貌区保护性征收基地保护管理指南》。郑时龄院士指出，这将成为历史风貌区在城市更新中的创新举措之一，它的推广应用，将使更多的历史风貌区成为独具特色的“上海名片”，并建议将此管理指南积极申请上海市地方标准，以提升全行业管理水平。

四、张园历史街区核心价值的应用

在对历史街区核心价值进行开发与利用之前，其一，需要明确历史街区更新的核心理念是文化继承，文化遗产保护的本质是文化继承问题。城市更新应基于对地方文化价值的尊重与保护，寻求文化与机能并重的改造，在空间优化的过程中注重历史传统与价值取向。

要将张园真正打造为上海历史风貌区城市更新的标杆与典范，必须最大程度弘扬其文化底蕴与“原真性”特色。在对张园本身历史文化核心价值充分认知的基础上，从地区的文脉特点出发，从建筑的历史价值与艺术特征出发，从市场需求出发，只有这样，才能明确整个历史街区的更新框架，形成可持续发展的城市更新理念与开发策略。

在工作中不忘“文化继承”这一初心使命，历史文化核心价值在更新开发策略中的资源整合与应用才能得以实现。对张园历史文化遗产核心价值的发掘与保护是为了落到实处的应用。张园的品牌内涵应作为一切更新与开发策略的指导原则与核心思想贯穿始终，并将无形的文化遗产通过品牌建设、功能业态、历史建筑保护与活化利用等各类开发手段加以弘扬。

具体而言，首先是地区文化认同与品牌建设。城市文脉的本质是“人脉”，是不同类型的人群以城市为场域所营建、传承的具体文化空间与多样城市故事，地区居民对其世代居住的场所具有强烈的“认同感”与“荣誉感”。张园特色的地区认同便来自张园的业主与居民本身。他们身份属性中的三个重要元素——籍贯、行业与职业、记忆中的人物与事件，都将与张园建立紧密的情感联系和凝聚力。这些元素构成了真正的“张园文脉”，也是“海派文化”在张园的具体体现，反映了当时社会中产以上阶级的文化教育水平、做人品格、处事原则。只有通过落实到细处的文脉

张园文化品牌活动，摄于 2023 年

挖掘，才能彰显张园品牌特色，做到差异化发展，输出张园特色的上海城市精神，而这种“精神风貌”的复兴将是城市更新的更高境界，也是张园作为海派文化元空间的根本使命所在。

其二，功能定位与业态策划。功能定位与业态策划是品牌的落地。如何将张园品牌的文脉特点与实体功能业态相匹配，是张园能否真正成为独一无二文化地标的关键。张园的建筑各有特色，张园较为丰富的历史建筑特征与人文典故将提供较为丰富的素材。因此，应在业态功能布局的顶层设计手法上打破“区域划块”的传统，深入了解每幢建筑的艺术风格与人文特征，以使新功能真正契合不同的历史建筑。这些细节都要建立在对张园历史文化价值深度发掘与研究的基础上，体现在开发策略中对历史细节的尊重与极致追求上。只有做到极致，方能达成“标杆”。

其三，历史建筑保护与活化利用。张园的历史建筑是街区最核心的价值增长点。甄别并发挥建筑特色构件的价值，对决策者的开发理念、价值识别与最大化利用资源的能力提出了很高的要求。除遵循官方的保护分类标准外，更应依每幢建筑的实际保存状况与实际价值制订有针对性的保护与干预方案。此外，最终目的应是通过修复和适当干预的手段提升历史建筑价值，而非一味地迎合普适商业需求而降低其应有的价值。特别是建筑室内干预方向，对原始特色装修部位的处理应更为谨慎。

实际上，保留特色原状的历史建筑更为难得、更为稀缺、更能起到文化传承作用。从市场上寻找尊重历史、愿意为保持“历史原真性”付出更高成本的投资者，不仅可使开发者得到更高收益，也可为上海留存更为原真且不可再生的稀缺遗产资源，这是社会整体利益最大化的表现。

从『人民城市』到『美学经济』：海派美学赋能城市发展的张园模式

2019年11月，习近平在上海考察期间凝练出了“人民城市”理念的核心内涵，即“城市是人民的城市，人民城市人民建，人民城市为人民”。“人民城市”理念是应当下中国城市发展进入新阶段的时代需求而提出，更是应十九大以来社会主要矛盾转变为“满足人民对美好生活的向往与需求”的判断而提出。在这一理念指导下，“十四五”时期城市发展的重点任务之一是继续深入探索以人为本、四化同步、优化布局、生态文明、文化传承的中国特色新型城镇化道路。下一阶段的城市发展要逐渐从实现短期内增长向长期可持续发展的目标转变，而可持续发展的内涵则包含了创新驱动、民生福祉与经济发展相协调，以实现城市的美好生活为目标，以人的需求、感受和体验为根本旨归。

由此，中国城市，特别是以上海为代表的超大城市的新发展阶段必然面临着城市经济生产和社会生产方式的系统性变革。而对于城市文化和在地美学的价值的重新认知或可成为激发这一变革的新变量、新动力。一方面城市文化与在地美学是城市凝聚力的源泉，是城市人情感依托的关键媒介；另一方面城市文化与在地美学可作为美学经济要素，赋能城市经济发展，推动城市功能提升。就如同在张园城市更新项目中，历史文化资源在开发策略设计、品牌建设、街区可持续运营中等多个层面都发挥了极大的价值，创造了经济效益增量。从张园放大到整个上海，海派文化、江南文化、红色文化的文脉赓续，也必将取得社会效益、经济效益的双效收益，而两种效益的核心连接点便在于“美学经济”的新思路和新方向。

有学者认为，“美学经济”是围绕满足人民美好生活需要而形成的供需联动的新经济学范式革命，是一种以意义为核心，以情感为动力，以人民共同富裕和个体全面发展为目标的创新型驱动战略[1]。它强调围绕美学需求，以美学资本为核心生产要素，对传统生产要素、生产结构和生产方式进行系统重组。“美学经济”作为系统方法论或许显得较为宏观，但它的确建立在对于产品供给和产品消费行为的变化趋势的洞察之上。在供给端，文旅融合体现了文化内容赋能旅游行业；文博、文旅文创产品、艺术衍生品的流行体现了原创的文化内容赋能

1 邱晔．从“两山”理论到“美好生活”：以美学经济驱动发展的中国方案 [J]. 云南社会科学，2022（5）.

加工制造业。在消费端，居民在文化消费方面的时间和金钱支出越来越高。以上海为例，在亚洲演艺之都、国际重要艺术品交易中心等文化创意产业发展目标之下，上海演出艺术消费呈现爆发增长，艺术节展人流爆满情况常见。如“一大文创”品牌也在红色文化赋能日用消费品方面做出了较好的探索。

“美学经济”不仅是对中国经济生产与社会生活方式的发展趋势的前瞻性判断，更对于城市文化与在地美学赋能城市发展的新模式探索有很大启发。就如同“绿水青山就是金山银山”理念在乡村振兴、生态文明发展中的指导意义，对于城市，特别是拥有丰富历史文化资源的城市而言，城市历史景观不再仅仅是城市文化的具体呈现，更是一种城市美学资源和美学经济要素。城市历史景观的脆弱性和不可再生性、符号性意义以及经济发展要素转化的潜力，使它成为城市中的“绿水青山”。就像我们在绪论中所提到的从“城市历史景观”向“城市文化元空间”的非凡转化，也包含了这层含义——城市历史景观价值重构的重要路径，正是将其作为城市文化的具象载体和在地美学的具体来源，激发它的城市经济要素的转化动能。因此，在以张园为代表的文化元空间中，其历史文化核心资源具有了美学经济要素的属性，并得以在推动街区发展，以及助力城市经济发展中发挥重要作用。

对城市文化元空间的命名，体现了从文化保护到文化保育再到文化复兴的理念变化。在文化保护理念下，强调完整性、原真性，文物被放置在博物馆的玻璃柜中，修缮后的历史建筑被锁起门来或者有限的开放，人们只能在一定距离之外观看和浏览。文化保育则指导我们以利用带动保护，以发展促进保护，推动文化遗产向美学经济要素的转变，人们有机会进入其中感受和体验。文化复兴理念之下，城市文化与在地美学得到了充分挖掘和研究，在城市经济发展和生活方式中得到充分呈现和利用，文脉得以接续，实现了城市文化和在地美学在当下的活态化生长和创新迭代，人们开始成为整个文化有机生态的组成部分，发挥着承上启下的作用。

由此，城市文化元空间概念的提出以及相应历史街区的建设、发展模式的确立，其价值着眼点就在于对于“人”的高扬。不论是历史街区的发展，还是城市的发展，都应尊重人的体验与人的需求，是“人民城市”理念的具体化。同时城市文化元空间更发挥了经济价值与文化价值互动循环的媒介作用，就如同“美学经济”的内涵指向，文脉资源、美学要素已经逐渐转化为成为一种经济要素，驱动城市经济发展。然而城市经济的发展最终仍要回归城市中的人的全面发展，乡愁得以寄托，心灵得以皈依，精神世界充实完满。

在这方面，不少海外城市已在不同侧面取得了一定的成果，值得我们考察和借鉴。同时，在全球实践的框架下重新审视张园城市更新项目，更能体会它所面对的独特挑战，更能看到它为回应新时代需求所做出的自觉探索和努力，从而理解作为“中国式现代化”生动实践的张园模式的真正价值。

一、美学经济发展的海外实践

在联合国教科文组织发布的《城市历史景观保护方法详述》中，强调了城市历史景观作为城市文化和在地美学的载体，具有转化为城市创新发展要素的巨大潜力。我们也能够看到，很多国家的历史名城都在基于“文化驱动城市可持续发展”的理念，探索着城市中美学经济发展模式的落地实现。在实现方式中，既有以参观游览为主的旅游消费产品为主的模式，也有城市整体或区域性的大文化消费模式或城市复兴战略为主的模式。

美国国家公园管理系统中包含一类兼具自然、历史价值的游憩景观类型——国家历史廊道（National Historic trail），既包含自然景观，比如山谷、溪流、河道；也包含有历史内容的人工景观，比如公路、运河、铁路等。同时，还需要拥有慢行游览系统，能够将其中的自然景观和历史性人工景观串联起来。而这一廊道呈现在城市之中，则通常被叫作城市遗产足迹（City Heritage Trail），其中最为著名的莫过于波士顿自由之路城市遗产足迹（简称“自由足迹”）。

在美国，马萨诸塞州有“美利坚之魂”（Spirit of United States）之称，其首府波士顿被视为美国文化的发源地，既是欧洲清教徒移民美国的登陆点，也是美国独立战争的策源地。1951 年时任波士顿市长正式提出“自由足迹”，将城市中分散的 17 个与美国革命时期重要事件有关的遗产点以红砖铺地串联起来，并设有统一的标识系统，从而形成一条约 4 公里的城市步道。1964 年又成立了非营利组织自由足迹基金会，负责管理自由足迹的保护利用事务。它成为一条融合了美国独立革命历史和波士顿城市风光的城市遗产足迹，易于辨识和漫步游览，成为前来波士顿游客必打卡的路线。而且在 1970 年波士顿推进城市更新、重振滨水地区经济的过程中，“自由足迹”中的两个遗产点——法尼尔会堂和昆西市场又以“节日市场”定位，在建筑修缮的同时，功能也得到提升，法尼尔会堂被改造为游客中心和博物馆，昆西市场增加了商业和餐饮设施，室外的马路空间增加餐饮、休憩空间，市场两端的圆形广场增加了街头表演，吸引人流。根据相关资料，1976 年市场改造后开幕当天就吸引了 10 万人次的游客，当年游客总数突破千万，成为 1970 年代波士顿最繁华的地区之一。

如果说波士顿“自由足迹”是将城市文化资源转化为具体的文旅产品，那么“巴塞罗那经验”则是将历史文化资源和文化艺术内容转化为战略性城市规划融入城市发展的整体性脉络中。

有“伊比利亚半岛明珠”称号的巴塞罗那，是西班牙乃至欧洲大陆最古老的港口城市之一，城市起源可追溯至公元前 2500 年。巴塞罗那建造于山与海之间，全年日照充足，温暖舒适，加之西班牙加泰罗尼亚地区特有的民族风情，整个城市呈现出奔放、明快、浪漫、多元的气质。当下巴塞罗那整体的城市状态是自1930年代西班牙内战结束之后逐步规划和建设而成的，而整个规划建设过程都呈现出了以地域文化为起点，充分保护、利用地域文化资源的鲜明特征。在老城保护和改造中，巴塞罗那老城拥有很多中世纪建筑和新艺术（Art Nouveau）风格建筑，街道呈现出十字棋盘格局。历史建筑获得了翻新，建筑之间衔接的道路体系和街巷架构获得了整体保留。这些历史建筑大多被改造为博物馆、艺术馆、公共景点，例如毕加索博物馆、米拉公寓、加泰罗尼亚音乐宫等。老城区中腾退的厂房被改造为新型城市共享空间，用以满足老城居民生活、休闲需要，也成为新的城市节点。在巴塞罗那新城的拓展建设中，被称为城市设计之父的塞尔达规划设计了“塞尔达方块”，作为城市建设的基本单元。从地中海向内陆拓展，一个又一个“塞尔达方块”叠加起来，形成规整、清晰的网格状结构的新城风貌，但同时又因为很多实验性建筑的存在，在建筑风格上延续了多元化特点，并且协调了山、海、植被等自然环境因素，构成了与老城相和谐的整体城市景观。

如果说历史建筑和“塞尔达”方块是巴塞罗那城市的躯体，那么艺术作品则为这个躯体注入了灵魂。巴塞罗那从来都是一座艺术友好城市，艺术家乐于生活在这里，更乐于在这里留下他们的作品，而游客们则源源不断地来到这里追寻艺术家的传奇。画家毕加索 14 岁移居巴塞罗那，在这里他完成了技艺训练和艺术观念形成的关键期，巴塞罗那也成为他作品的重要取材来源。如今，坐落于老城的毕加索博物馆是毕加索作品收藏最为完整的博物馆。而传奇建筑师高迪出生于加泰罗尼亚地区，他一生中最为伟大的建筑作品大多坐落在这个城市中，比如维森斯之家、米拉公寓、巴特洛之家、桂尔公园及圣家族大教堂，都被收录于世界历史遗产名录。除了艺术大师，走在老城街道随处可见的艺术涂鸦，小型公共艺术作品，以及经常举办的艺术体验活动、集会，都为这里增添了浓厚的艺术氛围。艺术资源已经转化为美学经济的要素，为巴塞罗那城市发展持续提供着源动力。特别是 1990 年代举办奥运会获得全球瞩目之后，巴塞罗那政府抓住这一契机，提出“文化即城市，城市即文化”的口号，明确文化艺术引导城市规划，推动城市发展的模式，也形成了城市规划领域为人称道的“巴塞罗那经验”。

不论是波士顿“自由足迹”还是“巴塞罗那经验”，城市历史文化资源向美学经济要素的转化绝非一蹴而就。随着时代的演进和社会需求的变化，管理者或推动者的观念形成都经历了从自发到自觉的过程。不仅如此，只有从规划设计的顶层理念、到项目运营的落地实践的体系闭环形成，才能确保历史文化的创意转化与当代社会生活的深度融合。

二、海派美学赋能城市发展的张园模式

2021 年，国务院批准上海等五个城市率先开展国际消费中心城市培育建设。而五个城市陆续推出的建设纲要都不约而同地提及了文商旅融合发展战略。一方面是国内经济大格局下，消费持续拉动经济的作用不容置疑，而在具体商业实践中，文商旅融合所形成的供给侧提升对于消费刺激作用明显；另一方面是中华文化复兴的大趋势下，传统文化的创造性转化与创新性发展的具体表现之一便是传统文化与实体经济、现代生活方式、消费需求等对接，提高其文化内涵和附加价值。然而，文商旅融合的战略目标虽然清晰，文、商、旅三者之间融合的逻辑关系、发展脉络及产业落地中的具体实操要点等，却仍待管理部门、市场主体去不断探索和总结。作为商业综合体的张园正是通过海派美学经济与文化消费集聚地的塑造完成着文商旅融合发展的实践，从而探索出海派文化赋能城市发展的张园模式。而这也正是张园作为今日上海的城市文化元空间的重要使命之一。

其一，从一级旧里到全面焕新的商业街区，张园选择了城市更新作为一种开发建设方式，同时也意味着选择了一种挑战更大的长期主义方式。

茂名北路限时步行街活动，摄于 2022 年

茂名北路限时步行街活动，摄于 2023 年

DIOR

经过了多年的长期研究及规划布局，张园历史街区更新项目的思路经历了从“拆改留”到“留改拆”的转变。“留改拆”的意思是：保留、改造、拆除，保留被放在首位，要完好保留街坊肌理、街巷尺度和建筑风貌[1]。2018 年 2 月，张园地区的控制性详细规划调整获得了上海市人民政府批复。张园地块通过“征而不拆”“人走房留”的方式实施土地储备，对张园历史建筑进行成片保护。2018 年，静安置业获得了征收许可证，于 2018 年 9 月 30 日启动了对张园一千一百二十五户居民的征收工作，整个征收工作历时 25 个月。

尽管静安置业在腾退征收方面已经积累了多年经验，但在具体征收张园时，仍然存在一些困难。一是张园的居民居住条件相对较好，这里人均居住面积近 50 平方米；二是张园的区位好，北临吴江路，南至威海路，西至茂名北路，东临石门一路，三条轨道交通在此交汇，堪称“钻石级”地块。三是房屋内部的结构环境相对也较好，以往静安置业征收的基地都是二级及以下旧里，而张园是一级旧里。通过阳光动迁、两轮征询及一系列配套服务，征收工作得以顺利进行。有老住户称“做梦都盼旧改”，有些住户以获得的补偿款置换到附近的小区，生活条件获得很大改善。因此才有第一轮征询通过率达到了 94.22%，第二轮签约率达到 97.4%，2019 年 1 月，张园旧改正式生效。2020 年 11 月 23 日，张园最后一户居民完成签约并搬迁。

与土地储备和空间腾退同时进行，甚至需要前置思考的，是张园腾退之后的发展方向与功能定位问题。换句话说，通过城市

1　又见张园，再现繁华 [N]. 人民日报，2021-4-22.

更新完成张园的历史建筑群的征收、保护、修缮，并为功能、产业、人群的更新，以及整体面貌的焕新做好准备。然而准备好的张园空间在未来的功能定位是什么？又如何实现它的可持续发展？这是自征收工作开始之时就摆在静安置业集团面前的重要难题。一方面是领导的嘱托和社会的期待，另一方面是张园深厚的文化积淀，既是财富，更是责任，这激发了静安置业集团、城市更新公司等相关的投资、开发建设主体机构以更大的探索精神、创新勇气，以及可操作可落地的方法，推进从顶层设计到具体实施的系统性贯通。

为充分借鉴国际经验，吸收全球智慧结晶，共同为张园绘制发展蓝图，2019 年 6 月 20 日，静安置业联合静安区规划和自然资源局，启动了“张园地区保护性综合开发方案设计”国际方案征集工作。从 20 余家世界及中国杰出的设计公司中遴选出了英国戴维·奇普菲尔德事务所（DCA）、日本隈研吾建筑都市设计事务所、明悦建筑设计事务所、如恩设计研究室等四家设计单位，参与本次国际方案征集。另外，华润地产联合大都会建筑事务所和同济大学团队，太古地产联合欧华尔顾问公司和章明团队，以志愿者的形式也参与到了此次活动中。而最终方案集众家所长，以英国戴维·奇普菲尔德事务所的规划方案为主，吸纳其他方案之特长。同时结合静安区整体情况，区位特点、经营模式等各项因素进行综合考量，汇集多方智慧，将文商旅融合的精品商业综合体作为其功能定位；以全景展示张园特色的海派文化作为张园的品牌内涵。

其二，要实现海派美学、张园文化与商、旅的深度融合，需要在街区的功能定位、业态策划，乃至招商工作中与历史建筑的艺术风格、张园文脉的史实细节、人文典故、精神风貌充分匹配，更为重要的是，通过运营管理机制设计来加以保障，避免在长期运营工作中偏离初衷。这背后是文化研究与商业管理两套思维模式的兼容互通，以及运营管理者对文化赋能商旅的理念重视。

在可利用空间上，由于历史建筑的容积率远无法和高层商厦相比，为了在保护街区肌理和建筑原貌的同时满足溢价空间和交通便利性，张园二期建设工程，也即张园东区，采用了平移历史建筑、开挖地下空间，再恢复历史建筑原貌的超高难度操作。从而保证地上 6.2 万平方米的历史建筑空间和地下三层 8.2 万平方米空间，地下三条轨道交通贯通换乘，地下停车场等多个目标的同时实现。

“螺蛳壳里做道场”的海派智慧再度发挥

张园东区一号组团平移，摄于 2023 年

作用，国内地下工程资深专家、华建集团总工程师王卫东将张园二期建设工程总结为“辗转腾挪”，将有的老建筑做临时“平移”，等地下工程告一段落后再将它们归位。据悉，静安置业最先启动的是东区九幢建筑的平移。在平移实施前，为避免建筑受损，需要对历史建筑做加固和上下托梁等前期准备工作，每栋房屋使用十台 150 吨双作用液压千斤顶，通过 PLC 同步控制液压系统，将建筑物沿平移路线安置于临时停放位置。待其回归原位后再做保护性建设。除了“平移”，还有“顶升”“托换”“暗挖”等多种手法。由于上海的软土地基，以及张园珍贵历史建筑的保护要求，施工难度前所未有。但这类成片风貌区保护与地下空间建设同步进行的罕见做法，又在设计、施工、技术保障等多个方面积累下了极其宝贵的智力成果，对于之后上海乃至全国的类似项目提供了可资借鉴的经验。

在空间功能和业态布局的方面，整个张园街区定位为包含高端、潮流品牌的百货零售，餐饮，小型总部办公，精品酒店，以及少量小型石库门住宅的综合体，并在其中预留剧场、美术馆（展览馆）、文创体验区等文化内容空间。张园空间业态分布的构思，打破了传统商业综合体进行业态区域划块的模式，个性化地

张园东区一号组团平移与步履器安装，摄于 2023 年

张园“升级更新”32 号 33 号平移加固，摄于 2023 年

张园“升级更新”保护老建筑现场图，摄于 2023 年

彰显了每幢石库门建筑独一无二的艺术特色和历史叙事，为入驻品牌给予文化艺术加持，不仅提升了品牌的故事内涵和文化品位，增添了其曝光度，而且使品牌塑造展示内容的丰富性具有了更多可能。在这些品牌门店中，除了一般的零售购买行为之外，还可以通过主题展览、生活方式体验、VIP 服务方式等，多层次多面向呈现品牌内涵并拓展服务边界。就这样，以海派美学为底色，与各品牌所携带的文化信息形成碰撞，完成全新的组合。

在可利用空间获得、空间功能与业态布局方面，静安置业都在保护、利用历史遗产，挖掘和彰显海派美学的消费性价值方面取得了很好的工作成果。但是，历史街区的持续运营工作是一个长期、动态的发展过程，在很多历史风貌区活化利用和常态运营工作中容易出现“劣币驱逐良币”、偏离文化价值保护初心的现象。大多由于保护修缮之后，业主方较少参与街区运营工作，仅作为房东获得空间出租的收益，而承租方基于租金等日常运营压力，以及对风貌区历史文化资源的忽视，逐渐出现业态低端化，或偏离历史文化主题的过度商业化等情况。为避免出现类似问题，张园综合体也尝试通过创新性的商业管理模式，在长期的运营工作，最大限度地坚守历史建筑的保护初衷和文化要素始终在场的初心目标。

根据公开资料，2021 年 7 月，太古地产与静安置业合资成立上海垲业商业管理有限公司，以管理合作的形式共同运营和管理张园保护性开发项目，二者分别持有合资公司 60% 和 40% 的权益。与以往项目不同，张园是太古地产的轻资产代运营项目，太古地产主要以商管形式参与设计建议、品牌招商、营运管理和市场策划等，静安置业则着重历史建筑的保护和活化利用。对于静安置业而言，作为张园保护性征收的主体和业主方，如果希望在张园作为商业综合体的持续运营工作中始终遵循和张扬历史文化核心价值，就必须身体力行参与到实际的商管工作中，才能保证理念的贯通落地。然而商业管理并非静安置业专业特长领域，只有通过这种股权合资、管理合作、分工明晰的共同运营模式，才能在更大程度上发挥商管品牌专业能力，提高商业收益率，实现历史建筑活化利用收益足以冲抵保护成本；同时又能做到不忘初心，始终坚持文化价值导向的策略。不仅如此，张园业主公司还与多个入驻商业品牌进一步合作形成多个联营、合资公司，在保障业主公司资金回笼的同时，还能保障商业品牌门店经营与张园整体文化内涵的统一性。

历史街区的活化利用不是一朝一夕之事业，而需要久久为功，长期坚持，甚至“功成不必在我”的使命担当。特别是海派美学在张园的彰显也不能仅仅停留在历史建筑、景观装饰等静态层面，而应以持续举办的公共活动、不断更新的文化内容形成动态层面的延展。硕风文旅集团作为张园项目的重要合作伙伴，发挥了其在文旅品牌塑造，特别是将文化元素转化为文化活动、文旅产品方面的优势，在街区开放之后落地举办了多场文化活动。例如百年张园城市更新主题展、自然艺术展、国际插花艺术展，将里弄街巷、历史建筑化为天然的展陈空间，焕发新活力。其中，特别值得一提的是一场历史建筑沉浸式音乐秀。石库门建筑的阳台变身音乐演出舞台，街道变身无边界的池座，观众瞬时融入精致的海派艺术审美生活情调之中。通过创意转化，深入挖掘海派美学的文化富矿，将高认知门槛的历史知识、思想理念以当下潮流的文化娱乐艺术产品表现形式进行解构和重组，激发和满足不同人群的文化消费需求，这既是美学经济落地实践的重要方式，也是在精神文化层面满足人民对美好生活需求的必要构成。更为重要的是元空间持续完成人与城市之间文化整合的抵达路径。

張園
ZHANG
YUAN
OU

张园西区新景，摄于 2022 年

内容提要

本书以上海南京西路历史文化街区核心区——张园为对象开展海派文化研究，通过历史研究、市民口述、企业访谈等多角度挖掘海派文化内涵、总结海派文化传承规律、演绎海派文化精神气质。本书收集并系统整理了张园作为私家花园逐渐走向开放的历史，张园作为城市社交花园所孕育的海派文化，张园改作里弄住宅及其石库门建筑艺术的发展历史，以及张园在新中国成立后的人文历史故事，最后讲述了新时代张园的城市更新与海派文化传承和发展。

本书提出“城市文化元空间”的理论，分析了张园作为海派文化的代表传承和发展了海派文化，在新时代的城市更新过程中突显出海派文化元空间的特殊价值。本书适合于城市文化研究、海派文化研究和城市更新领域的学者、在校大学生和研究生、文学和艺术爱好者参考使用。

图书在版编目（CIP）数据

海上名园：张园与海派文化 / 时筠仑，郑丽君，李莉主编. -- 上海：上海交通大学出版社，2023.12

ISBN 978-7-313-29956-7

Ⅰ. ①海… Ⅱ. ①时… ②郑… ③李… Ⅲ. ①私家园林－介绍－上海②海派文化－研究 Ⅳ. ① K928.73 ② G127.51

中国国家版本馆 CIP 数据核字 (2023) 第 231224 号

海上名园——张园与海派文化

HAISHANG MINGYUAN ZHANGYUAN YU HAIPAI WENHUA

主　　编：时筠仑　郑丽君　李莉

出版发行：上海交通大学出版社　　地　　址：上海市番禺路 951 号

邮政编码：200030　　电　　话：021-64071208

印　　制：上海雅昌艺术印刷有限公司　　经　　销：全国新华书店

开　　本：880mm × 1230 mm　1/32　　印　　张：14.25

字　　数：327 千字

版　　次：2023 年 12 月第 1 版　　印　　次：2023 年 12 月第 1 次印刷

书　　号：ISBN 978-7-313-29956-7

定　　价：168.00 元